外研社多语言学术文库

中德跨文化交流中的尊重互动

Respekt-Interaktion in der
chinesisch-deutschen
interkulturellen Kommunikation

韩 丁 著

外语教学与研究出版社
北京

图书在版编目（CIP）数据

中德跨文化交流中的尊重互动：汉文、德文／韩丁著. —— 北京：外语教学与研究出版社，2022.4（2022.8 重印）
（外研社多语言学术文库）
ISBN 978-7-5213-3529-3

Ⅰ．①中… Ⅱ．①韩… Ⅲ．①中德关系－文化交流－研究－汉、德 Ⅳ．①G125

中国版本图书馆 CIP 数据核字（2022）第 059678 号

出 版 人 王　芳
策划编辑 安宇光
责任编辑 王远萌
责任校对 李梦安
封面设计 水长流文化
出版发行 外语教学与研究出版社
社　　址 北京市西三环北路 19 号（100089）
网　　址 http://www.fltrp.com
印　　刷 北京天泽润科贸有限公司
开　　本 710×1000　1/16
印　　张 17.5
版　　次 2022 年 5 月第 1 版 2022 年 8 月第 2 次印刷
书　　号 ISBN 978-7-5213-3529-3
定　　价 90.00 元

购书咨询：（010）88819926　电子邮箱：club@fltrp.com
外研书店：https://waiyants.tmall.com
凡印刷、装订质量问题，请联系我社印制部
联系电话：（010）61207896　电子邮箱：zhijian@fltrp.com
凡侵权、盗版书籍线索，请联系我社法律事务部
举报电话：（010）88817519　电子邮箱：banquan@fltrp.com
物料号：335290001

序言

在中国和德国文化中，尊重都受到高度重视。歌德有言："如果我不必尊重其他人，我将会变成什么样子。"（Was wäre aus mir geworden, wenn ich nicht immer genötigt gewesen wäre, Respekt vor andern zu haben.）中国儒家黄金法则曰："己所不欲，勿施于人。"韩丁博士的著作《中德跨文化交流中的尊重互动——交互性视角下动态的多层面分析》聚焦跨文化尊重互动，深入研究中德跨文化交流中尊重的表达方式，以及在面对尊重行为和不尊重行为时的反应，这是我国德语界第一部对中德跨文化交流过程中尊重互动进行研究的著作，是创新之作，有开拓之功。

这项研究采用质性研究中的访谈法，对德资企业的中德员工进行访谈，并将录音转写为 30 余万字的文本，在此基础上分析挖掘中德两国员工用以表达尊重的行为。研究发现，中德员工共有 31 种用来表达尊重的行为，其中 20 种尊重行为中德员工共有，另有 11 种为中德一方独有。这一结果第一次从具象层面深入揭示了中德跨文化尊重互动实践的异同细节。

在此基础上，作者提炼出五个指导跨文化交际实践的尊重原则：礼貌原则、协商原则、合作原则、权威原则和能力原则，不仅界定了尊重与其他同类概念的关系，同时对跨文化交际实践具有指导意义。

有趣的是，这项研究还梳理了中德间尊重互动的历时变化，发现德国人对中国人的垂直尊重正在增加。垂直尊重涉及对交流伙伴能力和成就认识，对中国人垂直尊重的增加显示了德方对中方在技术和能力等方面进步的承认，从一个侧面展示了我国改革开放四十余年来所取得的实绩。

韩丁于 2014 年 9 月来到北京外国语大学德语学院，开始在我指导下做博士论文研究。他有在德国大学取得的社会学硕士学位的基础，有对德国语言文化细致入微的体验和认识，有对中德跨文化交流研究的浓厚兴趣。2016 年 4 月到 10 月间，韩丁专程赴德国汉堡，与 Niels Van Quaquebeke 教授领导的尊重研究团队（Respect Research Group）进行了深入交流，并就中德跨文化尊重互动这个主题取得许多共识。在相互尊重的基础上研究尊重，在跨文化互动中探讨中德跨文化交流，可以说，呈现在读者面前的是一个知行合一、瓜熟蒂落的成果。带着大家的期待和祝愿，这篇论文在 2018 年 12 月获评北京外国语大学校级优秀博士论文。

2022 年是中国与联邦德国建交 50 周年，关于中德尊重互动的著作面世，为研究中德跨文化交流增添了新的视角，为中德跨文化交流实践贡献了具有指导意义的成果，此书付梓可谓恰逢其时。迎着徐徐春风，想必作者一定有"我看江山多妩媚，江山看我应如是"的感觉。作为曾经的论文导师，我为作者感到由衷高兴，是为序。

贾文键

2022.3.1

目 录

图目录

表目录

第一章 导论

1.1 选题缘由与意义

尊重在日常生活中是一个重要且被广泛使用的概念，[1] 是人重要的心理需求之一。[2] 近年来尊重相关的研究正在得到学界广泛的关注，[3] 各个学科领域中也有越来越多的关于尊重的实证研究问世。[4]

自欧洲启蒙运动以来，尊重人的观念对现代社会有着巨大的影响。[5] 当人不再被当作工具而是作为目的时，对人的尊重被提高到了一个前所未有的高度。[6] 如今，尊重已经成为了人类经济福祉的基本要求，[7] 对他人无条件的尊重要求承认人的完整性和作为理性行为者的自主地位。[8]

中德两国自改革开放以来，双边的经济往来日益频繁，截至 2016 年底，德国在华投资额达到 281.8 亿美元。同期，经中国商务部核准的中国对德国非金融类投资达 88.3 亿美元。[9] 截至 2016 年 11 月，中国超过美国和法国成为了德国第一大贸易伙伴。[10] 经济交往的深入带来的是人员交往的越

1　参见 Schirmer/Weidenstedt/Reich，2013，第 57 页。

2　参见亚伯拉罕·马斯洛，2007，第 28 页。

3　参见 Quaquebeke/Eckloff，2010，第 343 页。

4　参见周宗奎 / 游志麒，2013，第 83 页。

5　参见马利文 / 陈会昌，2005，第 31 页。

6　参见 Kant，1999，第 12-15 页。

7　参见 Sennett，2003，第 185-188 页。

8　参见 Lalljee/Laham/Tam，2007，第 451 页。

9　参见中国驻德国大使馆，2017。访问日期：2017 年 7 月 26 日。

10　参见中华人民共和国商务部，2017。访问日期：2017 年 7 月 26 日。

发密切，2015 年中国赴德国旅游人数达到 139 万人，[11] 2016 年德国来华旅游人数达到 62.5 万人次。[12] 不仅在旅游领域，在教育、科技、文化和军事等领域两国的交往也日益加深。双方在竞争中合作的特点尤为突出。[13]

随着中德两国之间合作的日益加深，中德两国人的接触也越来越多，形式也多种多样。很多在华德资企业希望凭借中国员工对中国文化的了解来寻求符合中国国情的解决方案，从而实现这些企业的在华投资目标。[14] 两国人在同一个企业中共事，每天在同一个办公室一起工作成了常态。正如 Bolten 所说，很多问题不会在合作之初显现出来，而是在若干年后，当来自两个文化的同事在沟通方面出现了问题以后才会显现出来。[15]

近年来，随着在华德资企业数量不断增加，中德两国人之间由于文化上的差异也经常产生争议和对抗，在很多问题上都出现沟通与交流困难。[16] 有中方员工认为德方专家对中方领导不够"尊敬"，某些中方领导在德方眼里则缺乏亲和力。[17] 减少中德跨文化交流冲突的关键之一是相互尊重。[18] 在这一背景下，"尊重似乎是一种理想和积极的跨文化能力。"[19]

虽然"尊重""互相尊重""尊重的对待"（[德]respektvoller Umgang）经常出现在指导性的话语中，但对于中德双方来说哪些具体行为能够体现"尊重""相互尊重"和"尊重的对待"却很少被提及。[20]

这种情况下，为了解决实际中出现的问题，改善中德之间的交流，规避潜在的误会，对中德合作中的尊重研究就显得格外有意义。基于此，本

11　参见德国旅游局，2017。访问日期：2017 年 7 月 26 日。

12　参见中国驻德国大使馆，2017。访问日期：2017 年 7 月 26 日。

13　参见姚燕，2014，第 13-14 页。

14　参见潘亚玲，2013，第 51 页。

15　参见 Bolten，2002，第 11 页。

16　参见曾刚 / 王飞，2007，第 40 页；参见高菲，2015，第 98 页。

17　参见姚颖莹，2014，第 123 页。

18　参见高菲，2015，第 99 页。

19　参见 Schut/Moelker，2015，第 232 页。

20　参见 Eckloff/Quaquebeke/Witte，2008，第 249 页。

研究选择在华德资企业中的中德员工为研究对象，对他们之间的尊重行为和尊重互动进行研究。

本研究中的在华德资企业既指在华德资全资企业，也指在华中德合资企业。两种企业中既有德方外派员工，也必然雇佣中国本地员工。在这一过程中，中德双方在同一工作环境中朝夕相处，对对方的行为都有一定的观察和了解。本研究采用中德双方员工的交互性视角，力求发现中德双方的尊重行为和尊重互动中双方的特点，以及对己方尊重行为的调整。

1.2 研究目的与问题

尊重作为人际交往中的一个核心元素，直接影响着人际关系，进而间接地影响着企业中的工作成果和工作效率。鉴于中德两国间的文化差异，本研究假设中德双方在尊重表达方面有着共同点和不同点，双方在尊重感知方面也存在着基于文化差异的特点。故此，本研究聚焦于尊重行为，即那些蕴含尊重意义的行为，同时，将其置于中德跨文化交流的背景下，研究中德双方基于对尊重与不尊重行为所做出的反应而形成的互动。本研究旨在对中德跨文化语境中的尊重互动做开拓性的初步研究，分析总结中德跨文化语境中双方的尊重行为，以及双方对尊重行为和不尊重行为的反应，在此基础上提炼出双方尊重互动的模式，并以此为后续的中德尊重行为和互动研究奠定基础。

基于上述研究目的提出研究问题如下：

一、中德双方通过哪些行为来表达尊重？

二、中德双方能够通过哪些行为感知尊重？

三、中德双方的哪些行为使对方感受到不被尊重？

四、中德双方如何回应对方的尊重行为和不尊重行为？

五、中德双方在尊重互动中如何自我调整以应对？

研究问题一至三旨在从表达和感知两个角度勾勒出中德双方的尊重行为，问题四瞄准中德之间的尊重互动，而问题五则关注中德双方在长期互动过程中是否会对自己的尊重行为做出调整。

1.3 研究现状

最近 30 年以来，尊重相关的研究得到了越来越多的关注，也有越来越多的研究从文化对比的角度来审视尊重，但笔者经过对中、英、德文文献梳理发现，真正对跨文化交流中的"尊重行为"或"尊重互动"进行研究的却不多，更是没有关于中德跨文化交流中的"尊重行为"或"尊重互动"的相关研究。

1.3.1 中文文献综述

截至 2017 年 7 月 26 日，笔者使用"中国期刊全文数据库"进行检索相关中文期刊论文。首先在关键词一栏输入"跨文化尊重行为"，结果显示为"0"；重新输入"跨文化 + 尊重行为"，结果同样为"0"；最后删掉"行为"，改为检索"跨文化 + 尊重"，结果显示为"1"。该论文主要研究中越跨文化交流，认为在越中资企业要用尊重、平等的态度进行跨文化交流，了解越南的社会经济、风俗习惯和历史传统，承认文化多样性，尊重越南的文化习俗和价值观念，掌握企业跨文化交流的策略和技巧，提升跨文化交流能力。[21] 该文与跨文化交流中的"尊重行为"或"尊重互动"无关。在使用"跨文化尊重互动"重复上述检索时，也未发现任何相

21　参见陈碧兰 / 蔡望，2015。

关期刊论文。

笔者重新在"中国期刊全文数据库"中以"尊重行为"为关键词检索，仅获得三个结果，经过阅读发现这三个结果均与跨文化交流无关。同样，在改用"尊重互动"作为关键词搜索后，也未发现任何结果。

笔者还使用"中国博士学位论文全文数据库"和"中国优秀硕士学位论文全文数据库"，重复了上述检索，也没有发现关于中德跨文化交流中的"尊重行为"或"尊重互动"的研究。

笔者在中国国家图书馆中文馆藏中检索"跨文化尊重行为""跨文化尊重互动""尊重行为""尊重互动"均未发现与本研究主题相关的中文书籍。

作者进一步将检索范围扩大至单一文化内的尊重行为，共发现四篇期刊文章：

张春妹等作者对武汉市某所小学的三至六年级 514 名学生进行了问卷调查，问卷使用开放式问题了解了在一般人际背景下和具体人际关系中（父母、老师、朋友）儿童对尊重的理解。通过对问卷回答的分析发现小学儿童认为尊重主要就是礼貌，尊重行为就待人有礼貌。作者还指出，目前关于尊重行为的实证研究很少，并指出尊重概念具有文化特点，在不同文化中尊重的含义可能不同，因此，不同文化中的尊重行为也很有可能有不同的含义，因此可能存在歧义或误解。[22]

基于上述前序研究，张春妹等其他作者又以北京两所小学 356 名小学儿童为被试，采用自编的小学儿童行为问卷考察了小学儿童的尊重行为的特点。研究发现小学儿童的尊重行为特点主要表现在三个维度：文明礼貌、理解欣赏和宽容平视。文明礼貌指较浅层的行为；理解欣赏是从积极的、正面的情感角度出发的一种行为，即在心理层面上能够尽力理解他人、考虑到他人观点的合理性，欣赏他人的优点，不讥笑、戏弄他人，这属于积

22　参见张春妹 / 周宗奎 / Hsueh，2005。

极的情感与认知；而宽容平视是反向计分项目，主要是从他人的角度看待问题，不会因为他人行为不符合自己的意愿而不高兴。该研究还表明："同学之间的合作互助对于小学儿童尊重行为具有重要作用，这进一步说明对尊重行为发展具有重要作用的主要是人际关系互动"。[23] 此外，作者们还明确指出尊重他人是一种人际互动行为。[24]

马利文和陈会昌选取了 42 名中小学教师，对他们进行了半结构型访谈，并对访谈资料进行分析后发现：教师对尊重学生的理解有五种成分：支持独立、平等、亲和、有礼貌、指导帮助。教师对学生的不尊重行为表现有十三个类别：伤害自尊、不恰当惩罚、不平等对待、剥夺正当权利、否定、宣泄不良情绪、不顺从天性、玩伎俩、忽视、侵犯隐私、利用学生、没礼貌和不负责任。经过整合，作者们将 13 个类别合并为三个类属：压制独立、不平等和不礼貌。最后，文章认为现代尊重观念是实现教育教学方法灵活有效的关键，即从尊重学生入手，真正把他们当作一个与自己平等的独立个体。[25]

该文重点考察师生之间的尊重关系和尊重行为，学生和老师之间既有权威的指导关系，又有建立平等关系的愿望，文章呼吁在灵活运用教师权威身份的同时，也要接纳现代尊重观念，即师生平等，而非中国传统观念上的"师道尊严"。[26] 此外，该文使用半结构型访谈法，对本研究在方法论上也有借鉴意义。

董树梅等作者使用自编的学生行为调查问卷，对天津 557 名学生进行了抽样调查。调查主要围绕着尊重这一概念展开，作者赋予尊重行为五个维度：尊重自然、尊重社会、尊重知识、尊重他人和尊重自己，通过定量分析得出结论认为学生尊重行为整体状况良好，在尊重知识这一维度中自

23　张春妹 / 邹泓 / 侯珂，2006，第 20 页。
24　参见张春妹 / 邹泓 / 侯珂，2006。
25　参见马利文 / 陈会昌，2007。
26　参见和学新 / 王文娟，2009。

我评价不高。此外，研究还得出结论：不同美誉度学校的学生在尊重行为方面有显著差异，高美誉度学校学生在尊重行为方面表现优于一般校学生。就不同学段的学生尊重行为表现比较来看，初中生在尊重行为方面表现较好，小学生次之，高中生表现最差。从学生性别角度来看，女生尊重行为优于男生。且学历过低的父母对子女尊重行为会产生消极影响。同时，文章还指出改进尊重行为需要提升学生对"尊重"内涵的理解和把握，并认为中国的传统尊卑文化对学生对尊重的理解产生了影响。[27]

综上所述，国内文献中未发现有关于中德之间尊重行为或尊重互动的已有研究。仅有的几个与尊重行为相关的研究，无一不属于中小学教育范畴，这些研究均将焦点放在了师生之间的尊重行为上，但其中也没有涉及具体尊重行为的系统研究，唯马利文和陈会昌的质性研究发现了 13 种教师对学生的具体不尊重行为，也未将目标瞄准尊重行为。

1.3.2 英、德文文献综述

截至 2017 年 7 月 27 日，笔者在北京外国语大学和中国国家图书馆的多个外文电子数据库中进行了英文和德文论文的检索工作。检索使用的检索词为"尊重（[英]respect，[德]Respekt）""尊重的（[英]respectful，[德]respektvoll）""跨文化的（[英]cross-cultural，[德]interkulturell）""行为（[英]behavior，[德]Verhalten）""互动（[英]interaction，[德]Interaktion）""中国（[英]China，[德]China）""中国的（[英]Chinese，[德]chinesisch）""德国（[英]Germany，[德]Deutschland）""德国的（[英]German，[德]deutsch）"，及其部分搭配组合形式。

笔者根据上述检索词及其搭配组合分别查询了"Wiley Online

27　参见董树梅 / 和学新 / 张扬 / 王文娟，2015。

Library""外文期刊电子数据库 Emerald""外文期刊电子数据库 CALIS""SAGE 人文社科期刊数据库""EBSCOhost 期刊全文数据库""MUSE 电子期刊数据库""JSTOR 数据库"和"PQDD（ProQuest Digital Dissertations）国外硕博士学位论文全文数据库"，以及卡尔斯鲁厄大学图书虚拟数据库（Karlsruher Virtueller Katalog）。截至 2017 年 7 月 27 日，未找到涉及中德跨文化交流中的"尊重行为"或"尊重互动"的文献。

笔者在检索过程中发现，部分检索结果使用了"with respect to"这一英文单词搭配，因而被搜索引擎检索到，但该英文组合与本研究内容没有关系。在一部分检索结果中出现了英文"respective""respectively"，以及德文"respektiv"，这些单词也和本文要研究的"尊重"没有关系。此外，在文献中还出现了一个以"RESPECT"为简称的美国教育部项目，全称为："Recognizing Educational Success, Professional Excellence and Collaborative Teaching"，意为："确认教育成功、专业优异和合作教学"，[28] 该项目也与本研究无关。

如前文所述"尊重"是一个在各个领域均被频繁使用的词汇，检索的结果涵盖了政治、教育、运动、文学、经济贸易、计算机、建筑、犯罪等多个领域，在这些检索结果中尊重多被用来强调某一事物的较高价值，个别研究着眼于尊重的重要性，而不是尊重行为本身，故此也与本研究无直接关系。

虽然没有检索到与中德之间跨文化交流中的"尊重行为"和"尊重互动"直接相关的文献，但找到了七篇其他文化间和德国文化内关于"尊重行为"的文章和图书。

Bailey 对在美国洛杉矶的韩国移民零售商和非洲裔美国顾客之间的购物过程进行了观察研究，得出结论：不同的表达尊重的方式是在购物互动

---

28 参见赵中建，2012，第 16 页。

中引起关系紧张的重要原因。文章认为两个目标人群对顾客和店主之间的关系有着不同的理解，同时对什么是购物过程中适合的语言活动也有着不同的理解。韩国移民的话语大多专注于交易本身，而非洲裔美国人的话语则包含了更多的人际交往互动。韩国移民对非洲裔美国人社交互动需求的忽视经常被理解为种族主义的蔑视和高傲；而非洲裔美国人施加的人际互动方面的压力则被韩国移民店主理解为自私的表现、人际欺压或缺乏教养。文章同时指出，不同的文化中表达尊重的方式有着本质上差异。因此，一个群体中的人可能一直在表达尊重，而另一个群体的人却丝毫没有感觉到尊重。[29]

Sung 将身处美国的美国青年人和身处东亚的韩国青年人进行了对比，从跨文化的角度发掘了不同文化中对年长者表达尊重的特殊行为方式。作者通过对两国在校大学生的问卷调查发现了一系列对年长者表达尊重的方式，其中有共同点也有不同点。共同点表现在，两种文化中的年轻人都包含下列尊重方式：关心的尊重（[英]care respect）、顺从的尊重（[英]acquiescent respect）、语言的尊重（[英]linguistic respect）、征求意见的尊重（[英]consultative respect）、问候礼方面的尊重（[英]salutatory respect）和优先权的尊重（[英]precedential respect）。尽管美国和韩国青年人在对年长者表达尊重时有上述共同点，但它们在程度上则有着显著的文化差异。如问候礼方面的尊重（拥抱礼、贴面礼、吻颊礼等）多体现在美国青年人身上，韩国青年人则较少使用这种行为表达尊重。而如优先权的尊重（让路、让年长者先行等）则更多地体现在韩国青年人身上，美国青年人则较少有此类尊重行为。[30]

Cohen 等作者对 580 名中国学生和 235 名美国学生进行了问卷调查。调查显示，在同伴喜爱（[英]peer liking）、同伴尊重（[英]peer

29　参见 Bailey，1997。

30　参见 Sung，2004。

respect）和社交能力（[英]social competence）三个方面两国儿童有着显著的异同。相比美国孩子，中国孩子的同伴喜爱和同伴尊重表现出更高的正相关。中国孩子社交能力与同伴喜爱和同伴尊重的相关模式较为相似，而美国孩子两种相关的模式则较为不同。此外，同伴尊重和自我报告的社交能力没有显著相关。最后作者指出，无论对于美国孩子还是对于中国孩子来说，尊重都对积极社交机能非常重要。[31]

Mann 等作者采用定量研究方法，通过对日本和澳大利亚两国学生的比较得出以下结论：日本学生自我报告的尊重分值比预期的低，相反澳大利亚学生表现出了较高的尊重分值。日本学生对老师在应然（[英]should）层面有着非常高的尊重，然而在实然（[英]do）层面却并未有高的体现。定量分析结果还表明文化和目标人群的被尊重程度有着显著相关。对比内群体和外群体，日本学生对家长和老师的尊重比对邻居的尊重高，而澳国学生对家长和老师以及对邻居的尊重则没有较大偏离。[32]

Mehta 使用质性研究方法对新加坡人对尊重老人的含义进行了检测，发现新加坡老年人和中年人对尊重的理解发生了转变，已经从顺从转变为礼貌行为；并且大部分受访者认为当前社会对老年人的尊重正在呈减少的趋势。值得特别指出的是，此研究对尊重的表达做出了描述，并列举了几种尊重的表达方式（尊重行为），如和老人说话时不提高音量，有礼貌地以一种适合的方式称呼他们，不要做可能伤害到他们的事。[33]

Ingersoll-Dayton 等作者通过对菲律宾、新加坡、台湾和泰国四个东南亚国家和地区的 79 个焦点小组的对比研究，检测了上述四个国家和地区的老人对尊重的体验和尊重观念随时间的变化，以及变化的原因。他们使用质性研究方法总结出了尊重的五个不同维度：姿态与礼仪（[英]gestures and manners）、符号（[英]tokens）、风俗与仪式（[英]

---

31 参见 Cohen/Hsueh/Zhou/Hancock/Floyd，2006。

32 参见 Mann/Mitsui/Beswick/Harmoni，1994。

33 参见 Mehta，1997。

customs and rituals）、征求意见（[英]asking for advice）和顺从（[英]
obedience）。并总结出尊重变化的原因如下：家庭结构与功能的变化、
教育的变化、收入的变化和现代化进程。[34]

　　Eckloff 和 Quaquebeke 使用质性和定量相结合的方法，通过让员工自
己报告领导的哪些行为符合蕴含尊重的领导方式，总结出 149 项企业中蕴
含尊重的领导行为（[德]Respektvolles Führungsverhalten），并将其归入
19 个类属中，[35] 如表 1-1 所示：

　　此外笔者还在德国汉堡交流期间查阅了汉堡大学的图书馆馆藏，并
发现了一本相关的硕士论文（[德]Diplomarbeit）。Beregova 在其硕士论
文中对来自 51 个国家近 900 名的船员进行了定量研究，她认为世界范围
内船上的管理层级和工作内容非常相似，所以非常适合做多个国家间的
对比。研究表明，来自不同文化的船员之间对蕴含尊重的领导行为的感
知是有差异的，但与德国船员相关的研究结果和德国陆上员工结果非常
相似。[36] 无论是船上的还是陆上的德国员工对蕴含尊重的领导行为的感
知是相似的。作者还通过研究七个文化维度与尊重行为的关联得出以下
结论：不确定性规避（[德]Unsicherheitsvermeidung）、自我标榜（[德]
Monumentalismus）、报酬预期（[德]Belohnungserwartung）这三个文化
维度和船员对蕴含尊重的领导行为的感知有低相关度。蕴含尊重的领导行
为与权力距离（[德]Machtdistanz）、个体主义（[德]Individualismus）、
阳刚气质（[德]Maskulinität）、长期导向（[德]Langzeitorientierung）四
个维度不相关。[37]

34　参见 Ingersoll-Dayton/Saengtienchai，1999。

35　参见 Eckloff/Quaquebeke，2008。

36　参见 Quaquebeke/Eckloff，2010，第 350-352 页。

37　参见 Beregova，2011。

表 1-1　蕴含尊重的领导行为分类[38]

1	信任（领导信任下属）
2	责任（领导会让下属分担适当的责任）
3	行动自由（领导给下属创造适当的行动空间）
4	顾及/考虑（领导会顾及下属的重要性）
5	距离（领导和下属保持适当的距离）
6	错误（领导会宽容下属适当范围内的错误）
7	平等（领导在平等的基础上行为）
8	认可（领导认可下属的工作）
9	促进（领导促进下属的职业发展）
10	影响（领导允许下属在某一范围内影响他）
11	潜力（领导使用并激发下属的潜力）
12	批评能力（领导能够接受下属批评）
13	忠诚（领导给下属提供掩护与援助）
14	参与（领导让下属参与决定）
15	关心下属本人（领导将下属看做一个独立自主的人）
16	关注（领导关注下属）
17	支持（领导给下属提供全面的支持）
18	明确（领导对下属来说是信得过的、公正的和透明的）
19	交际（领导对下属有良好的人际交往方式）

综上所述，基于笔者对北京外国语大学图书馆、中国知网和中国国家图书馆中几个重要外文期刊电子数据库内英文和德文文献的检索发现，这些数据库中尚无对中德之间跨文化交流中的"尊重行为"和"尊重互动"的专门研究。仅有的几个相关研究均为其他文化间研究，如中美、日澳、

38　Eckloff/Quaquebeke，2008，第 271-275 页。

美韩之间。其中，有研究聚焦于东西方对于年长者和老年人的尊重差异。唯一一个关于企业中尊重行为的研究也只限于单一文化内，且仅聚焦于上下级之间的领导与被领导关系。所有研究的对象都不涉及本研究的对象"在华德资企业中的双方员工"。

1.3.3 小结

基于对中、英、德文相关文献的检索和梳理，发现针对本研究的主题，即中德跨文化交流中的尊重行为及其后续互动，有如下特点：

一、从已有的不同文化间的尊重行为研究来看，不同文化间确实在尊重行为上既有共同点，也有差异。这印证了本研究的假设。

二、从研究内容来看，无论国内文献，还是英德文文献中的研究，都对尊重行为和尊重互动研究甚少，尚无对中德之间跨文化交流中尊重行为的研究。

三、现有研究多集中在教育等其他领域，尚无学者将尊重行为置于中德合资企业背景下进行研究。

四、已有研究多聚焦师生之间、上下级之间和年长者与年幼者之间，个别研究聚焦于相同层级主体间，如同学之间，尚无能够兼顾相同层级和不同层级主体间尊重行为的研究。

五、采用质性研究方法的相关研究，均仅关注人际交流四个层面中的某一个层面，而没有兼顾到交流的其他层面，如非言语和超言语层面。

因此，本研究选择跨文化交流中的尊重行为及其后续互动为研究主题，将本研究置于在华德资企业的跨文化语境中，使用质性访谈法对在华德资企业的中德双方员工进行半结构型的访谈。本研究有别于已有关注"尊重"的研究中的高度抽象，旨在能够借由交流的四个层面理论将尊重行为完整地、多层面地具体呈现出来。由于这一研究课题的前人成果很少，本研究力求能够对"中德双方尊重行为与互动"做一些探索性的贡献。

1.4 结构框架

本书共由五章组成，分别是：第一章导论、第二章理论基础、第三章研究方法与研究设计、第四章研究结果呈现和第五章总结与展望。

在第一章导论部分，首先阐明了本研究的选题缘由和选题意义，提出了研究目的与研究问题，并围绕选题对中、英、德文相关文献进行了梳理。截至2017年7月27日，笔者通过对国内外多个中外文文献数据库的检索，并未发现有对中德之间跨文化交流中的尊重行为和尊重互动的研究。笔者继而将检索范围扩大到单一文化中的尊重行为研究和其他非中德文化间的尊重行为研究，找到若干文献，通过对它们的梳理，使得研究目的和研究问题更加明确了。在这一章中还将说明本书的结构。

第二章理论基础分为三个部分，第一部分内容是对尊重及其相关概念的讨论，其中通过对前人尊重定义的研究，总结出适用于本文的尊重定义，即一个人使另一个人感到自己的价值或意义被承认的行为。本文将尊重定义为诸如赞扬、信任和祝贺等的具体行为，一方通过某一个或几个具体行为使对方感受到自己的价值或意义被承认。笔者还对尊重的分类方式及其背后的理论依据进行了梳理，选择使用达沃尔（Darwall）的承认尊重和评价尊重作为本研究设计的理论框架。在第一部分的最后，笔者对人际尊重的特点、行动要素和与等级的关系进行了讨论。在本章第二部分中，主要对跨文化交流的相关理论进行了梳理，其中既包括了对交流及其相关概念的讨论，也包括了对文化及跨文化相关概念的梳理，最后着重对跨文化调整这一概念进行了深入探究，力图以此为之后的研究设计和材料分析提供理论支撑。在第二章的最后部分，笔者讨论了尊重与互动之间的关联，并通过对二者的分析总结，并在前人成果的基础上，创建了适用于本研究的尊重互动的理论模型。

在第三章研究方法与研究设计部分中，笔者介绍本文使用的研究范式、研究方法、研究设计和研究的实施过程，并展示对所收集数据进行分析的过程，以及分析所依据的方法和辅助软件。在第三章的最后，笔者介绍并讨论本研究所涉及的伦理问题，如知情权、保密原则和数据保存等。

第四章研究结果呈现部分主要展示本研究的主要研究成果和研究结论，并回答了在第一章导论部分所提出的研究问题，以此呼应研究目的。这一章集中展示研究中发现的中德双方的 20 种共享尊重行为和 11 种单方独有的尊重行为，并通过对它们的提炼总结出五个指导中德双方合作的尊重原则。在对尊重行为挖掘的同时，对尊重行为在交流四个层面中的体现也做了梳理。在这一部分还对中德双方面对尊重行为和不尊重行为时的反应进行了探析，对互动模式进行了初步总结，并对中德双方基于文化差异对尊重行为的跨文化调整做了分析。此外，本章对中德双方对对方的尊重态度的变化进行了讨论，并通过与前人研究发现的比较，凸显了本研究发现的创新之处。

第五章对全文进行全面总结，并指出本研究存在的不足之处，以及未来可能继续研究的方向。

第二章 理论基础

2.1 尊重

　　众多哲学家都一致认为尊重是一个人的基本权利。[39] 然而在对尊重的理解上却存在分歧。那么什么是尊重？从词源学的角度来看，"尊"是古代的一种盛酒的器皿，《说文解字》中："尊，酒器也。"[40] 这种器皿被用来在祭祀中盛酒，而主持祭祀的人都是位高权重或者部族中年长的人，因此"尊"就有了指称比自己社会等级高的人的意思："'尊'有置酒之义，其祭当与此有关。'尊'之本义因是置酒以祭，所祭必为尊者，故引申为敬重、推崇、尊奉、拥戴、尊贵、高贵、高出等义。"[41] 而"重"相对于"轻"则表示在分量上的更大，程度更深（重创敌人）、价格更高（重金收购）、数量更多（重兵把守），可见"重"代表的是在某一方面相比较而言更为突出的特性。所以从字面上来看，"尊"和"重"组合使用的话，该词所针对的是地位较高或者相较其他人有着更为突出特点的人。因此，"尊重"本身的含义正如《现代汉语字典》中所解释的一样，是"尊敬"和"敬重"的意思。[42]

　　德文的 Respekt 源自拉丁语的 *"respicere"*，意思是回头看、回望、回顾、

39　参见 Butler/Drake，2007，第 6 页。

40　许慎，1963，第 313-314 页。

41　董莲池，2004，第 593 页。

42　参见中国社会科学院语言研究所，2005，第 1824 页。

顾及和注意。[43] 在德文中它有两个主要意思，第一，基于承认和钦佩的尊敬，第二，由于某人更高的地位，而在其面前通过谨言慎行所表现出的畏惧。[44] 从这两个意思来看，其中第一个意思与中文的"重"字的含义相吻合，即对于成就的承认和对于能力的钦佩引发的尊敬，而第二个意思与"尊"字的意思相呼应，都是对基于他人的地位和身份的尊敬。

词源学对"尊重"的解释虽然和本文中所研究的尊重概念不完全一致，但可以看出：从字典的解释来看，它们之间的联系非常紧密，且具有可比性。本章节将从"尊重"作为学术概念的角度，介绍尊重的三种定义和不同学者对尊重的不同的分类方法，以及本研究所使用的尊重的定义和分类方法。

2.1.1 尊重的定义

"尊重"是人们日常生活中使用频率最高的词之一，[45] 尊重对于人类交往是非常重要的一个概念。来自不同领域的学者对尊重的定义也各式各样，[46] 想要找到一个能被普遍接受的定义似乎非常困难，通常学者们会根据自身学科特点为尊重下定义，这也导致了尊重定义的多样性。而这些定义主要可以归为三类：一、尊重是一种关系；二、尊重是一种态度；三、尊重是一种行为。

2.1.1.1 作为关系的尊重

Dillon 在斯坦福哲学百科全书（[英]The Stanford Encyclopedia of Philosophy）中将尊重定义为一种主客体之间的关系，并基于这种关系，主

---

43 参见 Decker/Quaquebeke，2016，第 2 页。

44 参见 Drosdowski，1994，第 2766 页。

45 参见 Langdon，2007，第 469 页。

46 参见 Grover，2013，第 27 页；参见 Dillon，2007，第 202 页。

体对客体的某一方面做出恰当的回应。Dillon 认为尊重包含四个核心要素，即尊重在主客体互动中会涉及以下四个方面：注意（［英］attention）、遵从（［英］deference）、（积极的）评价（［英］valuing）和恰当的行为（［英］appropriate conduct）。[47]

"注意"在这里有关注、重视和关切的意思，这也解释了为什么很多人将尊重行为理解为聆听，[48] 同时也引出了跨文化交流中的文化差异现象。德国人在交谈中，听者直视言者的眼睛以表示专注聆听、对话题感兴趣；[49] 而中国人则往往习惯较短暂的目光接触，认为这是尊重对方的行为，这样德国人感知到的就是中国人缺乏交谈中的聆听与关注，进而引起误会，影响合作气氛和走向。[50]

"遵从"则主要体现在顺从、听从（召唤）、不对抗。这种遵从也属于主体对客体做出的"恰当回应"，在这种情况下，遵从值得尊重的客体被认为是合理的，必要的，如果不顺从或反抗，则会产生羞耻感。[51]

尊重离不开"评价"，某种意义上尊重始于评价。因为尊重需要有理由，而哪些理由、特点或性格是值得我们尊重的？有些人有着高尚的品德，有些人拥有高于我们的权威或职能，如果不顺从他们会招致严重后果，或者有些人仅仅因为和我们一样，拥有平等的权利，我们也要尊重他们。无论如何都要先对其进行评价，他们的德行是否高尚？他们的职权是否高于我们？他们是否和我们享有平等的权利？Dillon 说过："尊重经常被看作一种评价模式"。[52]

最后，Dillon 认为尊重的组成部分也包含行为。为了回应客体，主体

---

47 参见 Dillon，2003，网络版。

48 参见 Schirmer/Weidenstedt/Reich，2013，第 69 页。

49 参见崔培玲，2000，第 51 页。

50 参见贾文键，2008，第 139 页。

51 参见周治华，2009，第 32 页。

52 Dillon，2003，网络版。

往往会做出一些适当的行为。Dillon 特别强调这些行为必须是和客体的特点或性格相联系的，必须是客体本人的、恰当的和应得的。同时 Dillon 也指出此类尊重行为包含广泛，例如：与某人保持距离、帮助某人、夸赞或表彰某人、遵从或违背某人意愿、亲自消灭他们而不是坐视他们被别人消灭、以一种与他们价值或地位匹配的方式同他们交谈等等。[53] 由此可见，尊重即使被定义为关系，它和行为的联系还是非常重要的。

2.1.1.2 作为态度的尊重

Quaquebeke 和 Eckloff 将尊重定义为一种态度（[英]attitude，[德] Einstellung），在定义之中突出了尊重的主体间性和其行动要素："尊重是一个人对待另一个人的一种态度，藉由这种态度，他在这个人身上发现了一个值得关注的理由，并以特定的方式来行动，使对方通过共鸣感受到他的意义和价值受到承认。"[54] 与 Dillon 对尊重的理解一样，Quaquebeke 和 Eckloff 也认为尊重他人需要一个本质上的理由，主体认识到这个理由以后，通过一种适当的行为，使对方感受到自己的意义和价值受到承认。Quaquebeke 和 Eckloff 的定义不仅强调了尊重需要主客体之间的了解与认识，更强调主体在认识到客体身上的某些积极的意义与价值之后，通过行为让对方感受到了自己的尊重。从这个角度上看，Quaquebeke 和 Eckloff 将尊重的行为提高到了一个新的高度。

2.1.1.3 作为行为的尊重

Grover 通过对哲学和管理学相关文献中尊重定义的分析，认为尊重的定义都包含人际对待（[英]interpersonal treatment）、声望（[英] reputation）和基于尊重的行为（[英]respect granted for actions）。他认为

53　参见 Dillon，2003，网络版。
54　Quaquebeke/Eckloff，2010，第 344 页。

尊重聚焦在一个人使另一个人感到价值被承认的行为上，故此将尊重定义为："尊重是一个人相信另一个人有价值的行为表现（[英]a behavioral manifestation）。"[55]

Grover还特别指出，在主客体二人互动过程中，文化会影响尊重行为，并影响尊重的感知。比如，Grover举例：一个人在斐济村庄里戴帽子是极其不尊重（[英]disrespectful）的表现，而在美国的村庄则不会被理解为不尊重。前文所举的中德两国人在聆听别人说话时是否应该注视着对方双眼的例子也证明了尊重行为是有文化差异的。

2.1.1.4 本研究的尊重定义

综上所述，无论将尊重定义为关系、态度还是行为，尊重均离不开"行为"这一重要组成部分，因为尊重强调主客体之间的双方面互动，即由主体基于对客体的了解通过尊重行为使客体感知到自己的价值被认可。基于上述认识，本研究在Grover定义的基础上略做调整，**将尊重定义为：一个人使另一个人感到自己的价值或意义被承认的行为。**

2.1.2 尊重的分类

尊重由于其内涵的复杂性有着多种分类模式，这里介绍三种重要的分类模式，他们分别是承认与评价的分类、水平与垂直分类和普遍与特殊分类。

2.1.2.1 承认的尊重与评价的尊重

达沃尔将尊重分为两类，一类是承认的尊重（[英]recognition respect），

---

55 Grover，2013，第28页。

另一类是评价的尊重（[英]appraisal respect）。[56] 并在其之后的著作中，将这一对尊重的理解融入了自己提出的哲学理论框架中，他称之为"第二人称观点"。达沃尔将人与人之间的道德约束引入了"你—我"之间的关系中，它强调了尊重作为道德规范的主体间的交互性。[57]

达沃尔认为存在着一种尊重，这种尊重使人审慎地思考：鉴于客体的某些特征，应该给予其什么样的恰当行为。由于这种尊重要求人们在思考给予何种行为时，需要考虑或承认客体的某些特征，所以达沃尔将其称为承认的尊重。达沃尔特别强调此类尊重的对象有很多，不一定是人，但人一定享有承认的尊重，因为基于康德的道德哲学，只要是人就应该获得相应的尊重，这种尊重和其他因素无关。而一个人在考虑如何对待另一个人的时候，就要考虑到由于对方也是和自己一样的人，选择什么样的言行，以及何种程度的重视是恰当的。然而，达沃尔也指出，承认的尊重不仅仅适用于人类所共享的"尊严"，也包括"权威"[58]。人类往往享有很多其他社会身份或角色，基于这些社会身份或角色，人们也认为自己应该获得相应的尊重。然而事情往往不那么简单，其原因在于人们没有获得他们自认应该获得的尊重（尊重预期），而之所以没有获得应得的尊重是因为应该尊重人的人（有意或无意地）不承认应该被尊重的人的身份或角色。而不同文化中，对相同角色的尊重行为表现形式也有可能不同。[59]

达沃尔认为另一种尊重和承认的尊重差别很大，但人们也用尊重来指称它。这种尊重的对象仅为人或者某些人的卓越品质或者从事某些特殊职业的特征。例如一个人的正直、或者一个人的整体素质、又或者一位杰出的音乐家。达沃尔认为："评价尊重是由于行为或者品格而应得或

56　参见 Darwall，1977，第39-42页。

57　参见斯蒂芬·达沃尔，2015，第3页。

58　参见斯蒂芬·达沃尔，2015，第128页。

59　参见马勒茨克，2001，第98-99页。

获得的敬重。"[60] 这种尊重主要涉及一种对他人正面评价（[英]positive appraisal）的态度。因此，达沃尔称这种对一个人或其品质的尊重为评价的尊重。

为了更好地将两种尊重加以区分，达沃尔举了两个例子，一个是球技绝佳的网球选手，她所获得的是评价的尊重。另一个例子是，罪犯也应该受到尊重的对待，这里起作用的是承认的尊重，因为罪犯也有最基本的、作为人的尊严。[61]

此种分类及其理论对本书有重要的意义，它为本研究提供了理论基础，本研究在此基础上设计半结构型的访谈提纲。

2.1.2.2 垂直尊重与水平尊重

Bird 提出了尊重概念中的水平与垂直特点。Bird 认为康德哲学中的对人的尊重有平等主义的（[英]egalitarian）特点，也有反等级（[英]anti-hierarchical）的特征。为了区别一些人比另一些人可能获得的更多的尊重，康德主义者试图将他们的平等主义的尊重从等级制的基础上分离出来，而这种等级制的尊重尤其体现在当时（18世纪启蒙运动）的表达尊重的语言上。为了替代旧有的垂直层面的优劣贵贱之分，当代康德主义者另辟蹊径，将此种尊重从水平角度加以定义，这样，现代的平等尊严就取代了旧有的荣誉和功绩，及与其相关联的等级制度和不平等，成为了康德哲学中的对人尊重（[英]respect for person）的基础。[62]

Simon 则从上下级的角度来理解水平和垂直尊重，认为垂直尊重指上下级之间、发令者与听令者之间的尊重，而水平尊重是同事间的、平等层级主体间的尊重。此外 Simon 还特别指出，基于角色地位的垂直尊重应

---

60 斯蒂芬·达沃尔，2015，第128页。
61 参见斯蒂芬·达沃尔，2015，第128页。
62 参见 Bird，2004，第207-209页。

当对应达沃尔尊重分类中的承认的尊重，因为此类尊重的前提是，一方须首先承认另一方的身份或者地位，之后无论是由上而下，还是由下而上的尊重都属于此类尊重。[63]

Quaquebeke 等作者认为水平尊重等同于承认的尊重，垂直尊重则等同于评价的尊重。[64] 而 Decker 和 Quaquebeke 指出尽管水平尊重和垂直尊重的分类与达沃尔的承认的尊重和评价的尊重类似，但在其内涵上还是略有不同的，分歧主要在于基于角色地位的尊重被 Decker 和 Quaquebeke 归入了垂直尊重中，而基于角色地位的尊重在达沃尔的分类中则属于承认的尊重。Decker 和 Quaquebeke 对于这一分类的定义是："水平的尊重是（或应当是）无条件地给予所有人类的，这是一种平等待人的态度，或者至少是平等尊严的延伸。相比而言，垂直的尊重就是给予那些有能力、优秀或有某种地位的人的；这种尊重是有条件的，是基于人与人之间的差异的。"[65]

2.1.2.3 普遍尊重与特殊尊重

德国学者 Pfleiderer 将尊重也分为两类，一类他称之为 Achtung（[德]尊重），另一类，他称之为 Respekt（[德]尊敬）。他认为 Achtung 是基础，是对人类不可剥夺的尊严的尊重。Respekt 则是在 Achtung 的基础上，对个人的成就的敬重，因此 Respekt 是可以赢得的，而 Achtung 则是绝对的，即每个人都享有的。[66]

Rogers 和 Ashforth 也提出了一种类似的尊重分类，这种分类侧重将尊重限制在组织行为内。Rogers 和 Ashforth 认为无论尊重如何分类，尊

63　参见 Simon，2007，第 312-313 页。

64　参见 Quaquebeke/Henrich/Eckloff，2007，第 197 页。

65　Decker/Quaquebeke，2015，第 544 页。

66　参见 Pfleiderer/Stegemann，2006，第 28 页。

重都含有"一个人（感知到）被一个或多个人赋予价值"[67]的含义，区别仅在于尊重建立在什么基础之上，即引发尊重的缘由。基于此，Rogers和Ashforth将尊重分为普遍尊重和特殊尊重。普遍尊重是一个人被一个或多个人赋予价值，（在同一社会类属中的）所有人都享有这一价值，仅因为他们是人。这一尊重与地位或者成就无关。Rogers和Ashforth进一步认为，同一社会类属中的人所享有普遍尊重的方式可能会略有差别，如在组织、工作团队、职业和性别群体等类属中。另一种分类是特殊尊重，这一尊重指一个人被一个或多个人基于对象自身的特点、行为和成就而赋予价值。[68]

这一分类和水平尊重与垂直尊重的分类基本一致，差别仅在于：普遍尊重特别指出，给予所有人的水平尊重在不同组织或群体中可能会相比不在同一组织中的水平尊重有更为不同的表现。换句话说，一个人在给予一个素不相识的人的水平尊重可能与给予同一公司中的同事的水平尊重有所不同，尽管他们都是水平尊重（即Rogers和Ashforth所称的普遍尊重）。

2.1.2.4 本研究的尊重分类

展示不同的尊重分类的目的在于更好的勾勒出尊重的特点，并为后续访谈提纲设计提供理论框架。综上所述，尊重主要有以下特点。首先，给予一个人尊重可以单纯因为客体为人，此类尊重体现在达沃尔分类中基于平等人格的承认的尊重、水平尊重和普遍尊重之中。其次，客体可以因为其社会角色或地位而获得尊重，此类尊重对应达沃尔分类中的基于角色地位的承认的尊重、垂直尊重和特殊尊重。最后，尊重还是一种基于对客体自身特点和成就判断的赞誉（[英]esteem）或重视（[英]regard）。[69]这

67　参见Spears/Ellemers/Doosje/Branscombe，2006，第179页，转引自Rogers/Ashforth，2017，第4页。

68　参见Rogers/Ashforth，2017，第3页。

69　参见Hudson，1980，第78-80页。

种尊重体现在达沃尔分类的基于成就能力的评价尊重、垂直尊重和特殊尊重之中。表 2-1 能够更直观的表现各分类之间的区别与联系：

表 2-1　三种尊重分类之间的区别与联系

基于能力成就的评价尊重	基于身份地位的承认尊重	基于平等人格的承认尊重
垂直尊重		水平尊重
特殊尊重		普遍尊重

由此可见，虽然学界对尊重的分类命名有所区别，但所涉及的概念本质均是一样的。这些分类都证明了尊重有着两种基本分类，即所有人基于平等人格共享的尊重和基于个体特殊属性的尊重。基于身份地位的承认尊重正体现了"尊"字指称社会等级较高的人的意思，基于能力成就的承认尊重则体现了"重"字指称在某一方面有较为突出特性的意思，而平等人格本就是近现代才有的概念。本研究基于这一分类特点，并结合企业运转中的特点设计半结构型的访谈提纲。

2.1.3　人际尊重

Quaquebeke 认为："人们对自然或者法律的尊重有别于人们对其他人的尊重。后者我们称之为人际尊重。"[70] 人际尊重（[英]interpersonal respect，[德] ziwschenmenschlicher Respekt）指人与人之间的尊重。通过对尊重概念的分析，以及对尊重类型学的展示，不难看出，尊重这一概念有着鲜明的主体间性和强烈的人际特点。

70　Quaquebeke，2011，第 12 页。

2.1.3.1 人际尊重的属性

💬 主体间性

　　无论尊重是关系、态度还是行为，均离不开主体与客体。凡尊重均发生在主体和客体间，并且主体与客体在交流过程中会互相转换，即互为主客体。该属性打破了传统的主客体之分，强调尊重互动中互动双方的对等性。"主体间性是主体间即'主体——主体'关系中内在的性质。"[71] 人际尊重必然发生在两个以上的主体之间，两者可以是平级主体，如同学之间、同事之间、朋友之间、恋人之间等；也可以是不同层级之间的行为主体，如老师和学生，上司和下属，家长和孩子，军官和士兵等。

　　因此，人际尊重有主体间性的属性，这一特点强调了人际尊重的目标只能是另一个"人"，而不能是非人事物，如大自然、习俗或法律。

💬 回应属性

　　人际尊重是因为客体的某些特点或某些原因引发了主体的尊重行为。"一个人尊重另一个人是因为从这个人的身上发现了一个值得尊重的原因。"[72] 为了回应这一被发现的原因，主体会做出"适当的行为"来回应客体所具有这一值得尊重的"原因"。"所以尊重是主体对客体的'配合'，通过感知到客体某方面的重要性，并通过给予恰当的回应使之和谐。"[73]

💬 关注属性

　　如同尊重一词德文的拉丁语词源解释一样，尊重就如同回头看、回顾一样，具有回应的特性，一方给予另一方关注，一方通过恰当的行为来回

71　郭湛，2001，第33页。

72　Quaquebeke/Eckloff，2010，第344页。

73　Dillon，2010，第19页。

应对方。但首先一方要关注到另一方才行，这种关注要求一方给予另一方关切与注意，并严肃对待。因此，无视、不注意、遗忘或者待人轻率都属于不尊重。关注还要求对他人要有一个正确的感知，Dillon 认为："人们在尊重一位思想家，或者工作上的领导，又或者是一个有威胁的人，以及仅仅当做一个普通人来尊重时，他所表现出的尊重是不一样的。"[74] 所以尊重一个人首先要给予关注，并正确的感知对方的身份等特点。

📪 判断属性

尊重要求主体能够对客体的特点做出判断，即对方值得尊重的属性。判断是尊重的基础，它来决定主体是否应该尊重客体，并对这种值得尊重属性做出适当的回应。人际尊重的这一特点要求主体要能够判断客体是否有值得尊重的理由。尽管主体的判断可能会有失误，但基于错误的感知和判断，主体同样会对错误的判断做出尊重的回应。[75]

📪 客观性

尊重需要理由，但并不是所有理由都能够引起尊重。这个理由当是客体自身本质固有的，是与主体的兴趣和愿望无关的。不仅如此，有时客体值得尊重的属性可能正是主体所反对、所厌恶或者甚至憎恨的，但主体还是会基于这一属性尊重客体，如有时候人会尊重他的对手、他的敌人等。因此，否定对方的价值、认为他人无关紧要、蔑视和侮辱是尊重的反义词。[76]

2.1.3.2 人际尊重的行为要素

达沃尔认为"尊重是关注态度或行为，而不是关注状态的。在尊重某

74　Dillon，2010，第 19 页。

75　参见 Dillon，2010，第 19 页。

76　参见 Dillon，2010，第 19 页。

人时，我们倾向于调节我们在与他的关系中的行为——倾向于去做他的尊严要求我们做的事。"[77] Dillon 认为为了对客体表达恰当的尊重，主体需要做一些事情或者克制住不去做一些事情。尊重行为可以是多种多样的，可以是服从他人，可以是赞美他人，可以是帮助他人，可以是阻碍他人，可以是以某种特殊的方式消灭他人，也可以是以特定的方式与某一个被尊重的人讲话等等。[78]

正因为行为之于尊重的重要性，本研究将尊重定义为一个人使另一个人感到自己的价值或意义被承认的行为。鉴于行为是人际尊重不可或缺的一个组成部分，笔者在本研究中主要研究尊重行为的具体表现。尊重行为强调了行为的指向性，即主体基于客体的某些原因而做出一些行为，这些行为使得客体感受到自身的价值和意义得到承认。

2.1.3.3 人际尊重与等级制度

根据尊重双方的等级可以分为平级主体间的人际尊重，和不同层级主体间的人际尊重，前者如朋友之间、同学之间和同事之间，后者如公司中上下级之间、老师与学生之间、军官与士兵之间。

Rogers 和 Ashforth 认为，在组织中一个人可以同时受到来自不同等级的人的尊重，如领导、同事和下属（如果有下属的话），以及客户和其他非正式来源。[79] Simon 等作者认为感受到来自权威和来自同伴的尊重对于一个人的社会交往十分重要。从功能上来看，尊重可以反映一个人在群体中的地位与位置。[80] Tyler 和 Blader 在研究群体内人际行为时提出，如果上级愿意听下级解释，那么上级就给予了下级人际尊重。[81] Quaquebeke

---

77　斯蒂芬·达沃尔，2015，第 133 页。
78　参见 Dillon，2010，第 19-20 页。
79　参见 Rogers/Ashforth，2017，第 10 页。
80　参见 Simon/Mommert/Renger，2015，第 10 页。
81　参见 Tyler/Blader，2003，第 351 页。

等作者也指出，不仅在上下级之间，在同事之间也存在人际尊重，而这种人际尊重会影响一个组织的产出（[英]outcomes）和效率。[82]

本研究既研究在华德资企业中上下级之间的人际尊重，也研究同事之间的人际尊重，且采用交互性视角。这样可以从中方和德方两个视角得出较为全面的研究结论，避免以往研究仅关注单一视角或仅关注单一层级之间尊重的局限。

2.2 跨文化交流

本研究所关注的是在跨文化场景下所发生的尊重行为与互动，其间既包含了文化比较的视角，也包含了文化互动的实证研究。所以，本节将阐释本书在跨文化交流方面的理论基础，共分为三个部分：第一，人际交流；第二，文化与跨文化；第三，跨文化调整。

2.2.1 人际交流

人是社会动物，需要和周围的其他人接触并交流。而交流的方式也是多种多样的。两个人相向而行，目光接触，微笑颔首，或者互道你好，又或者握手拥抱，诸如此类，可以说有两个人以上的地方就有交流。其中的一方主动地提供一些东西，另一方则被动地接受，在这一过程中，双方的角色可以互换。[83] 随着科技的进步，邮件微信，乃至视频通话代替原来的鸿雁传书，这使得即便不在同一地点的人，也可以通过电脑或手机等各种

82　参见 Quaquebeke/Zenker/Eckloff，2006，第 3 页。
83　参见 Heringer，2010，第 11 页。

手段远距离实时交流。

交流通常被看做是通过语言和动作来发送和接受信息的过程，其最基本的功能就是交换信息。潘亚玲认为，无论在东方文化，还是在欧美文化中，交流不仅具有交换信息的功能，还有另一个重要目的，就是维护人际关系。[84]

2.2.1.1 人际交流的定义

交流也被称为"交际""沟通"。[85]无论是英语中的 communication，还是德语中的 Kommunikation 都源自拉丁语的"*communicatio/communicare*"，*communicatio* 的原意是通知，通过这个通知向听众征求建议，*communicare* 有三种含义：一、共同做、结合；二、分享、告知、让某人参加某事；三、征求意见、讨论。[86]从此发展出了交流今天的含义，即人与人的沟通和相互理解[87]。

当然，对交流的定义在学术界也存在很大争议，根据 Merten 于 1977 年的统计，交流的定义就多达 170 多种。[88]不过学术界对于交流的一种概念分类却是广泛认同的，即广义的交流概念和狭义的交流概念。"广义的交流指有机生命体之间的、科技系统之间的、或者机器与人之间的交流（如电脑与人的交流）。而狭义的交流概念仅指人与人之间为了实现共同目的的交流。"[89]本书仅研究人与人之间的交流，即使用狭义的交流概念：人际交流（[英]interpersonal communication，[德]zwischenmenschliche Kommunikation）。

陈国明将交流定义为："双方经由交换符号，来建立一个互依互赖的

84　参见潘亚玲，2016，第 25 页。
85　参见潘亚玲，2016，第 25 页。
86　参见 Rothe，2006，第 9 页。
87　参见 Broszinsky-Schwabe，2011，第 21 页。
88　参见 Broszinsky-Schwabe，2011，第 21 页。
89　Broszinsky-Schwabe，2011，第 21 页。

相互影响过程。"[90] Keller 则将交流定义为："交流是向自己的邻人施加影响，是经由符号（广义上来讲）让他们明了自己希望让他们做什么，期冀能够通过这一认识以自己希望的方式向邻人施加影响。"[91] 由此可见，交流不仅仅是信息交换，更是互相施加影响，基于上述前人的定义，**本研究将人际交流定义为：双方经过符号交换来传递信息，进而相互施加影响的过程。**

2.2.1.2 人际交流的特征

迄今已有很多国内外的学者对交流的特征进行了总结，笔者在 Watzlawick 五大交流公理的基础上，补充了其他学者的观点，并结合本文的研究侧重，总结出人际交流的特征如下。

💬 人不可不交流

Watzlawick 曾经提出五大交流公理，即人不可不交流、关系决定内容、顺序影响交流、交流不仅限于语言和交流不完全是对称的。[92] 其中"人不可不交流"指，人所做的一切都会被他人赋予意义，其中"所做的一切"也包含了什么都不做。人所做的一切，即便有时候是无意识的，也会被他人加以解读，无论解读的正确与否，这一行为已经传递了一些信息。而什么都不做包括沉默、不看别人的眼睛、没有完成别人交付的任务等，这些行为经常会被交流的另一方以自己的理解进行解读，甚至过度解读或者误读。[93]

💬 关系决定内容

准确来说是交流者之间的关系决定交流的内容如何被解读。[94] 由此可

---

90 陈国明，2009，第 18 页。

91 Keller，1994，第 104 页，转引自 Heringer，2014，第 12 页。

92 参见 Heringer，2014，第 18 页。

93 参见 Heringer，2014，第 19 页。

94 参见 Heringer，2014，第 20 页。

见欧美的交流理论也是注重人际关系在交流中所起到的作用的。这也解释了为什么很多时候，人不能够简单地做到就事论事。因为在思考"事"的同时，人们还会考虑到与"事"相关的人，以及他们之间的关系。

💬 顺序影响交流

交流中的行为顺序会影响交流的结果。行为顺序指在交流当中，应当先由谁先做什么，由谁后做什么，如果不按照某些显性或隐性的顺序规定进行，则会引发误会，甚至造成冲突。例如在谈话的时候，由谁先说话；[95]商务会谈的时候，先谈什么等等。

💬 交流不仅限于语言

Watzlawick 在提出五大公理的时候就发现，交流不仅限于言语交流，还包括言语之外的交流方式，如非言语交流。Heringer 认为这一公理不仅揭示了交流中除言语以外的部分的重要性，也强调了非言语的多义性，以及容易引起误会。手势、表情、动作都能被用作交流，对同一个表情不同的人会有不同的理解。[96]

💬 交流不完全是对称的

交流经常是对称发生的，交流双方均认为应该将行为机会均分，即双方享有平等的交流权力（如话语权）。但也有交流发生在不对称的情景中，如交流一方在交流中占据优势，另一方则获得劣势。Watzlawick 将其称为互补的交流。

"不对称的交流会在不同文化相遇的场景中引发冲突，导致事件的扩大升级。在这类过程中，经常能够观察到，双方感到对方不尊重自己，或

---

95 参见 Heringer，2014，第 20 页。
96 参见 Heringer，2010，第 21 页。

者一方占有支配地位——或者被认为希望抢占支配地位。"[97]

💬 交流具有语境性

无论在高语境还是在低语境文化中，语境中都蕴含了或多或少的、与交流相关的信息。所以，交流不能抛开语境进行，语境对于交流有着重要的意义。[98]

"语境之所以重要是因为它可以帮助我们弥补语言的不足，没有它我们就无法得到完整的信息，准确地把握交际者的意图。"[99]

💬 交流是互动的过程

陈国明认为："沟通（交流）存在于符号传送者与符号接收者两个对象之间持续互动的脉络里。"[100] 可以认为交流就是双方的互动过程，交流绝不仅限于单方，基于"人不能不交流"这一准则，接收符号一方即使不做任何反馈，也已经传递出了回应符号发送者的信息，从而形成了互动。而这一互动过程即是双方相互施加影响的过程。

2.2.1.3 人际交流的四个层面

实现交流的方式多种多样，有学者根据交流借用的载体将交流分为言语（verbal）交流（通过语言）和非言语（nonverbal）交流（通过肢体信号）。在此基础上又出现了对言语交流的进一步细分，将言语交流中的伴随言语出现的音调、语速、停顿等信息归入副言语（paraverbal）交流。Oksaar引入社会学中的文化单位（[英]cultureme，[德]Kulturem）和行为单位

97　Heringer，2010，第 22 页。

98　参见潘亚玲，2016，第 27 页。

99　戴晓东，2011，第 90 页。

100　陈国明，2009 年，第 19 页。

（[英]behavioreme，[德]Behaviorem），借此解释不同文化间的行为差异。[101]
文化单位指交流中的一种可拆分的单位，这种单位区分了来自不同文化的
人在诸如问候、感谢、情绪表达时的行为方式。而此类行为方式应该是会
在相同或相似情境中重复出现的。如世界上大部分地区表达"是"这个意
思时，会点头，而印度和巴基斯坦地区用来回摇头表示"是"的意思。

为了理解文化单位，则需要理解交流方式，这种交流方式则指行为
单位，Oksaar认为行为单位可以分为四类，即言语、副言语、非言语和
超言语（[德]extraverbal）行为单位。超言语行为单位指那些影响交流的
时间因素和空间因素。她将四种行为单位归为两种类型：执行的（[德]
ausführend）和调节的（[德]regulierend）行为单位。言语、副言语和非
言语交流属于执行的交流行为单位，而超言语属于调节的交流行为单位。
四种行为单位可能在交流中单独出现，也可以结合使用，如一个人既摆手，
也摇头，同时说不。文化单位体现在行为单位中，如点头和摇头的区别是
文化单位，它体现在非言语行为单位中。

在Oksaar的四种交流行为单位的基础上，Bolten总结出了交流的四
个层面，即言语层面、副言语层面、非言语层面和超言语层面，并将每个
层面的组成部分具体呈现了出来，这为这一理论的可操作化打下了基础。[102]

💬 言语层面

言语层面的交流借由语言这一表达工具完成。[103]交流双方在这一层
面上是经由语言这一工具来达到互相理解的，而"语言是理解必不可少的
媒介"。[104]

Müller和Gelbrich选取打招呼（[德]Begrüßung）作为例子，分析了

101　参见Oksaar，1991，第15-16页。

102　参见Bolten，1997，第487-289页。

103　参见Schugk，2014，第72页。

104　钱敏汝，2001，第181页。

不同文化间打招呼的区别。在世界很多国家和地区都使用"你好吗？"（[德]
Wie geht es?）来打招呼，而在中国很长一段时间采取问对方"吃了吗"
来作为打招呼语，他们认为中国曾经处于饥荒的状态，这一问候语是留在
中国人记忆深处的集体记忆。[105]

📭 非言语层面

非言语层面交流的重要性已经毋庸置疑，但在这一领域的研究却少有
系统的成果。[106] "很多的主张源于经验和尝试。尚无一个可以使用的方
法。"[107] 非言语层面指话语之外的交流层面，这里包括手势、表情、目光、
体态。

在跨文化场景中非言语层面的交流经常会产生误会。原因有如：使用
不同语言交流的人之间，语言的重要性有所降低，而非言语交流的重要性
有所增加。很多人都认为手势和表情是世界范围内普遍通用的，但事实并
不是如此。[108]

📭 副言语层面

副言语指伴随着言语出现的一些语言现象。如音量、音高、音调、话
语的韵律、语速、口音和停顿等。在书面交流中，副言语则指标点符号、
书写格式、间距和印刷格式等。[109] 当一个人用不同语音语调说相同的话
语时，所要表达的意思或者被理解的意思可能完全不同。此外，话轮转换
也与副言语中的语速、停顿和音量有着紧密的联系。[110]

---

105 参见 Müller/Gelbrich，2013，第 85 页。
106 参见 Müller/Gelbrich，2013，第 85 页。
107 Heringer，2014，第 83 页。
108 参见 Heringer，2014，第 88 页。
109 参见 Müller/Gelbrich，2013，第 92 页。
110 参见 Heringer，2014，第 106 页。

超言语层面

　　超言语层面指超出言语、非言语和副言语层面之外的、影响交流的层面，如时间、空间、顺序和语境等。除了霍尔提出的单向时间和多向时间两种处理时间的方式外，霍尔还对空间行为学进行了研究。[111] 此外，潘亚玲指出空间布置是指对空间位置的安排和对空间的分割。在跨文化交流中，空间分配经常被用来表示参与交流的人员的角色地位和人际关系。[112]

　　此外，Müller 和 Gelbrich 认为打招呼的顺序也影响着交流的效果。他们认为在个体主义社会中，人们会优先和女士打招呼，即 Ladies-First-Regel（[德] 女士优先），之后才是按照地位和年龄。而在强等级观念的社会中，如中国，最高级别的人会最先被打招呼。[113]

表 2-2　交流的四个层面及其内容[114]

	口头交流	书面交流
言语的	词汇的、句法的、修辞风格等口头语言组织形式	词汇的、句法的、修辞风格等书面语言组织形式
非言语的	表情、手势、体态、目光接触等	图片、图表、格式、色彩、版面设计等
副言语的	音量、音区、语速、笑、咳嗽、停顿、重音等	印刷格式、标点符号、书写格式、间距、版心（左右对齐、长短不齐等）
超言语的	时间、地点、服装、语境、触觉和嗅觉等方面	时间（比如出版时间）、空间（发行的地点）、纸张质量、大小

　　在文献综述部分，通过对既有尊重行为相关的研究的梳理，发现鲜有研究从两个以上的层面来研究人际尊重行为。然而人在生活中却常常在这

111　参见 Müller/Gelbrich，2013，第 111 页。

112　参见潘亚玲，2016，第 53 页。

113　参见 Müller/Gelbrich，2013，第 118 页。

114　Bolten，1997，第 23 页。

四个层面进行互动。比如同一句话用另一种方式说出来可能表达出完全不同的意思（如语气、音调、停顿等，副言语）；而有些时候，人们的交流不是或者不仅局限于言语交流，表情、手势、体态可能发出足够的信号（非言语）；同样的话在不同的场合或者时间说出来，表达的意思可能是截然相反的（超言语）。交流四个层面所包含的内容详见表 2-2。

2.2.2 文化与跨文化

跨文化交流顾名思义，即将交流置于两个文化背景下。随着全球化的进程逐步推进，交流已经不再局限于单一国家、民族、文化内，而发展为不同文化间的交流。虽然这种交流自古有之，但其强度和广度从未像今天一样。为了应对该挑战，跨文化交流研究应运而生。从上世纪初期开始，就不断有语言学家、人类学家、社会学家提出各种跨文化理论。

2.2.2.1 文化

不同学科对文化的定义各不相同，且定义的数量众多，"Kroeber 和 Kluckhohn 曾汇集了 170 个关于文化的定义"。[115] 追根溯源，文化一词源自《周易·贲》中"观乎人文，以化成天下"，而文化二字最早连用则是在《说苑·指武》中："圣人之治天下也，先文德而后武力。凡武之兴，为不服也，文化不改，然后加诛。" 这里的文化是"以文教化"的意思，意为：圣人治理天下，先用教化改变他们。[116] 而英文中的 culture 和德文中的 Kultur 均源自拉丁文 cultura，"原指对农作物的栽培养育，后来慢慢演变成泛指人类在物质与精神方面成就的总和。"[117]

在德语语境中将文化的概念分为了狭义和广义两种。狭义的文化指一

115　贾文键，2008，第 138 页。

116　参见魏光奇，2000，第 1 页。

117　陈国明，2009，第 24 页。

种"高文化"（[德]Hochkultur，[英]high culutre）。[118] 这一高文化指知识和艺术上的成就，[119] 这一狭义理解对文化加以评价，使它们有了高下之分。狭义的文化概念与"文明"有紧密联系，文明程度是可以有发展快慢之分的。文明和文化的混用则造成了一定程度上的混乱，如"文明是拥有浴缸；文化是使用它。"[120] Bolten 对这一文化概念持批判态度。[121]

文化的广义概念认为文化即是生活世界。[122] "在这一生活的世界中生活的群体共享一些显性的价值和标准，以及一些关于这一群体的隐性的假设，依据这些价值、标准和假设他们与外界划清界限，向内进行融合。"[123] 因此，Hofstede 将文化定义为"心理程序"，藉由这一程序将不同文化间的人区分开来。[124] 而 Bolten 认为"生活世界"相比之前的狭义文化概念是动态变化的、界线模糊的，它主要指一个具体行动场域中的行为人的社会实践，但这一场域不排除自我想象的交互性，如环保主义者。[125]

本研究采用广义的文化概念，认为文化是指导个人行为、并由这一团体成员所共享的符号系统（世界），会世代流传下去，在变化的同时总体保持稳定。

2.2.2.2 文化的特征

💬 文化是习得的

文化是人们通过后天习得的，而不是与生俱来的。人们可以通过对"心理程序"的编辑来有意或者无意地传承文化。有意的传承来自学校等场所

---

118 参见 Bolten，2015，第 42 页。

119 参见朱晓姝，2007，第 12 页。

120 Hansen，2011，第 10 页，转引自 Bolten，2015，第 42 页。

121 参见 Bolten，2015，第 43 页。

122 参见 Bolten，2015，第 43 页。

123 Koch，2012，第 54 页。

124 参见陈晓萍，2016，第 5 页。

125 参见 Bolten，2015，第 44 页。

的主动学习，而无意的则指在生活中潜移默化、耳濡目染的被动习得。"刚出生的婴儿，有意识无意识地一步一步点点滴滴地接受、整合、强化与共创家庭和整个文化需求的符号系统。慢慢长大后，进入学校的教育系统，对自己文化开始有了更广泛的认识。"[126]

📺 文化是动态的

Bolten 认为文化不是封闭的"集装箱"，文化既不是同质的，也不是有着鲜明界线的，而是有着一条模糊的边界，并且在边界上相互交融，互相影响。[127] 从历时的角度则能够更加清晰地看出文化的动态变化。很多文化从无到有，也有很多文化走向消亡。在这一过程中，人和文化是互相作用的关系，人发展了文化，文化指导人的行为。尤其在这个全球化的时代，人类的迁徙速度远超以往任何时代，它所带来的不仅是货物的流转，还有人员的流动，它使得文化的边界不再是难以逾越的，大规模的移民（或者吸收移民）完全可以加速对文化的改变。

📺 文化是稳定的

文化既是动态的，又是稳定的，但这只是相对而言。"它（文化）虽然会随着时代改变，但其改变的速度极其缓慢。"[128] 文化包含的规范和准则是在长期历史发展过程中形成的，他们在形成后会处于相对稳定的状态。同一群体成员本能地遵守本文化的价值观、行为规范和文化传统，自发地维护文化的相对稳定。[129]

---

126 陈国明，2009，第 26 页。
127 参见 Bolten，2015，第 46 页。
128 陈晓萍，2016，第 6 页。
129 参见潘亚玲，2016，第 16-17 页。

💬 文化是多层次的

学界经常将文化比作洋葱，"文化洋葱"被分为三层，即表层、中层和核心层。表层代表我们能够观察到的东西，中层代表一个社会的行为规范和价值观。而核心层是一个社会共同的关于人为什么存在的假设。[130]

Hofstede 将文化洋葱分为四层，分别为：符号、英雄、礼仪和价值观。其中前三层均属于文化实践，也就是可以观察到的层次。而位于核心的基础价值则是通过儿童时代的社会化习得的。如审美等价值观在成年以后则很难再被矫正了。也正是因此，移民的融入显得格外的困难，因为他们的年纪往往都已经过了能够再接受价值观改变的年纪了。[131]

💬 文化是能够指导行为的

文化是一个符号系统，它给予个体行为上的指引。因此，同一文化中的成员会在行为上表现出一定的一致性。文化在人们做事的时候起到主导作用，因为文化不再让人在面临选择时犹豫不决。[132] 西田弘子认为文化图式（[英]cultural schema）能够指导并调整文化成员的行为。"由于同一文化的成员有着共享的文化图式，交际因此得以顺利展开，人与人也因此实现相互理解。"[133]

2.2.2.3 跨文化与跨文化性

跨文化（[德]Interkultur，[英]interculture）等同于第三文化（[德]Die dritte Kultur，[英]Third Culture）或中间文化。这一概念指来自文化 A 的人和来自文化 B 的人互动，在聚合的理想情况下生成了一种第三文化，这种第三文化是一种新的文化，既不能在文化 A 中被找到，也不能在文

130　参见陈晓萍，2016，第6-13页。

131　参见 Deissler，2012，第16-17页。

132　参见 Hansen，2003，第123页。

133　戴晓东，2011，第276-277页。

化 B 中被找到。而这一形成第三文化的过程则被认为是存在于文化 A 和文化 B 所构成的跨文化行动场域中的跨文化性（[德]Interkulturalität）。Bolten 指出，在学界有将作为结构的跨文化性和作为过程的跨文化性相混淆的现象。他认为跨文化性指的是一个过程概念，因为跨文化性包含了来自不同文化行为场域行为者之间的互动，而在已经趋于稳定的中间文化（也有学者称为跨文化或第三文化）中，由于新的中间文化的生成，在中间文化中的互动已经不是不同文化间的行为者的互动了，而是同一文化中的行为者的互动。[134]

作为过程的跨文化性是指来自不同文化的行动者通过互动形成使双方都能够接受的文化结构和规则的过程。在这一过程中，互动双方从最初的行为不确定性（[德]Handlungsunsicherheit）转变为行为确定性（[德]Handlungssicherheit）。在互动过程中，双方就互动的规则与条件达成一致（[德]Aushandeln），并通过相对稳定的互动规则与条件建立起共同的行为确定性，双方可以遵循这些由双方一致同意的条件和规则来控制自己在后续交流中的行为。Bolten 特别指出此类跨文化达成一致的过程经常会出现在合资企业中的来自不同文化的团队成员之间。[135]

这种达成一致的过程往往不是一蹴而就的，如 Bolten 所言：

"例如在打招呼的语境中，这个过程更多的是临时决定的和情绪化的：尽管在一个具体的相遇情景中，不同的行为者期待不同打招呼方式或者将一些打招呼习惯视为'正常的'打招呼方式，当他们相遇时也许会有短暂的迷惑，但会在几分之一秒内找出一种双方都认可的打招呼方式。具体采用哪种打招呼方式需要视当时的情况以及一系列的语境因素而定，如年龄、熟识程度或者等级差距等。第一次相遇的结果是几乎不能预见的。一旦双方接受了第一次相遇的打招呼方式，则很有可能在以后相遇的时候沿用第

134　参见 Bolten，2015，第 117 页。
135　参见 Bolten，2015，第 118 页。

一次的打招呼方式，也可能会有小的调整，但这种打招呼方式会被双方一步一步地作为习惯保留下来，并由此形成文化。"[136]

由此可见，来自不同文化的行为者之间的互动需要双方就互动规则和条件达成一致，并且可以在之后的接触过程中改变互动规则和条件，但这一改变必须得到双方的认可，即就新的互动规则和条件达成一致。这一方面强调了跨文化性的过程属性，另一方面也体现了文化的动态特征。

钱敏汝曾撰文指出跨文化性是"两种文化相遇所具有的特殊性，由于多种参数的介入使这种特殊性的体现方式千变万化"。[137] 并且跨文化性还可能导致跨文化经济交际出现障碍，可以通过对两种文化相遇时的跨文化性的研究来分析判断交流障碍的性质及负面影响的程度。[138]

本研究中的跨文化性指双方生成中间文化的互动过程，中间文化是指来自不同文化的行为者在互动中产生的新文化，这种新文化被学者称为中间文化、第三文化或者跨文化。为了避免在文中出现一个概念对应多个名词的情况，本文不使用跨文化和第三文化两词，而使用中间文化来指代已经或暂时形成稳定结构的新文化。

2.2.3 跨文化调整

跨文化调整有着不同的英文对译词，有学者将 cross-cultural adaptation 翻译为跨文化适应，[139] 也有学者将 cross-cultural adjustment 翻译为跨文化调整。[140] 不同的翻译是因为在英文文献中也有对这一概念的使用混乱现象。[141] 这一现象有其历史原因，本节将分三个部分对跨文化调整理论进

136　Bolten，2015，第118-119页。
137　钱敏汝，1997，第45-46页。
138　参见钱敏汝，1997，第49页。
139　参见戴晓东，2011，第175页；参见陈国明，2014，第156页。
140　参见潘雪冬，2013，第162页。
141　参见Berry，2005，第707页。

行讨论，第一，跨文化调整的概念；第二，跨文化调整的维度；第三，跨文化调整模型。

2.2.3.1 跨文化调整的概念

对跨文化调整的研究可以追溯到后殖民地时期 Oberg 提出的文化休克（[英] culture shock）[142] 理论。Oberg 将文化休克分为四个阶段：蜜月期（[英]honeymoon stage）、挫折期（[英]regression stage）[143]、复原期（[英] recovery stage）和调整期（[英]adjustment stage）[144]。在调整期这一阶段中，Oberg 指通过对自己身心的调节达到一个适应当地环境的状态。[145]

随着上世纪末全球化的进程加速，有越来越多的美国人被外派到其他国家工作，在这一过程中出现了一系列因为不能够适应当地生活而导致派遣失败的例子，给外派企业造成了很大的损失。[146]"为了降低（外派员工的）不确定性，能够判定哪些行为对东道国来说是恰当的或者不恰当的会有助于调整（[英]adjustment）[147]，而那些会导致不确定性增加的因素则会阻碍调整（[英]adjustment）。"[148]可见当时的讨论尚仅限于对外派人员通过对自己行为的调整来适应当地工作和生活环境的单向适应性调整。根据 Black 和 Gregersen 的定义，跨文化调整（[英]cross-cultural adajustment）被认为是"一个人在各个方面对新环境的心理舒适感程度"。[149] Caligiuri 在其基础上将范围扩大到心理之外，将其定义为："外派人员在新的东道

---

142 也有学者称之为文化震荡。

143 原文中使用 regression，笔者认为译为挫折更为妥帖。

144 也有学者将其翻译为适应期。

145 参见 Oberg，1960，第 178 页。

146 参见 Black/Mendenhall/Oddou，1991，第 291-292 页；参见 Black/Gregersen，1991，第 497-498 页。

147 鉴于 adjustment 和 adaptation 二词在英文文献中的使用情况比较复杂，笔者将容易引起误解的原文附在括号内。

148 Black/Gregersen，1991，第 499 页。

149 Black/Gregersen，1991，第 498 页。

国对生活和工作感到舒适和适应的程度"。[150]

acculturation（[英]濡化、跨文化适应）和adaptation（[英]适应、调适）概念的引入使得这一概念群变得更加复杂和纷乱。Berry 试着将其区分开来，他认为濡化（[英]acculturation）是"当两个或以上文化群体及其中的个体成员相遇时出现的一个双向文化和心理变化的过程。"[151] 由此可见 Berry 在新的理论建构中已经注意了文化不是单行道，而是双方文化互相影响的过程。

具体来说，濡化（[英]acculturation）"指一个文化和心理变化的过程，它包含不同形式的相互迁就（[英]accommodation），并引发一些长期的心理和文化社会的调整（[英]adaptation）。"[152] 所以，调整（[英]adaptation）是个体面对外部濡化压力（[英]stress）产生相对稳定的变化的结果。[153]

Berry 认为 adjustment 是用来形容旨在同化（[英]assimilation）的调整，这种调整主要希望通过对自身的改变能够融入东道国文化或主流文化；而 adaptation 作为调整不一定要达到同化的目的，他认为做调整（[英]adaptation）之前，行为人要根据自己是希望被同化（[英]assimilation）、分离（[英]separation）、整合（[英]integration）还是边缘化（[英]marginalization），来做出调整（[英]adaptation），如果行为人决定被同化，则会对自己的行为做出主动调整，以此来配合并适应主流文化；如果选择整合，则会在保留原有文化身份的同时，尝试融入主流文化；如果行为人选择分离，那么他会做出对抗行为，并试图改变环境或远离主流文化；当行为人既不愿意融入主流文化，对保持原有文化也不感兴

150　Caligiuri，2000，第62-63页。

151　Berry，2005，第698页。

152　Berry，2005，第699页。

153　参见戴晓东，2011，第172页。

趣时，他则不会做出积极调整，此时行为人选择的是边缘化。[154] 需要指出的是，这种行为人对适应策略的选择可以是有意思的，也可以是无意识的。

综上所述，使用 adjustment 的跨文化调整仅强调单方面的改变以适应对方文化，而使用 adaptation 的跨文化调整则考虑到调整应该是双方的，且不一定都是指向同化或者整合的，也可能指向分离和边缘化。由此可见 adjustment 所指的跨文化调整过于理想主义，而且视角单一，故此本研究使用 adaptation 的跨文化调整概念，即跨文化调整（[英]cross-cultural adaptation）是指行为人在发现到与他人的文化差异后，根据自己选择的适应策略（同化、整合、分离或边缘化）而主动做出的行为改变。

2.2.3.2 跨文化调整的维度

不同学者将跨文化调整分为不同的维度，Black 和 Gregersen 将跨文化调整分为工作中的调整、人际互动中的调整和一般调整。[155] 也有学者将调整分为心理调整和社会文化（[英]socio-cultural）调整。[156]

🔲 工作中的调整、人际互动中的调整和一般调整

研究发现明确的工作角色能够降低工作中的不确定性，因此对工作中的跨文化调整有促进作用，但这一促进仅限于工作环境中。但新环境中的工作角色冲突会增加不确定性，并妨碍跨文化调整。[157]

与母国和东道国的人际互动能够为旅居者提供有助于降低不确定性的信息，因此人际互动的调整尤其重要。[158] 旅居者需要通过与东道国的员工或者非员工的人际互动来建立起基本的社会关系，这对旅居者的幸福感

154　参见戴晓东，2011，第 170-172 页。

155　参见 Black/Gregersen，1991，第 501 页。

156　参见 Ward/Kennedy，1993，第 131 页；参见 Berry，2005，第 702 页。

157　参见 Black/Gregersen，1991，第 501 页。

158　参见 Black/Gregersen，1991，第 501-502 页。

有重要的影响。

一般调整指对东道国生活的新奇感，研究表明，本文化和东道国文化之间的新奇性和差异越大，旅居者的不确定性越强，这使得三类调整都更困难。[159]

💬 心理调整与社会文化调整

跨文化调整既可以是心理的，如幸福感或自信，也可以表现在行为当中，如与来自新文化的个体互动。[160] 当个体进入一个新的环境后，如果不能适应的话，会出现抑郁或更多的情绪干扰，这将直接影响到旅居者的幸福感。而性格因素、生活的改变和社会支持度能够影响心理跨文化调整。[161]

社会文化的调整指旅居者在与来自新文化的个体互动时的行为变化，体现在每天的跨文化生活当中，这些调整可以是简单的行为改变，如说话方式、穿着打扮、饮食等，[162] 也可以表现在学习当地文化和其他一些能力方面。[163]

本研究不关注跨文化交流过程中双方的心理调整，在本研究中跨文化调整仅指行为调整，且主要限于人际互动维度，兼有工作和一般调整维度。

2.2.3.3 跨文化调整模型

Kim 认为以往的关于跨文化调整（[英]adaptation）的研究多局限于微观层面，忽视了长期和短期调整的区分，并且希望能够将其融入学习和心理成长的语境中。[164] Kim 还提出了三个基本原则作为自己跨文化调整模型的基础：

159　参见 Black/Gregersen，1991，第 502 页。
160　参见 Berry，2005，第 702 页。
161　参见 Ward/Kennedy，1993，第 131-132 页。
162　参见 Berry，2005，第 702 页。
163　参见 Ward/Kennedy，1993，第 132 页。
164　参见 Kim，2005，第 377 页。

"（1）人有其内在的自我组织驱动力以及对外部环境挑战进行调整的能力；

（2）个体对某个既定文化环境所做出的调整发生在交际之中，并且通过交际来实现；

（3）调整是一个个体产生质的转变的复杂、动态的过程。"[165]

Kim 认为自我平衡属于人类的天性，人们会努力保持自己内部结构的各种变量间的稳定，从而形成一个整体。当人在异文化中显得格格不入的时候，压力就随之产生了。为了重新达到稳定，并融入新文化中，人们会根据新环境采取行动，并对环境做出回应。通过这些行动，也许环境的某些方面就纳入了行动者的内部结构中，然后提高了自己对外部世界的整体适应。这一过程从压力—调整—成长模型的角度来说就是一个小的成长。经过一段时间的不断内部变化，异文化的行动者的压力和调整会变得越来越缓和或者不那么严峻，总体上使行动者的内部情况变得越来越平静，因此在图 2-1 中的螺旋直径越来越小。[166]

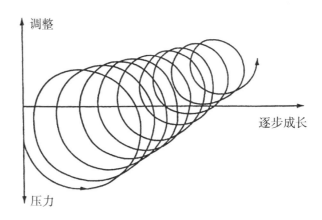

图 2-1　压力—调整—成长模型[167]

165　戴晓东，2011，第 177 页。

166　参见 Kim，2001，第 55-59 页。

167　Kim，2001，第 59 页。笔者译。

由此可见，Kim 的跨文化模型将跨文化调整视为一个动态的过程，本文也采取这一对跨文化调整的理解，将尊重互动中中德双方对各自尊重行为的调整理解为跨文化调整的一个方面，双方通过对各自尊重行为进行跨文化调整后，在尊重方面达到一个平衡状态，即是新生成的中间文化。

2.3 尊重与互动

本节中将通过已有理论建构尊重、行为和互动之间的关联，并建立适合本研究的理论模型。

2.3.1 尊重的传递模型

Rogers 和 Ashforth 提出了"组织中普遍与特殊尊重模型"，二人在文章中着重介绍了尊重是如何被发出并被接收的，该模型还涵盖了尊重的所有种类，使用的是普遍尊重和特殊尊重分类方式（详见本文 2.1.2.3 小节）。如图 2-2 所示，Rogers 和 Ashforth 认为尊重在组织内的传递首先需要发送方和接收方，发送方将不同种类的尊重付诸行动。行动化的尊重得以被双方看到、感知到，但最终决定其是否是尊重行为的是接收方，因此，尊重不只取决于发送方的行为，还取决于接收方的感知。Rogers 和 Ashforth 的模型中尊重与否取决于三个因素：尊重接受者的社会等级威望、组织中的普遍尊重氛围和经过评估的特殊尊重。Rogers 和 Ashforth 还强调，行动化的尊重不仅能被发送方和接收方观察到，也能够被组织中的其他成员观察到，故此，成员之间会比较彼此之间的尊重行为，从而决定发送者向自己发出的行为是否是尊重行为,这也建构了一个多主体间的尊重互动。[168]

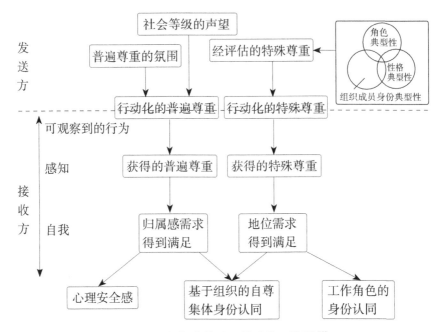

图 2-2　组织中普遍与特殊尊重模型[169]

　　鉴于本研究与 Rogers 和 Ashforth 研究设计的区别与研究侧重,笔者将图 2-2 略做调整,使之符合本研究的结构设计(见图 2-3)。由图 2-3 可见,由于本文不研究尊重行为的心理学效果,故将接收方自我的部分去除,突出强调尊重在传递的过程中的发送方和接受方之间的互动,即发送方需要通过行动使接收方观察到他的尊重行为,然后接收方根据自己的感知来判断是否获得发送方的尊重。这也是本研究的设计出发点之一。

168　参见 Rogers/Ashforth,2017,第 7-10 页。

169　Rogers/Ashforth,2017,第 8 页。笔者译。

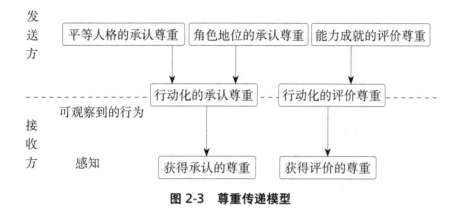

图 2-3　尊重传递模型

2.3.2 交互性视角下的尊重行为

交互性视角所强调的是交流的双向性和互动性，交流不是单向的，由信息的发出方和接收方构成，同时他们又互为接收方和发出方，从而构成了一个信息交换的互动过程。信息通过交流的四个层面进行交换，但鉴于交流需要通过符号来完成，对符号的编码和解码则受文化的影响。[170]

如图 2-4 所示，信息发出者和接受者通过交流的四个层面进行信息交换，因此，如果能够同时研究交流的双方，则会给研究一个更为完整的视角，如在研究上下级关系时，不仅仅从下级的角度来着手，也从上级视角出发进行研究。

交互性视角的引入，使得交流者之间关系的重要性得到突显，因为"每一个人际交流行为都会改写互动者之间的关系，关系反过来又会影响对内容的塑造，以此循环往复。"[171]

170　参见 Bolten，2015，第 17-18 页。

171　Bolten，2015，第 19 页。

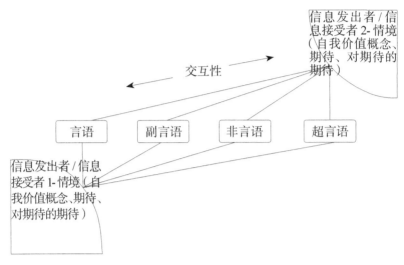

图 2-4　跨文化交流的交互性[172]

　　本研究采用了交互性视角，既研究作为外派来华人员的德国员工，也研究在德资企业中工作的中方员工，通过对双方的尊重行为的发出和尊重行为的感知来重现双方尊重互动的过程。

　　由 Rogers 和 Ashforth 的理论模型可知，尊重如同其他交流行为一样，有发送方，也有接收方。因此可以按照研究交流行为的方式来研究尊重行为。笔者将尊重传递模型与跨文化中的交互性理论相结合，将尊重行为的双方认定为互为发送方与接收方，并通过交流的四个层面来传递尊重，由此得出图 2-5，并以此来指导本文的研究设计。

　　在图 2-5 中，交流主体 A 通过交流的四个层面向交流主体 B 发出自己尊重行为，同样也通过这四个层面感知交流主体 B 向自己发出的尊重行为，交流主体 B 也通过交流的四个层面向交流主体 A 发出尊重行为，并通过这四个层面感知交流主体 A 向自己发出的尊重行为，这一相互关系构成了交流的交互性。

172　Bolten，1997，第 479 页。

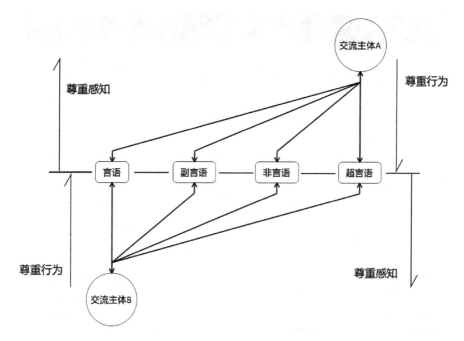

图 2-5　交互性视角下的尊重行为

2.3.3 跨文化交流中的尊重互动

　　如图 2-6 所示，跨文化交流中人们在交流的各个层面都可能发生互动，在某种意义上，跨文化交流就是互动。[173]

173　参见 Bolten，1997，第 489 页。

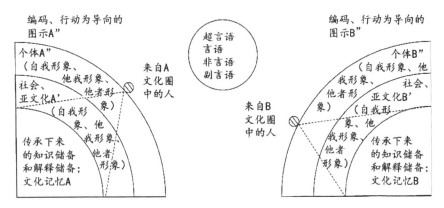

自我文化	中间文化	异文化
生活世界、符号 秩序A、合理性A	A"/B"生成符号 秩序C，合理性C	生活世界、符号 秩序B、合理性B

跨文化交流是互动

编码、行动为导向的
图示A"

个体A"
（自我形象、
他我形象、
社会、
亚文化A'
他者形象）
（自我形
象、他
我形象、
传承下来
的知识储备
和解释储备；
文化记忆A
他者
形象）

来自A
文化圈
中的人

超言语
言语
非言语
副言语

来自B
文化圈
中的人

编码、行动为导向的
图示B"

个体B"
（自我形象、他
我形象、
他者形
象）
社会、
亚文化B'
（自我形
象、他
我形象、
传承下来
的知识储备
和解释储备；
文化记忆B
他者
形象）

图 2-6　跨文化交流中的互动[174]

　　来自 A 文化的人拥有传承下来的知识储备和解释储备，同时受到所在社会或所属亚文化的影响，并且个体自身独有的经历也影响他的行为和对他人行为的解释。B 文化中的人同样受到 B 文化记忆的影响、受到其所在社会或所属亚文化的影响，个体也有自己独特的经历。这使得来自两个文化的人在交流时，会根据本文化的文化记忆、所属社会或亚文化影响和个体经历来行为，并根据上述三点来解释对方的行为。而该交流行为会发生在交流的四个层面中的一个或几个层面上。

　　交流双方不仅使用交流的四个层面表达尊重，也通过该四个层面感知对方的尊重。并使用自己深层的文化记忆中的知识和来自社会和其他亚文化的知识，以及个人经历来解释感知到的行为，并判定它是否是一个尊重

174　Bolten，1997，第 489 页。笔者译。

行为，然后再做出相应的回应。然而，由于来自不同文化的人不仅在个体层面存在差异，更在较深层的社会和其他亚文化层面和传承下来的知识储备和文化记忆层面存在差异。这就会导致像在文献综述部分中 Bailey 提到的一样，可能一个人一直在做自己认为的尊重行为，而另一个人完全没有感知到，并且还有可能感到困惑，从而可能做出错误的回应。[175]

笔者将来自不同文化的交流双方感知对方的尊重行为，并做出相应的回应这一过程定义为跨文化交流中的**尊重互动**。为了更好的展示这一互动，笔者在 Bolten 的图 2-6 的基础上略做调整，特制图 2-7。

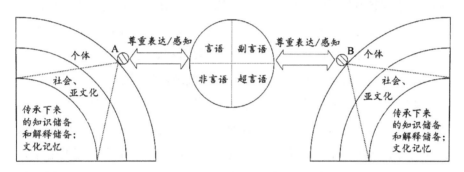

图 2-7 跨文化交流中的尊重互动

首先，来自不同文化的人之间的尊重互动发生在跨文化交流中，交流双方受本文化传承下来的文化记忆、各自所属的文化与亚文化和个人经历所影响。其次，交流双方不仅通过交流的四个层面（言语、非言语、副言语和超言语）来表达尊重，同时也通过这四个层面感知尊重，因而在图 2-7 中用双向箭头表示。由于发生在四个层面的交流时常是同时出现的，所以在图中用虚线表示它们界线模糊。最后，这一尊重表达和感知的过程构成了跨文化交流中的尊重互动。

175　参见 Bailey，1997，第 328-329 页。

2.4 小结

本章通过对尊重和跨文化交流相关理论的梳理，推导出本研究适用的研究模型。

在第一节中，笔者对尊重相关的理论进行回顾和总结。首先，通过对尊重概念的研究比较，总结出了适用于本文的尊重定义，即一个人使另一个人感到自己的价值或意义被承认的行为。之后又讨论了学界流行的几种对尊重的分类，并将其总结提炼，发现分类虽有所不同，但所指的内涵有共通之处，并制图展示。本节的最后，对尊重的属性和一些特点进行了总结归纳，着重指出尊重的行为要素和等级因素。

第二节主要对交流和跨文化交流的相关理论进行了回顾，首先给出了本文使用的交流的定义：交流是双方经过符号交换来传递信息，进而相互施加影响的过程。之后对交流的特征加以总结，笔者在 Watzlawick 交流五大准则的基础上，借鉴了其他学者的成果，总结出交流的七个特征：即人不可不交流、关系决定内容、顺序影响交流、交流不仅限于语言、交流不完全是对称的、交流具有语境性和交流是互动过程。笔者还列举了交流的四个层面的内容，以此为后续的实证研究做铺垫。本文采用广义的文化定义，即文化是指导个人行为、并由这一团体成员所共享的符号系统（世界）。此外，还对文化的特征和跨文化性加以讨论。最后，笔者研究了跨文化调整的相关理论，展示了相关的概念和维度，并选择 Kim 的"压力—调整—成长模型"加以着重介绍，并认同跨文化调整是动态的过程。

在第三节中，笔者讨论了尊重、行为和互动的关系，力求通过在对既有理论的理解和融会贯通的基础上，建立起本研究的研究模型。笔者先指出了 Rogers 和 Ashforth 的模型，并在此基础上提出了自己的尊重传递模型。之后将其与交流的交互性加以整合，推导出适合本文的模型，并以此来指导研究设计。最后，通过对 Bolten 的跨文化互动理论的研究，将来自不同文化的交流双方感知对方的尊重行为，并做出相应的回应这一过程定义为跨文化交流中的尊重互动。

第三章 研究方法与研究设计

本章中将介绍本研究所采用的方法及其方法论，以及研究设计与实施过程。研究方法部分包括本研究采用的研究范式、研究方法和数据收集及分析方法。研究设计部分将介绍研究准备和访谈提纲的设计过程，在实施部分介绍本研究具体从采访到分析的操作情况，最后还用一个小节讨论研究中的伦理问题。

3.1 研究方法

本研究采用质性访谈法作为研究的主要方法，通过对前人理论的研究设计半结构型的访谈提纲，并带着开放性的态度对受访者提问，数据收集完毕后，采用内容分析法，对数据分析编码，并用研究结果来回答在第一章提出的研究问题。

3.1.1 研究范式

社会科学主要有四种研究范式：即实证主义、后实证主义、批判理论和建构主义。实证主义认为社会现象是一种客观存在，不受主观的影响。定量的研究多建立在这一范式的基础上。后实证主义认为客观现实确实是存在的，人们可以无限接近现实，但永远不能真正企及。批判理论也承认客观现实的存在，但需要使用辩证对话的方式，去伪存真，最后触及客观现实。[176]

　　而建构主义则认为世界上不存在"唯一的、固定不变的客观现实"[177]，"现实"是多元的、因个人经验等一系列因素不同而不同的，这是一种本体论上的相对主义态度。持建构主义范式的研究者认为"现实"是通过研究者与被研究者的互动而达成的共识，两者之间互为主体。而研究过程"是一个交往各方不断辩证对话而共同建构研究结果的过程；不是为了控制或预测客观现实，也不是为了改造现实，而是为了理解和建构——在人我之间、个体与世界之间、过去和现在之间建构起理解的桥梁。"[178]

　　本研究首先不持批判主义范式，虽然也采用与受访者对话的方式来研究问题，但此对话更多的在于试图去理解受访者的观点和处境，而不是为了达到通过与受访者讨论以达到找出真相（现实）的目的。其次，实证主义和后实证主义都预设了绝对现实的存在，区别仅在于人类能否最终触及现实。而本研究的重点不在发现客观现实，而在于发现更多取决于人类感知和表达的人与人之间的尊重互动过程，而这一互动过程与建构主义范式更加契合。因此，本研究倾向于建构主义范式，通过对研究者和受访者之间的对话互动（访谈）来建构出受访者在与其他人的日常交往中的尊重行为和尊重互动情况。

3.1.2 质性研究方法

　　质性研究曾经长期与定量研究对立，定量研究"是一种对事物可以量化的部分进行测量和分析，以检验研究者自己对关于该事物的某些理论假设的研究方法"。[179]质性研究是通过研究者和被研究者之间的互动对事

176　参见陈向明，2000，第13-16页。

177　陈向明，2000，第17页。

178　陈向明，2000，第17页。

179　陈向明，2000，第10页。

物进行深入、细致、长期的体验，然后对事物的"质"得到一个比较全面的解释性理解。与定量研究相比，质性研究擅于对特殊现象进行深入探讨，以求发现问题或提出新的看问题的视角；质性研究使用语言和图像作为表述手段，在时间的流动中跟踪事件的变化过程；此外，质性研究强调从当事人的角度了解他们的看法，注意他们的心理状态和意义建构。[180]

💬 质性研究方法的定义

对质性研究方法学界尚无一个"明确、公认的定义"，[181] 可以将质性研究视作"一个由多种方法论、思维方式、研究风格和工具的集合"。[182]

质性研究认为个体的思想与行动与他们所处的社会环境关系紧密，研究个体的时候需要将他们所处的环境一并研究，质性研究认为"任何事件都不能脱离其环境而被理解，理解涉及到整体中各个部分之间的互动关系。"[183] 研究者通过亲自与被研究者互动，才能够对被研究的、呈现出的"现实"进行解释，同时这也要求研究者要通过反省时刻注意自己的"前见"和"偏见"。"（质性）研究是一个对多重现实的探究和建构过程"，[184] 而这一过程是动态的，不是静止的，变化会时刻出现，因此，研究者要经常反思并推翻自己之前的结论。质性研究主要使用归纳的方法，它要求研究者从错综复杂且庞大的原始资料中，抽丝剥茧、分门别类地提炼出研究结果，甚至建立自己的理论。[185]

本研究采用陈向明提出的质性研究的定义，她认为质性研究是："以研究者本人为研究工具，在自然情境下采用多种资料收集方法对社会现象进行整体性探究，使用归纳法分析资料和形成理论，通过与研究对象互动

---

180 参见陈向明，2000，第10页。

181 参见陈向明，2000，第5页。

182 Mey/Mruck，2010，第37页。

183 陈向明，2000，第7页。

184 陈向明，2000，第8页。

185 参见陈向明，2000，第8页。

对其行为和意义建构 获得解释性理解的一种活动。"[186] 这一定义符合本研究的范式倾向，强调与研究对象直接互动，以此来更好地理解并解释被研究者的行为以及其中蕴含的意义。

💬 选择质性研究方法的原因

质性研究方法相比定量研究更加契合本研究目的。首先，质性研究比较适合在微观层面对事物进行细致、动态的描述和分析，而本研究正是要研究小到表现尊重的一个眼神或者手势。其次，质性研究强调从当事人的角度了解他们的看法，发现他们的心理状态和意义建构，本研究正是要发现中德双方员工在工作生活中如何表达和感知尊重，去甄别哪些行为是蕴含着尊重意义的行为。最后，质性研究擅长发现新的问题，提出新的视角和看法，[187] 更适合新课题的探索性研究，[188] 由于在本研究领域缺乏相关的前人研究成果，故此本研究也旨在进行开拓性的探索研究。

3.1.3 半结构型访谈

在收集资料阶段，质性研究方法主要有问题导向访谈、叙事型访谈、集体讨论和参与观察法。除最后一种观察法外，前三种都需要研究者和受访者直接互动对话，均属于访谈类型，不同仅在于访谈的内容限定和访谈参与者的人数与参与形式。[189] 本研究之以采用访谈法是因为访谈能够通过语言交流了解受访者的所思所想、他们的价值观、感情感受和行为规范。了解受访者过去的生活经历，以及他们耳闻目睹的相关事件，并且可以了解到他们对这些事件的意义解释。与其他研究手段相比，质性访谈法可以直观的

---

186 陈向明，2000，第 12 页。
187 参见陈向明，2000，第 10 页。
188 参见 Rathje，2004，第 21 页。
189 参见 Mayring，2002，第 66 页。

了解受访者所思所想和情绪反应、他们所经历过的事情和他们的行为所隐含的意义。访谈可以进入受访者的内心，了解他们的心理活动和思想观念。与问卷调查相比，访谈有更大的灵活性，以及对意义进行解释的空间。

根据访谈的结构，访谈可以分为三类，即结构型、无结构型和半结构型。结构型访谈指研究者在访谈之前，已经将访谈的全过程设计好了，所有问题、选择访谈对象的标准和方法、提问顺序，记录方式都已经标准化了。所有受访者都按照同样的程序回答同样的问题。而无结构型的访谈则与之相反，研究者没有固定的问题，并鼓励受访者发表自己的意见。这时的采访者只起到辅助的作用，需要根据情况随机应变。这两种类型，前者因为其固定的问题设计，而缺乏开放性；后者因为其完全的开放性，而往往难以把控，访谈容易偏离主题。最后一种半结构型访谈则综合了上述两种类型的优点，一定程度上规避了其缺点，从而使半结构型访谈既有足够的开放性，又使得采访者能够对访谈有一定的控制，能够更好地将访谈引向自己的研究主题。[190]

3.1.4 质性内容分析法

质性内容分析法是一种通过一定规则对文本进行解释的方法。[191] 质性内容分析法主要"是对文本中各概念要素之间的联系及组织结构进行描述和推理性分析。"[192]

使用质性内容分析法，需要将待分析的材料整理分类，从而发现材料的哪些部分能够导出研究结论。分析的时候需要预先设定一定的分析规则，这一规则可能在研究过程中发生变化，但在最终的研究结果中必须保持一致。分析的核心是建立类属系统，这一步骤分为两个方向，第一，使用演

190　参见陈向明，2000，第 171 页。

191　参见 Mayring，2010，第 604 页。

192　邱均平 / 邹菲，2004，第 13 页。

绎的方式建立类属，需要在分析之初就将类属确定并定义；第二，使用归纳的方式建立类属，则需要通过对子类属的分组抽象出来。类属系统是质性内容分析的核心工具，因此对类属的定义就显得特别重要，并且要保持前后一致，做到类属与分析材料中的内容完全吻合。[193]

根据上述特点，Mayring制作了归纳和演绎的创建类属流程模型，本研究使用这一编码流程，详见图3-1。

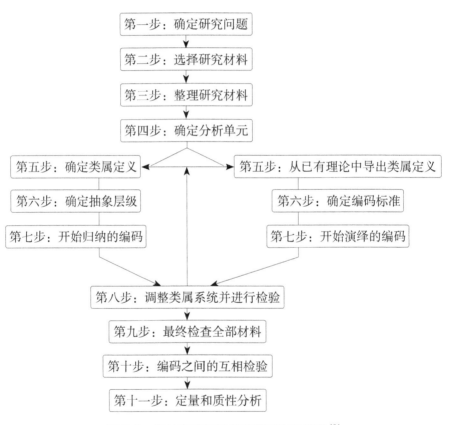

图 3-1 归纳和演绎的创建类属流程模型[194]

193 参见 Mayring，2010，第 603 页。
194 Mayring，2010，第 605 页。笔者译。

内容分析法最初被应用在媒体研究中，用它对如报纸等含有大量内容的文本进行分析，但这时的内容分析只是进行定量分析，之后才发展出了质性的内容分析。[195] 计算机不仅被用来进行定量内容分析，也被越来越多的用在质性内容分析中。计算机软件主要被用来改善编码过程中繁琐和庞大的工作负担。目前内容分析的软件有很多种，其中比较常见的有：Nvivo，MAXQDA，Ethnograph，HyperRESEARCH，INDUST，Atlas.ti 等。[196] 本研究中将使用 MAXQDA 软件进行质性内容分析，其使用过程将在后文进一步介绍。

3.2 研究设计

在这一节中将介绍从研究准备到预访谈之前这一阶段中所做的工作，其中包括研究准备、访谈提纲设计、个人信息调查问卷设计。

3.2.1 准备工作

本研究的准备工作历时一年半，从 2015 年 3 月到 2016 年 8 月这一阶段中，笔者通过对相关文献的梳理，确定了本研究的选题和理论建构。在这一阶段中，笔者不仅通过对已有文献进行研究，还通过课上和课下与中德两国同学的讨论，对尊重这一概念有了更加深入的理解，进而缩小了选题范围。本学科中对于尊重的研究还非常少，故此，笔者将视野扩大到其他学科中，如哲学伦理学、心理学、组织行为学等，通过对其他学科已有

195　参见 Mayring，2010，第 601 页。
196　参见史笑艳，2015，第 88 页。

的尊重相关理论进行分析总结，找出了适合本研究的研究框架。

为此笔者前往德国交流半年，在 2016 年 4 月至 10 月期间，笔者与德国尊重研究权威学者对研究设计和访谈提纲进行了深入的探讨，并得到了很多有益的意见和建议，在此基础上，笔者对访谈提纲进行了调整和完善。

3.2.2 访谈提纲

访谈提纲的设计从跨文化交流理论出发，运用达沃尔的尊重分类形式（承认的和评价的尊重）和相关理论基础，从正反两个视角（尊重与不尊重）来提问，并从尊重行为的感知和表达两个互动方向来设计问题。

承认的尊重与评价的尊重

在理论基础部分已经讨论过达沃尔的尊重分类（见本文 2.1.2.1），在此不再赘述。达沃尔的尊重分类不仅指出了对尊重的一种分类方式，更重要的是他引出了尊重的核心特征，这些特征正是本研究设计的理论基础。为了直观展示分类特点和依据，特制表 3-1。

表 3-1　达沃尔的尊重分类

承认的尊重	基于平等人格的承认的尊重
	基于角色地位的承认的尊重
评价的尊重	基于能力成就的评价的尊重

尊重与不尊重

正反两个角度（尊重和不尊重）的访谈提纲设计基于社会心理学中的期待违背理论（[英]Expectancy violations theory）。

期待违背理论认为：在同一社会中，因为有着相似的社会规范和文化规范，人们对某一群体会有着相对统一的期待标准，当该群体的实际行为与期待相违背时，则会引起不确定性，如果该行为是正向的，则会更受欢迎，如果该行为是负向的，则会产生负面的评价，进而引起误会。[197]

在跨文化交流领域内，由于尚未形成的统一的社会规范和文化规范，或尚未认识到新的社会规范和文化规范（如刚刚进入这一跨文化领域），人们往往会保留自己原来单一文化社会中的规范，并由这种规范产生出对其他人的期待。而另一文化的人则会以原文化中的规范作为准绳来设法满足其他人的期待，但由于双方原文化中的规范可能是不一样的，所以尽管一方认为自己按照规范来行为了，却并没有满足另一方的期待。[198]

故此，需要从尊重和不尊重两个角度来研究尊重行为：

尊重的感知和表达：自己认为适合的行为。

不尊重的感知：自己认为不适合的行为。

除了直接研究双方认为适合的尊重行为以外，还通过研究双方认为不适合的尊重行为（即期待违背行为），来确定双方对适合的尊重行为的期待，从而找出双方认为在各自原文化中适合的尊重行为。由于本文主要研究尊重的行为，而不是不尊重的行为，所以不对不尊重的表达作研究，对不尊重的感知研究的原因也仅旨在找出各自文化中对尊重行为的期待违背，进而研究各自文化中的尊重行为。

不尊重行为包括尊重缺失的情况，也包括主动的辱骂、蔑视等侮辱性行为。本研究所涉及的不尊重行为主要指尊重缺失的不尊重行为，而主动侮辱性不尊重行为多表现为辱骂、蔑视和羞辱等。通过对尊重缺失的不尊重行为研究可以从反方向推导出受访者所期待的尊重行为，而主动侮辱性的不尊重行为则仅能发现在客体文化中哪些行为是带有侮辱性的，并不能借此总结出恰当的尊重行为，故此不在主要研究范围之内。

197　参见 Burgoon/Hubbard，2005，第 150 页。

198　参见 Burgoon/Hubbard，2005，第 153 页。

🗨 感知与表达

感知与表达视角的选择基于心理学中选择性感知（[德]Selektive Wahrnehmung）理论。选择性感知理论指人们在交流过程中往往在处理信息时是有倾向性的，人们更容易感知到与自己既有兴趣、习惯、需求等一致或接近的部分，而忽略与自己的既有兴趣、习惯、需求不一致或不接近的信息。选择性感知建立在识别"模型"的能力基础上。人类的大脑一直尝试将接收到的信息归入已知的模型类别中，无法归入已知模型的信息，则不能被大脑很好的感知。[199]

因此，如果一个人用对另一个人来说陌生的方式来表达尊重，则不能很好地被感知，因为大脑中没有这些表达尊重的"模型"。正如 Brown 和 Levinson 曾经说过："礼貌态度在交流中的缺失不会被单纯地认作这种态度的缺位，而是会被认作其相反方向，会被认作持有一种侵犯性的态度。"[200] 没有感知到尊重也不会被简单地认为是对方"疏忽"了表达尊重，而往往会被认为对方不尊重自己。所以就跨文化交流研究而言，研究尊重的感知和表达不仅可以找出一个文化中对尊重的表达方式，还可以印证另一文化中的表达尊重的行为有没有很好地传递尊重的信息。相反，可以从对不尊重的感知经验研究着手，找出尊重缺失的情形，即自认为应当受到尊重，而并没有受到尊重的情形。

图 3-2　关于尊重行为感知的问题

199　参见 Ternes, 2008, 第 54-55 页。
200　Brown/Levinson, 1987, 第 5 页。

根据上述理论，本研究首先就尊重的感知设计访谈问题。从正反两个方向（尊重与不尊重）研究尊重行为的感知，并结合承认的尊重与评价的尊重分类，形成了 6 个访谈问题，见图 3-2。

图中 6 个区域分别对应着一个访谈问题，即访谈提纲（见附录）中的问题 3 至 8：

    ① 对基于平等人格的承认的尊重的正向感知（尊重）

    ② 对基于平等人格的承认的尊重的反向感知（不尊重）

    ③ 对基于角色地位的承认的尊重的正向感知（尊重）

    ④ 对基于角色地位的承认的尊重的反向感知（不尊重）

    ⑤ 对评价的尊重的正向感知（尊重）

    ⑥ 对评价的尊重的反向感知（不尊重）

同样，关于尊重的表达也可以针对基于平等人格的承认尊重、基于角色地位的承认尊重和针对评价尊重设问。鉴于本研究不研究不尊重的表达，故不再从反方向提问。

图 3-3　关于尊重行为表达的问题

图 3-3 中所示的三个区域分别对应以下三个问题，即访谈提纲中的问题 10 至 12。

    ⑦ 对基于平等人格的承认的尊重的表达

    ⑧ 对基于角色地位的承认的尊重的表达

    ⑨ 对评价的尊重的表达

3.2.3 个人信息调查问卷

本研究中也使用了调查问卷（见附录），但仅限于收集受访者的个人信息，起到对访谈的补充作用。为了节省时间有些受访者在访谈之前就已经通过邮件收到了个人信息调查问卷，有些受访者在填写完毕之后立刻就发还给笔者，有些受访者则在访谈当天交给笔者，无论哪种形式，笔者在访谈前都会仔细阅读填写好的问卷。原因有二，一方面对受访者有进一步的了解；另一方面，访谈提纲的第一个问题，即破冰问题就是根据问卷中的一个问题设计的。问卷中问及受访者的工作语言是什么，而访谈提纲中的第一个问题就是"您觉得为什么您的工作语言是XX（根据调查问卷中的答案提问）？"（德文问卷和访谈提纲相同）笔者希望能够通过这一问题达到消除隔膜，并快速切入访谈主题的目的。[201]

个人信息调查问卷的内容包括研究者与研究相关的简要信息和16个问题，问题由个人身份信息、外国经历、工作信息和语言信息四个部分组成。

3.3 研究的实施

从2016年9月到2017年5月间，笔者先后进行了本研究的预访谈和正式访谈，并于6月完成了所有访谈的转录工作，之后着手对访谈内容进行分析。受访者包括预访谈2人，正式访谈26人，共计28人。

201　参见陈向明，2000，第183页。

3.3.1 访谈对象

本研究在选择访谈对象时，将范围限定为在华德资企业中工作的中德双方员工，采用"滚雪球"的目的性抽样方法，[202] 先访谈周边认识的、在德资企业中工作的人，请他们继续推荐适合的受访者，然后由笔者联系被推荐的受访者，并以此类推，将受访者的"雪球"越滚越大。从实践来看，只要找到正确的切入点（人），这个方法非常行之有效。但在寻找德方受访者之初，却并不容易，首先笔者身边的德国朋友中多在非政府或者非营利机构中工作，这对寻找受访者造成了一定的困难，笔者这时求助于德意志学术交流中心（DAAD）驻京办事处，得到了很大支持，才使得"雪球"可以越滚越大。

本研究不是定量研究，不要求有代表性，旨在挖掘出尽可能多的、包含与本研究主体相关的信息。当正式访谈到德方第11人和中方第13人时，笔者发现已经达到了饱和点，但出于重信守约和丰富研究内容的目的，笔者继续完成了与德方第12和第13位受访者约定好的访谈。

加上预访谈的2人，共有14位德国人和14位中国人接受了邀请，并完成了访谈。另有2位德国人原则上同意参加访谈，但始终没有机会，加之已经达到饱和点，笔者就没有再次询问，这二人到本书撰写之始也没有再联系笔者，也就就此作罢。另外，笔者发现，中方受访者虽然也热情地将笔者的邀请转发给适合的中国同事或者朋友，但其中有个别受访者是碍于情面接受了笔者的邀请，在问题的回答上明显内容不够丰富；相比德方受访者，多是收到一封来自同事或者朋友的群发邮件，因感到对研究题目感兴趣而回应笔者的邀请的，所以相比而言，德国受访者所提供的访谈内容更加丰富，所以更早地到达了饱和点。

由于预访谈是在德国交流期间进行的，尽管预访谈两位受访者在工作

202　参见艾尔·巴比，2009，第185页。

中与中国有过合作，但他们不是在华德资企业中的员工，不符合本研究的对象，故此没有纳入后续分析范围。表 3-2 和表 3-3 分别是中方和德方受访者基本信息。

表 3-2　中方受访者基本信息

序号	编号	代用名	性别	年龄段	所在行业	管理岗与否	在该在华德资企业中工作年限
1	C1	王文竹	男	41-50	管理咨询	中层管理岗	1 年
2	C2	赵杜鹃	女	41-50	机械行业	中层管理岗	16 年
3	C3	钱紫荆	女	31-40	制造业	非管理岗	4 年 6 个月
4	C4	李海棠	女	31-40	汽车	非管理岗	4 年 5 个月
5	C5	周紫薇	女	31-40	机械制造	非管理岗	11 年 10 个月
6	C6	吴石竹	男	51-60	机械制造	其他	12 年
7	C7	郑玉兰	女	41-50	航空	中层管理岗	2 年 6 个月
8	C8	冯蔷薇	女	21-30	咨询	非管理岗	7 个月
9	C9	蒋斑竹	男	31-40	风力发电	非管理岗	4 个月
10	C10	沈丁香	女	21-30	汽车	非管理岗	3 年 8 个月
11	C11	楚墨竹	男	21-30	汽车行业	非管理岗	1 年 6 个月
12	C12	杨玫瑰	女	21-30	机床	非管理岗	8 个月
13	C13	孙百合	女	21-30	汽车行业	非管理岗	2 个月

中方 13 位正式访谈受访者[203] 按照访谈顺序编号，编号为 C_1 至 C_{13}，德方受访者编号为 D_1 至 D_{13}。中德双方受访者除了用编号表明身份外，

下文中的受访者均指正式访谈受访者，预访谈受访者会特别指出。

为了在本书中能够更直观地展现中德双方受访者的身份，并增加本书的代入感，每位受访者均获得一个由笔者虚拟的代用名。笔者将在"研究中的伦理问题"部分详述。

表 3-3　德方受访者基本信息

序号	编号	代用名	性别	年龄段	所在行业	管理岗与否	在该在华德资企业中工作年限
1	D1	Michael	男	31-40	汽车	非管理岗	小于 2 年
2	D2	Friedrich	男	41-50	汽车	非管理岗	2 年
3	D3	Matthias	男	41-50	汽车	基层管理岗	1 年
4	D4	Hans	男	41-50	汽车	基层管理岗	13 年
5	D5	Maria	女	21-30	汽车	非管理岗	1 年
6	D6	Christian	男	41-50	汽车	非管理岗	2.5 年
7	D7	Johannes	男	31-40	汽车	非管理岗	2 年
8	D8	Florian	男	51-60	机床	中层管理岗	17 年
9	D9	Markus	男	41-50	机械	基层管理岗	12 年
10	D10	Julia	女	51-60	汽车	高层管理岗	2.5 年
11	D11	Stefan	男	31-40	咨询	中层管理岗	6 年
12	D12	Frank	男	31-40	化学	中层管理岗	7 年
13	D13	Lukas	男	21-30	汽车	中层管理岗	4 年

通过上表可以看出，来华德方员工在年龄上总体比中方受访者更大一些，受访者中除个别中方员工外，均有着丰富的德资企业工作经验，上表中的年限仅代表该员工在该企业的工作年限，大部分员工都有着更长的工龄和更多的跨文化合作经验，其中如蒋斑竹在德国工作了 17 年，新近回国工作，给访谈提供了一个很好的对比视角，Julia 总共有着 35 年的工龄，

其间一直和中国有合作。受访者涵盖了普通员工（非领导岗）、基层管理岗、中层管理岗和高层管理岗，但很遗憾没有中方员工有过管理德方员工的经验，这一特点将在结果呈现部分详述。

所有受访者的个人信息均来自个人信息调查问卷，这些信息对笔者在数据分析部分有着重要意义，通过受访者的身份和背景，可以更好地理解受访者在访谈中所表达的观点，很多回答乍看起来略显突兀，但结合了上述个人信息后，就变得很好理解了。这也是质性访谈法中反思的一个体现，通过对受访者身份的反思，使得笔者能够更好地理解受访者的回答，进一步地接近"视域融合"。[204]

3.3.2 预访谈

笔者在汉堡交流期间，进行了两次预访谈。两次访谈均获准录音，并转录成文字。其中一位中方受访者是在德中资企业中的员工，另一位德方受访者是曾经来华工作过的德方员工，但现在已经回到德国。鉴于二人的职业背景与本研究的设计不符，故预访谈内容没有纳入正式研究中。但通过两次预访谈，笔者检验了访谈提纲的可行性，并丰富了访谈经验，且两位受访者的回答给笔者很多的启发，这些启发一部分也出现在正式访谈中。

3.3.3 正式访谈

26 个正式访谈均在国内进行，由于受访者分散在各地，笔者也因此多次前往其他城市进行访谈。首先笔者会通过邮件、微信、电话等形式与潜在受访者取得联系，向受访者简要介绍本研究，并通过邮件将本研究的介绍和个人信息调查问卷发给受访者。有的潜在受访者能够立刻同意参加

204　参见陈向明，2000，第13页。

访谈，有的则需一段时间来浏览介绍文件并思考。潜在受访者同意参加访谈后，笔者会与其约定访谈的时间地点，有的访谈就因为时间的问题最终没能成行。访谈时间通常根据受访者的要求来决定，有的受访者能够提供会议室，这是理想情况，有的则不能或者不愿使用公司的会议室，这种情况下，需要将访谈放在一个安静的咖啡馆举行，通常笔者会请受访者喝饮料，在会议室则不会，受访者还会给笔者提供饮料。通常会议室的录音效果会更好一些，即使是安静的咖啡馆也难免会有顾客或者服务人员打扰，且嘈杂的环境会影响录音笔的效果。

坐定之后，笔者首先感谢受访者的参与，并再次简要介绍自己和本研究，并询问受访者对本研究是否还存有疑问。然后向受访者介绍本研究的保密措施，并请受访者在《研究参与知情同意书》、《录音知情同意书》（见附录）上签字。大多数受访者会快速阅读一遍上述两份同意书，并签字，极个别的受访者会提问之后再签字。签字之后，笔者会请个别没有来得及填写个人信息调查问卷的受访者填写该问卷。然后进入正式的访谈，笔者开始录音并作记录。

多数访谈时长在 60 至 90 分钟之间，个别访谈超过 120 分钟，这是因为笔者在访谈之初没能很好地控制节奏，没能将跑题的谈话引回正题，吸取了这次的教训，之后的访谈笔者都能够很好地控制时长。

访谈结束后，笔者会对受访者表示感谢，并赠送受访者一个小礼物，礼物是一支精美的圆珠笔，礼物不算贵重，由于参与研究是无偿的，所以仅以小礼物表示感谢，并留作纪念。

在访谈当天或者最迟第二天，笔者还会再发一封邮件给受访者，对其参与表示感谢，并表示愿意保持联系，最后请他们将本研究推荐给适合的同事或者朋友，以此来完成"滚雪球"。

3.4 数据的整理与分析

数据的整理与分析是与访谈同步进行的,数据整理指将数据做好标记,分类保存,然后进行转录。分析则是使用MAXQDA质性分析软件完成的。本节按照转录、编码、撰写备忘录和软件的使用（MAXQDA）四个部分呈现本研究的数据整理分析过程。

3.4.1 转录

笔者在与中方受访者访谈时使用中文,与德方受访者访谈时使用德文,并力求能够使每一个访谈录音在访谈完成后尽快转录成文字,但这很困难,因为将录音转录成文字的过程不但非常机械,而且耗时较长,平均每转录一个德语录音通常要耗费六倍于它的时间,中文用时略少。MAXQDA自带转录功能,这一内容将在"软件的使用"（本文3.4.4）部分详述。

根据质性访谈法对转录的要求,转录的内容和细致程度均远低于话语分析中的转录要求,仅需将访谈参与者的言语符号进行转录,无需对非言语、副言语的内容进行转录,但本研究力图从交流的四个层面对尊重行为和互动进行分析,故此笔者在访谈中将受访者有代表性的表情、手势等非言语符号也记录了下来,结合录音一起投入到分析当中,此外,当受访者的副言语层面的内容与研究主题有关时,笔者也会将其记录在笔记中,或添加在转录后的文字中,如语音语调、笑声、叹气等,以备分析使用。

3.4.2 编码

编码要求对转录后的文字，即访谈内容反复阅读，力图重新回到访谈现场，并须对所有访谈内容有一个宏观的把握。本研究同时使用了演绎和归纳的编码方法，即在研究尊重行为与交流的四个层面之间关系的时候，使用了演绎的方法，将发现的尊重行为划入已有的交流的四个层面之中去；在总结尊重行为的特点和其后续互动时，笔者使用了归纳的方法，即自下而上的、使用三级编码方法，逐层抽象出相关概念。并根据 Mayring 的创建类属流程模型建立本研究的类属系统。

三级编码指：第一级：开放式登录；第二级：关联式登录；第三级：核心登录。[205] Gioia 将三级编码分为：第一级：忠实地标记出所有为研究提供线索的内容；第二级，通过对已有的码号的比较分析，找出它们的异同点，进行一次提炼，将相似或关联的类属放入高一层级的类属中，并命名码号；第三级，关注那些与现有理论中的概念相似的类属，或者那些与众不同的类属，因为他们也许会指向一个新的理论发现。Gioia 将这三级称之为：概念、主题和集合维度（[英]aggregate dimension）。[206] 两种编码方法都是基于 Corbin 和 Strauss 的编码理论[207]，所以有很高的相似度。

💬 演绎的编码

本文根据交流的四个层面的既有理论，制定了编码规则，与言语层面、非言语层面、副言语层面和超言语层面相对应的编码规则是在言语层面、非言语层面、副言语层面和超言语层面表达尊重的内容。由于这四个类属

205　参见陈向明，2000，第 332-335 页。

206　参见 Gioia/Corley/Hamilton，2013，第 20-21 页。

207　参见 Corbin/Strauss，2008，第 195-200 页。

的命名直接体现了编码规则，所以看起来略显直白，但如果类属名称不是使用类属的特点命名时，则编码规则不会显得与类属名称特别相似。

表 3-4　演绎的编码过程演示

类属	编码规则	被赋予码号的内容
言语层面	在言语层面表达尊重的内容。	"我会表达一些积极的东西，用积极的表达，说'你干得真棒！'或者'你真是个好同事！'或者'你很靠得住'。"（D_{13}）
	在言语层面表达尊重的内容。	"那肯定得用您了，像比如说决策，盼您的决策，盼您的回复，这些或者说平时的话，也是说您，比如有一个会议，我约您一个面试之类的都是安排好了之后等待部长的决策。"（C_{11}）
超言语层面	在超言语层面表达尊重的内容。	"我们当时七八个人坐一起（当众），领导提这个事（赞扬）"（C_9）

下面以表 3-4 为例展示说明这一编码过程，编码过程严格按照 Mayring 的演绎的编码方法，首先根据现有理论确定类属，然后制定编码规则，最后进行编码。在本研究中，发现 Lukas 使用赞扬的话来表达对对方能力的尊重，如"你干得真棒！""你真是个好同事！"（D_{13}）等，这一内容符合"言语层面"类属的编码规则，即在言语层面表达尊重的内容，所以将其划入"言语层面"这一类属。

同样，楚墨竹使用尊称来对领导表达尊重，如"那肯定得用您了，像比如说决策……"（C_{11}），这一内容符合"言语层面"类属的编码规则，即在言语层面表达尊重的内容，所以将其划入"言语层面"这一类属。

最后，蒋斑竹认为就餐时的座次可以表达尊重，这一内容符合"超言语层面"类属的编码规则，即在超言语层面表达尊重的内容，所以将其划入"超言语层面"这一类属。

💬 归纳的编码

Mayring 认为，质性内容分析法的编码部分与扎根理论的编码方法相似。[208] 本研究使用三级编码方法对数据内容进行归纳提炼。

下面以权威原则为例，展示本研究归纳的三级编码过程，鉴于篇幅所限，这里只展示一部分的编码，仅为了演示编码过程。本研究首先在访谈内容中找到这一内容："比如我现在的领导，我们约定了一个时间，但他又不能遵守这个约定了，因为他也许有一个更重要的事情。我会说，我理解，也许我们可以再找一个时间。我通过这个表达我的理解。"（D_1）在一级编码时，笔者赋予其"理解领导的事更重要"这一码号。通过继续阅读，笔者又发现了一个与研究主题有关的内容，即 Maria 认为："比如说上司在打电话的时候，你就得等着，而不是没礼貌的直接站到他面前，而是应该礼貌的行为。我们不是朋友，而是工作伙伴关系。这是两种不同的角色。"（D_5）遂赋予其"领导打电话不能被打扰"这一码号。在二级编码时，笔者认为"理解领导的事更重要"与"领导打电话不能被打扰"等其他码号聚集在一起，都符合"给予领导优先权"这一二级类属。之后，在对二级编码抽象的过程中，发现二级编码中的"给予领导优先权""给予领导决定权""服从领导"和"维护领导权威"都符合"权威原则"的特点，故使用"权威原则"作为三级类属即核心类属统揽以上四个二级类属，这样就形成一个有三级类属组成的类属系统，详见表3-5。再次强调，由于篇幅限制，在表3-5 中仅展示了6个一级类属，在研究当中码号的丰富程度要远超于此。

208　参见 Mayring，2010，第603页。

表 3-5　归纳的三级编码过程演示

三级编码	二级编码	一级编码	
核心类属	概念类属	码号	被赋予码号的内容
权威原则	给予领导优先权	理解领导的事更重要	"比如我现在的领导，我们约定了一个时间，但他又不能遵守这个约定了，因为他也许有一个更重要的事情。我会说，我理解，也许我们可以再找一个时间。我通过这个表达我的理解。"（D_1）
		领导打电话不能被打扰	"比如说上司在打电话的时候，你就得等着，而不是没礼貌地直接站到他面前，而是应该礼貌的行为。我们不是朋友，而是工作伙伴关系。这是两种不同的角色。"（D_5）
	服从领导	按时保质完成任务	"如果我要对我的德国上司表达尊重的话，首先我就会按时地把我所有的任务完成好。"（D_{13}）
		服从领导命令	"就是做决定的时候，我会尊重最后领导做的决定，哪怕我可能自己并不认同他。"（C_8）
	维护领导权威	不当众批评领导	"这个不分中国还是德国领导，比如说在你跟领导有一些意见上的冲突，但是如果是有其他的人在场，就说给面子，有其他人在场的时候，你可能不直说。"（C_8）
	给予领导决定权	请领导定夺	"一般外国领导的话我觉得在我的经验来看一般有一个什么事情陈述完了之后我会把我想怎么处理这件事情我会提出我的方案，提出完了之后我会问领导你觉得我这样合适吗？"（C_5）

3.4.3　撰写备忘录

无论是在转录的过程中，还是在分析的过程中，都会有灵感的闪现，这时备忘录就能够很好记录转瞬即逝的灵感，MAXQDA 的备忘录功能非常简便快捷。所以备忘录的使用贯穿了研究的始末，在访谈过程中，它以笔记的形式出现，在数据整理和分析部分则以备忘录的形式出现。

当然，笔者有时也没能够将一些灵感及时地记录在备忘录中，有些能够重新回忆起来，有些则可能永远也没有再想起来，这稍许有些遗憾。这一点更加佐证了陈向明所提出的质性研究定义中的"以研究者本人为研究工具"[209]这一点。

3.4.4 软件的使用（MAXQDA）

MAXQDA 和 Nvivo 都是笔者可以使用的质性分析软件，在经过对两款软件的对比之后，笔者认为 MAXQDA[210] 的使用界面和功能设计更符合本研究的要求，编码功能也能够充分满足笔者需求，故此选择 MAXQDA 作为辅助分析软件。

首先，要展示本研究在转录过程中使用的转录工具，即 MAXQDA 中的转录模式，如图 3-4 所示。这一模式可以通过 F5 或 F6 键来控制音频的播放与暂停，如果配合专门的脚踏板，还可以用脚来控制音频的播放、暂停与回放。

其次，使用 MAXQDA 编码非常方便，且方式很多。如图 3-5 所示，笔者只需框选需要编码的内容，则既可以通过上方导航条中的快捷按钮添加类属，也可以单击鼠标右键，展开菜单，选择"用新代码编码"，或者直接按住鼠标左键，将其拖拽到左侧"代码列表"中已有的码号名称上，以此完成编码。

MAXQDA 可以通过双击左侧"代码列表"中的码号，直接打开列有所有该码号下的编码内容列表，并显示编码内容于白色窗体内，如图 3-6。

209　陈向明，2000，第 12 页。
210　笔者使用的是 MAXQDA 第 12 版，即 MAXQDA 12。

在 MAXQDA 的界面中有四个主窗体，这四个主窗体均可以单独作为独立窗体使用，如图 3-7 所示的"代码列表"窗体就可以单独打开，并在其中调整各码号之间的从属关系，从而完成三级编码。以及单独打开文本列表，对其进行分类，如图 3-8 所示。

此外 MAXQDA 还可以通过"Ctrl+Alt+B"这一快捷键，迅速打开上文提到的"备忘录"功能，如图 3-9 所示。

图 3-4　软件 MAXQDA 软件中的转录模式

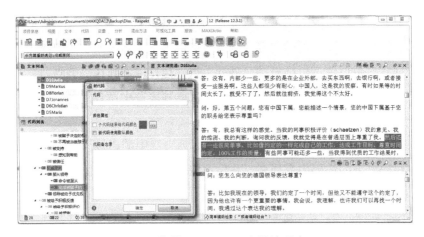

图 3-5　软件 MAXQDA 中的编码窗口

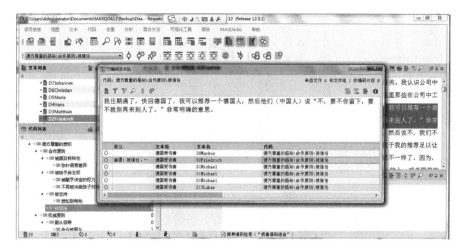

图 3-6 软件 MAXQDA 中的码号内容列表及其所选内容

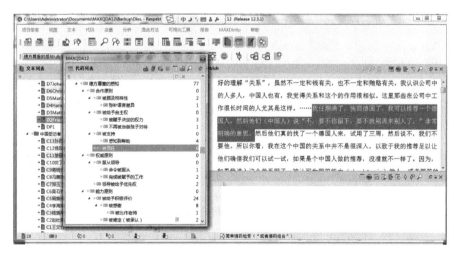

图 3-7 软件 MAXQDA 中的"代码列表"窗体

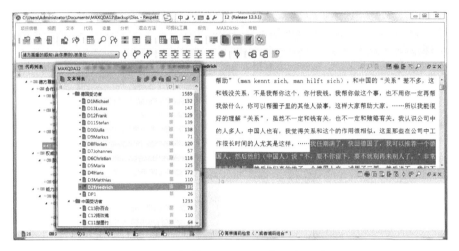

图 3-8　软件 MAXQDA 的文本窗体

图 3-9　软件 MAXQDA 的备忘录窗体

3.5 伦理问题

质性研究中经常会涉及一些伦理问题，[211] 本研究也必须面对这些问题，笔者在本研究中做了以下努力来保证受访者的权益，并使研究能够得以顺利进行。

3.5.1 知情权与自愿原则

本研究在任何阶段都保障了受访者的知情权，做到了对受访者最大程度的透明，尽可能地解答受访者的每一个问题，不让受访者带着疑惑参加访谈。本研究全程都本着自愿参加的原则，并且随时可以暂停、中断或终止访谈，在访谈之前，笔者会告知受访者的权力，例如中断、终止访谈，或拒绝回答某一个或几个问题。尽管笔者感觉到，有些中方受访者是迫于人情参加本研究，但上述措施对他们同样适用。

在受访者签署的两份同意书中，其中一份是对自愿参加研究的书面同意，另一份是对录音的书面同意。同时，笔者在《录音知情同意书》中列出一个选项，即受访者希望录音被保存多久，四个选项有：一、转录结束；二、笔者博士学业结束；三、十年；四、十年后也可以供科研使用（其他科研项目）。这一限制仅限于访谈的录音资料，与转录后的文字无关。

3.5.2 隐私保护

在隐私保护方面，本研究采取了以下措施，如所有涉及人名的地方都使用代用名来代替，没有使用任何真实姓名。在代用名的虚拟方面，本研究使用德文的名字来代替德方受访者的真实姓名，通过使用德文名字，笔

211　参见陈向明，2000，第431页。

者希望能够给读者最大程度的真实感和代入感，并且德文有可以通过名字区分性别的特点，以此来表明德方受访者的性别。在中文代用名方面，笔者随机选择了百家姓中的 13 个姓氏，并使用植物名称作为中方受访者的名字，其目的与德文代用名一样，为了达到和德文名字能够区分性别的目的，笔者使用花的名称作为中方女性受访者的名字，使用竹子的名称作为中方男性受访者的名字。

除此之外，本书中涉及城市、公司、品牌的词汇均或者隐去，或者使用字母代替，如 S 市等。凡能够透露受访者个人信息的内容也将被或改写或删除。

3.5.3 数据保存

笔者承诺受访者，录音资料将被储存在两个有二级密码保护的存储器上，其中一个存储器用作备份副本，另一个存储器用于转录。保存副本的存储器被保存在一个只有笔者有钥匙的锁柜中。笔者希望借此做到对录音资料的保护，同时也给受访者最大的安全感。

3.6 小结

在这一章中，笔者论述了本研究所采用的研究方法，报告了研究从设计到实施的过程，在研究设计阶段着重描述了访谈提纲的设计过程和访谈对象的选取，在数据整理和分析部分中，笔者主要介绍了所采用的编码方法和逐级编码过程，以及质性研究结果的提炼过程。此外，笔者还在本章讨论了研究中所使用的辅助分析软件和所涉及的伦理问题。

第四章　研究结果呈现

　　本研究从中德双方交互性视角出发，聚焦于在华德资企业中的尊重行为和其后续互动，以及双方主动做出的调整。研究采用交互性视角，既研究中方关于尊重行为的表达，也研究德方关于尊重行为的表达，同时研究双方就来自对方尊重和不尊重行为的感知，并通过对不尊重行为感知的分析发现该情境中恰当的尊重行为。研究还探究了中德双方如何回应对方的尊重和不尊重行为，以及是否基于文化差异对自己的行为进行了调整。因此，本研究的研究结果主要包括以下三个部分：中德双方的尊重行为、中德双方的尊重互动和中德双方基于文化差异所做出的行为调整。

　　达沃尔将尊重分为两大类，即承认的尊重和评价的尊重，其中承认的尊重又包括基于平等人格的承认尊重和基于角色地位的承认尊重，评价的尊重则源自被尊重对象的能力或成就。[212] 该分类为本研究提供了可操作性，本研究的半结构型访谈提纲主体部分正是基于该分类设计的。所获得的研究成果也印证了该分类的合理性。在企业背景下，基于平等人格的承认的尊重体现在员工之间能够平等的交往与合作；基于角色地位的承认的尊重体现在上下级领导与被领导关系中；评价的尊重则主要体现在员工表现出工作能力或获得工作成就时能否以及如何获得其他员工的积极评价。

　　本研究主要通过访谈提问的方式来发现受访者的尊重感知、不尊重感知和尊重表达。在本研究中，尊重感知指的是中德双方员工在企业背景下所有过的被尊重的经历；不尊重感知则指双方员工所有过的、不被尊重的经历；尊重表达指的是中德双方通过哪些行为来表达尊重。换言之，研究

212　参见 Darwall，1977，第39-42页。

尊重感知的目的在于发现那些使受访者感到被尊重的行为；研究不尊重感知的目的在于发现那些使受访者感觉到不被尊重的行为，进而找出与之相应的、适当的尊重行为；研究尊重表达则目的在于发现那些受访者在日常工作中使用的尊重行为，详见图 4-1。

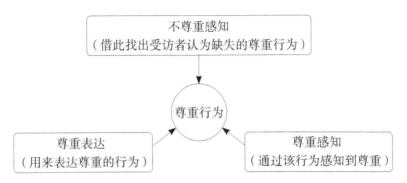

图 4-1 尊重感知、尊重表达和不尊重感知与尊重行为之间的关系

在本研究中不尊重行为被区分为主动侮辱性不尊重行为和尊重缺失的不尊重行为。主动侮辱性不尊重行为多表现为辱骂、蔑视和羞辱等，这些行为于研究目的无益，它们不是本研究的对象。如中方受访者报告过此类行为：

"我曾经遇到过一个外国人（德国人），……我们公司的一个中层管理（人员），他从（我们）大厦带一个大的文件箱出去，凡是出大厦的这种大的行李是需要有出门条的，他没有，人家跟他要，他骂人。……很难听的话，什么贱人，后来人家不干了，人家上来（找）了，后来我们领导帮他道歉了，他就扬长而去。"（C$_5$）

这一例子中的德国中层管理人员所实施的行为是一种不尊重行为，但这种不尊重行为是一种主动侮辱性不尊重行为，通过这一不尊重行为无法找出与之对应的尊重行为，故此本研究将这种主动侮辱性不尊重行为排除在研究之外。

本研究希望通过对尊重缺失的不尊重行为研究，来找出那些缺失的尊重行为或者不恰当的、容易被来自其他文化的企业员工感知为不尊重的行为。尊重缺失的不尊重行为指那些被受访者认为是不尊重的行为，但行为实施者又可能没有意识到自己实施了一个不尊重行为。从研究所获得的结果中也发现在德资企业这一跨文化语境中，双方在工作中均预设合作为前提，极少有主动的不尊重行为，即便有不尊重的感受，受访者也不会轻易猜测对方是主观故意为之：

"我很少假定别人的目的，因为人们经常是根据某些规则行事的。可能是因为文化，……因此，我没有遇到真正是出于主观故意这么做的。经常是一些不确定的原因造成的。员工可能不知道在某一情景中他应该如何行事。"（D_6）

借助质性内容分析法，在对本研究的原始访谈数据进行逐级编码以后，最后提炼出以下三大内容：第一，中德双方的尊重行为呈现出五大原则，即礼貌原则、协商原则、合作原则、权威原则和能力原则。第二，在所有五个尊重原则中都有跨文化调整的体现，而跨文化调整则可以分为两个阶段：一、意识到文化差异；二、基于差异意识对自己的行为进行适应调整。第三，本研究对德资企业背景下的中德尊重互动做了初步的描述性总结。

尊重行为五原则中的礼貌原则、协商原则和合作原则是对达沃尔基于平等人格的承认的尊重的体现，这三个原则既适用于平等主体之间，也适用于上下级之间，即上下级之间的尊重行为也应遵循这三个原则。而权威原则体现在企业中的上下级关系中，这一原则印证了达沃尔的基于角色地位的承认的尊重。而能力原则是评价的尊重的体现，通过对员工的能力或成就的积极评价表达出该种尊重。跨文化调整则是贯穿始终的一种核心类属，它体现在所有五种尊重原则中。跨文化调整指能够意识到在中德尊重互动中存在着文化差异，进而能够对其做出相应的调整。前者为跨文化调整的第一级，即差异意识，后者为第二级，即能够基于差异意识对自己的行为进行适应调整。

本研究使用交流的四个层面理论将受访者通过尊重感知、尊重表达和不尊重感知报告的尊重行为进行归类并分析，在研究结果呈现部分中，再将发现的内容一并在尊重五原则中，按照言语、非言语、副言语和超言语的分类呈现出来。如表 4-1 所示。

表 4-1　尊重原则在交流四层面中的体现示意图

	礼貌原则	协商原则	合作原则	权威原则	能力原则
言语层面					
非言语层面					
副言语层面					
超言语层面					

4.1　礼貌原则

在企业日常工作中，人与人相互之间的礼貌是尊重的基础。尽管也有表示尊重的不礼貌行为，但其多存在于亲密关系中，如亲密朋友、夫妻等。在企业背景下使用不礼貌行为表示尊重则有可能引发不必要的误会。在本研究中也有事例可以证明中方员工和德方员工在工作中的人与人之间的关系定位不同，从而引发了一些不尊重的感知。在本章最后部分会对这一现象进行论述。礼貌地对待工作中的同事是良好合作的前提，也是互相尊重的体现。Michael 对此也有同样的认识：

"人们相互之间有礼貌，人们互相聆听对方，人们给予对方时间或者机会来表述对谈话对方来说重要的东西，人们在回答问题时也真正地深入对方问题的本质。这样，我就认为我们之间的行为是在平等尊重的基础上的。"（D_1）

4.1.1 尊重行为

经过本研究发现，中德双方在礼貌原则上有很多的共同点，同时也存在差异。首先中德双方都认为打招呼、给予回应、面带笑容和用语礼貌是体现尊重的行为。差异方面则主要体现在中方称谓特点上、女性获得德方更高礼遇中。

同时，即便是礼貌原则中的同一种尊重行为，中方员工和德方员工也可能会有不同的行为方式。比如："可能在这里人们打招呼的方式和在德国不一样，不一定要握手……"（D₉），不同的打招呼方式代表了文化差异，但共同点是中德双方都认为打招呼是一种表达尊重的行为。

4.1.1.1 打招呼

打招呼也许是工作中非常普通的一个细节，但在这个细节当中却蕴藏着一个重要的尊重行为。中德双方在是否应该打招呼这一问题并不存在明显差异，比如 Markus 在访谈中说：

"我在走廊或部门碰到谁我都会打招呼，我每次都会说'你好！'为什么不呢？他们在那儿生活，或者说工作。在人生当中我们总会碰到一个人两次，也就是说你总会再碰到他的，所以我们必须要保持友好，举止有礼貌，打招呼是必须的。"（D₉）

中方员工也认为："楼道里碰见，但凡我认识的人，我都会打招呼"（C₁₁）。同样，不打招呼则会引起强烈的不被尊重的感觉。"但是这（不打招呼）会让人感到很不受尊重。最差的情况是，你单方面的问候，而对方并没有回应你。"（D₁₂）德方员工认为打招呼意味着对方注意到了他的存在：

"对，感知肯定是觉得他在意我。或者说他把我当作一个人注意到我。而我则需要以适当的方式反馈对方。……我也会和他打招呼。"（D₂）

受访者 Friedrich 认为打招呼直接反映了对方将自己看作一个和他平

等的人，这正体现了基于平等人格的承认的尊重。同样受访者 Hans 则有相应的负面经历："有时候也会这样，你进到一个人群了，你根本没被注意到，对我来说这也是缺乏尊重的。"（D₄）

在会议场景中，当德方员工进入到会议现场，德方员工期待的是和在场的每个人都打招呼。"然后对我来说，当我来到一个群体中间时，会有任何一种形式的打招呼……"（D₄）中方楚墨竹对此也有佐证：

"但是他（德方员工）见了面之后，基本上都会给打招呼。早上说'早'之类的，就是说他虽然不认识你，但是他都会主动跟你打招呼……"。（C₁₁）

并且德方员工认为，当离开一个工作单位一段时间后，重新回到该单位还能够被打招呼，也是非常重要的尊重的表现，Hans 就此报告说：

"这段时间我和 C 市的 V 部门的同事共事了很多年，如果我今天再去那个部门，那里会有 20 到 30 个员工热情地跟我打招呼，其中有人当时我在的时候还是个小工程师，现在已经升到了组长或者其他领导岗，也有已经当科长了……"（D₄）

同样，打招呼是平级员工之间和上下级之间共有的尊重行为，即无论是平级员工还是上下级之间都应该在见面之后打招呼：

"我认识这些人也已经很多年了，他们现在都在很高的位置上，无论什么活动，他们都能说出我的名字和我打招呼，不会想'他现在比我的等级低多了，我不和他说话了。'"（D₄）

💬 交流四层面分析

中德双方的打招呼这一尊重行为主要体现在交流四层面中的言语、非言语层面和超言语层面上。首先言语层面上，中德双方都会通过言语来向对方打招呼。例如蒋斑竹在被问及怎么和中国人打招呼时说："现在早上去了就（说）'早'。"（C₉）

德方员工也会使用言语来打招呼："根据他们进来的情况不同，就像你刚才进来时候一样，握手然后说'你好'"。（D₄）以及"我在走廊或

部门碰到谁我都会打招呼，我每次都会说'你好！'"（D₉）

在**非言语层面**，中德双方存在一些差异。德方员工报告的打招呼的方式多包含握手这一非言语内容，而中方员工则较少主动提及握手或者其他任何形式的非言语内容。比如德方员工认为"打招呼的时候握手"（D₁₁）是表达尊重的行为，也有德方员工认为口头打招呼和握手同时进行表示尊重："首先就是打招呼，我会跟他们（口头）打招呼，握手，……"（D₈）

中方员工也报告了很多德方员工握手的打招呼经历："他早上来得很早，不管多忙，他中间一定会找一个机会跟我们三四十号人走一圈，握手。"（C₄）

此外中方员工还报告了德方员工握手的特点，"你和德国（人）握手他们特别使劲"（C₉），而没有德国人提到这一点，这也从侧面证明文化就像空气一样，日用而不自知。

最后在**超言语层面**，德方员工的打招呼倾向于一对一，而中方员工的打招呼多为一对多，也就是说即使有多人在场的情况下，德方员工还是会逐一地打招呼，而中方员工则倾向于向群体统一打招呼。比如德国人会"直接伸出手去握手……我是走到每个人面前（和他们握手）"（D₄），中国人会"经常是直接向一个群体打招呼"（D₄）。

4.1.1.2 给予回应

中德双方均认为，给予对方回应是一种尊重行为，相反，如果没有收到对方的回应则会有不被尊重的感觉。比如德国人会用给予回应来表达自己的尊重："这也是尊重的一种形式，让对方感觉到……我接收到了你的信息或者消息，并会处理它们。我对所有的同事都这么做（不区分德方和中方），包括领导。"（D₁）同样，这一尊重行为被认为是对同事和上级均有效的行为，即基于平等人格的承认的尊重。也就是说在接收到对方的消息后，给予恰当的回应被认作是一种蕴含尊重的行为。中方员工也认同这一观点："我基本上别人说了什么事情，我就会有一个谢谢，或者麻烦你了之类的这种"（C_{12}）。这里的感谢和客套表达也主要是"我接收到你的信息了"的意思。

德方员工也报告了相应的尊重感知："但如果我说你们可以试试这个，然后被理解了，并甚至获得了反馈，'成功了，效果很好。'……这就说明我的想法被最终付诸实施了，这样就给我感觉，我的成绩被尊重了。"（D_4）

相反如果受访者没有收到任何回应，则会产生很强烈的被忽视的感觉和没有被尊重的感觉。例如德方 Michael 报告：

"在我身上这种事发生的很少。有的话，也许就是一封邮件，我却觉得我没做什么。但这种事会发生在德国同事身上。前天我被德国同事问道：'我们需要一些特定题目的材料，Michael，你有材料吗？'我回答，'我找一下，我可以给你提供。我马上就给你，因为（你说）这很急迫。'然后我转发了这封邮件，却没有获得承认（回复）。"（D_1）

中方员工也有相似的报告，中方员工在结束汇报工作后，领导没有任何表示，不知是否此次谈话已经结束，也没有下一步的指示。因为缺乏回应，导致中方员工无所适从，感觉存在感被忽视了：

"就是两个人的会，比如说你给他汇报（完）一件事情，然后你不太清楚，行，这件事情结束你可以出去了？或者说怎么怎么样？他就开始写他的邮件，从此不再看你，然后你就在那想（是）结束了？出去？待会？"（C_4）

诸如此类的回应是基于礼貌的、就对方有指向性行为的一种回复，"你有时候出于礼貌或者出于对他的一种尊重，可能也会对他有回复"（C_1）。

💬 交流四层面分析

从交流四层面的角度来看，这种回复多为言语层面的回复。比如 Lukas 在收到员工发给他的完成了的工作时，他会使用感谢表示反馈："嗯，我很乐意跟他们说谢谢。……至少我会给个反馈，……我会说谢谢。"（D_{13}）

上文也提到了 D4 在获得言语的反馈后感觉到受到了尊重，而这种言语仅是对他的建议的客观评价："成功了，效果很好。"（D₄）

相反，这种尊重行为的缺失多体现在对对方的问题、邮件等行为的无视。故此做出这一尊重行为仅需回应对方的前期行为，这种回应可以是简单的"来信收悉"的回复，或者就某一问题进行简单的沟通。如 Hans 的不尊重经历所展示的，不做任何沟通是会引起对方不被尊重的感觉的：

"但至少你可以给我一个反馈吧？比如说'领导、同事或者 Hans，我得到了一个新的任务，我必须先做这个这个，你的意见是什么？我们能不能晚点再做那个实验？我们要不要改一下时间？或者我们谈谈这件事？'但什么都不做（回应），不通知，这也不是正确的方式。"（D₄）

4.1.1.3 面带笑容

微笑是表现人类积极情感的表情，人们通常使用微笑来表达自己的善意。中德双方都认为微笑可以表达对对方的尊重。如 Maria 所说的"开放的态度，点头，微笑，这些不管是在德国还是在中国都是一样的，都可以表达出认可和尊重。"（D₅）同样，郑玉兰也认为："你跟人说话的时候，当然是笑着跟人说，不能板着脸跟人家说话。"（C₇）

在这一点上德方员工的尊重感知较为明显，也有很多的类似报告。比如 Stefan 提到"友好的微笑"（D₁₁），Markus 指出的"坦诚的表情、手势，笑"（D₉），以及 Florian 报告的"他们看到我会微笑"（D₈），这都体现了德方员工在表达尊重时经常会使用微笑作为表达尊重的行为。中方员工也有相似的报告，比如孙百合就描述了一个场景，虽然是发生在她求学期间，但仍然能够例证，中国人认为通过微笑可以感知到对方的尊重：

"他的谈话时间是很宝贵的，他依然在听我慢慢吞吞地在说德语，然后他会非常有礼貌的听完，试图去理解，试图去沟通，我觉得那一刻他对我很尊重，而且始终面带微笑，不会因为我（德语）说得不好……"（C₁₃）。

相反，中方员工对缺乏微笑表情的场景也非常敏感，比如冯蔷薇就遇到过一个德国同事，"就比方说我们其实现在有一个同事，我跟其他中国同事有聊天过，他们有的人就觉得她那个风格挺……确实她不是很经常笑。"（C₈）冯蔷薇认为，如果交流对方面无表情会给人一种不友善的感觉："德国人的表情来讲，一般不是特别有表情。如果你不理解，你会觉得这个人不是那么友善。"（C₈）

结合中方员工的尊重感知和不尊重感知可以看出，虽然中方员工和德方员工都认为微笑可以传递善意，进而表达礼貌原则的尊重，但在实践当中中方员工践行这一尊重行为的程度要比德方员工好，冯蔷薇总结认为："亚洲人，就我们东亚人和他们（德国人有）很大的一个区别，他们不是特别爱笑，就是笑这个问题。"（C₈）

▣ 交流四层面分析

在面带笑容这一尊重行为中只包含四个层面中的**非言语层面**，这里指的笑仅仅是以表情形式出现的微笑，不是放声大笑。

此外除了口头交流外，书面交流也是在华德资企业中的一个重要交流方式，例如邮件往来。Michael 就此也给出了一个非常好的关于笑容的例证："比如说可以在后面打个笑脸啊。这很常见，有时候开头一个，结尾还有一个。"（D₁）Michael 认为在邮件中使用笑脸这种表情符号可以有效地传递善意和尊重信号。笑脸则也属于交流四个层面中书面交流的非言语层面。

4.1.1.4 用语礼貌

中德双方受访者都认为使用礼貌用语是体现尊重的一种方式。比如Julia 就认为使用礼貌用语是一个基本尊重方式。

"首先，一些很简单的事，比如使用'谢谢'和'请'，在谈话中不要打断对方，我要有礼貌。"（D₁₀）

郑玉兰也认为礼貌用语能够充分表现尊重：

"比如说我要跟同事，请求同事做什么事情，不管是比我高的管理人员，还是下属或者是平等，都会用请、谢谢，用尊称。"（C₇）

　　因此，使用诸如"请""谢谢""对不起"这样的礼貌语被认为是表达尊重的行为。这一点在中方员工尊重感知中尤为明显。孙百合认为："还有一个比方说，也是个礼貌问题，我跟你说谢谢，你帮了我，我跟你说谢谢。"说谢谢是一个典型的礼貌原则的尊重行为。

　　有着多年工作经验的王文竹也认为德方员工在使用礼貌语表达尊重方面的例子很多："其实你如果从语言上可以看到英文有很多（用）please（[英]请）这些方面，而不是说像中文有时候是你给我干什么什么去，这种可能是比较直接的。它可能在语气上或者在行文上你还能体现到。因为基本都是邮件，比如说邮件或者说沟通，基本都是尊重或者礼貌至少是随处可见。"（C₁）

　　周紫薇也提供了一个例子，她认为德国人在向中方提出请求的时候用语都非常礼貌：

　　"对，一般或者他会以一句 Could you do me a favor？（[英]你能帮我一个忙吗？），就是帮一个忙这样（的句子），会让我理解他会认为这个事情是不管是不是属于你工作范围之内的，但最起码他就认为不是大家相互之间很生硬的那种态度或者是很陌生，这个就是让人感觉，我会感觉很舒服，我会尽量去帮助别人。"（C₆）

　　而且根据周紫薇的报告，德方员工的礼貌语使用确实获得了良好的效果。从访谈内容来看，中德双方对该尊重行为的反馈都非常正面，没有人报告有负面的、因为用语不礼貌而感到不被尊重的经历。

💬 交流四层面分析

　　在这一用语礼貌尊重行为中，尊重行为主要表现在交流的**言语层面**，受访者通过"请""谢谢"等礼貌用语来表达尊重。此外中方受访者还报告了，德方员工使用英语的虚拟语气和德语的第二虚拟式来表达礼貌上的客气，以委婉的方式来要求对方处理某项工作。比如上文提到的周紫薇所说的"Could you do me a favor？（[英] 你能帮我一个忙吗？）"（C$_6$）。还比如，孙百合也提到："之前让我办事情也是非常感谢你，麻烦你帮我去看一看，就是用词非常的第二虚拟式的那种"（C$_{13}$）。因为孙百合大学期间的专业是德语语言文学，所以她对德语的语法非常了解，知道德语中第二虚拟式可以表达客气的请求。这些都是言语层面上的特点。

上述提到的言语层面的特点不仅仅局限于口头交流方面，很多受访者举的事例也是发生在企业日常邮件往来中的，比如之前提到的王文竹的例子。此外蒋斑竹也经历过类似的事情，他在中国人之间的邮件往来中发现中方也会使用诸如"烦请"（C$_9$）等书面特有的礼貌用语。

4.1.1.5 中、德方独有尊重行为

除了上述中德双方在与礼貌相关情况中表现出来的共性外，本研究还发现以下两种单方独有的尊重行为：中方称谓特点与德方给予女性更高礼遇。

💬 中方称谓特点

平级的同事之间在称谓这一点上并未表现出过多的尊重行为上的特点，称谓的特点更多地表现在上下级之间的称呼中，该特点会在权威原则中重点论述。在礼貌原则内，本研究发现中方员工在选择称呼中方同事和德方同事时有一个显著差异，即中方员工在称呼比自己年长的中方同事时，经常使用拟亲属的称谓，如"哥""姐"等，以及称呼中方同事的名，省略姓，以此拉近彼此的距离，同时还可以通过将对方的职务或者技术级别加入到称谓当中，以此表达对对方的尊重。

比如孙百合就提到："那你跟中国人的话，你要加'早，华姐'，就是你要加一个称谓。（C$_{13}$）"中方员工习惯于使用更高于自己的亲属关系来称呼比自己年长的同事，一方面，中方员工希望使用抬高别人的方式

来表达尊重，另一方面则希望能够通过拟亲属关系的方式来拉近彼此的距离。同样，楚墨竹也通过自己的例子来证明了上述观点：

"我就会说三个字的名字我会把后两个字加上，写上后两个字，比如说一个字的我会写上，什么工（如张工、李工），工程师，如果比我大一点的同事的话，比如什么哥，什么姐，我会搭上各种称谓。不会只写个哈喽在里头，这种的我会说称谓，那打招呼我也会，打电话也是就是把这个称呼都加上，不会说只说哈喽之类的，不会有。比如说跟我再意见不合，或者让我感觉不舒服的人，我也会加上称谓，我是一直尊重别人。"（C_{11}）

所以，中方员工不仅会使用拟亲属关系的称谓方式来拉近关系、表达尊重，也会通过称呼对方的名字来拉近距离。在这一点上明显的体现出了，中方员工希望能够在工作中建立除工作关系以外的私人关系。沈丁香也在采访中表露了相应的看法：

"德国人也是跟你握手，跟你打招呼，但是他的行为表现可能就不像中国人，中国人好像对你的，跟中国人表示尊重可能更倾向于我想除了工作之外，我跟你建立一个私人的这个（关系）。"（C_{10}）

Michael 在访谈中也提到了这一点，即"在中国整个社会中不是很容易将私人和工作关系区分开来的。"（D_1）Christian 也提到了这一点：

"我在中国也学到了，下班之后还会做很多事情，一起去吃饭，去KTV，打保龄球，我也越来越注意到，在中国同事之间通常会建立一种私人的联系，我觉得很好。在德国是这样的，8点钟上班，4点半或者5点下班，下班之后就各回各家，各干各的了。但是在中国，工作和私生活分得没有这么开，是相互交融的。"（D_6）

沈丁香从不尊重感知的方面提供了另一个论据："我们工作结束之后，都是德国同事自己结伴走的，都不会和我一起离开，这个肯定在中国同事当中是不会有这种问题的。"（C_{10}）从这个例子中可以看出，沈丁香希望能够在下班后和其他员工一起下班回家，这是希望能够和德国员工建立工作关系之外的私人关系的例证。当然，最后的结局是让沈丁香失望的，她对此也有了消极的评价："德国同事还是比较喜欢把公事，就工作是工作，私人的关系，很难跟中国同事建立这个私人的关系。"（C$_{10}$）

从上述例证中可以得出以下结论：中方员工希望在工作中建立起私人关系，德方员工则更注重工作中的工作关系。这种工作关系也体现在王文竹提到的"formal（[英]正式）"中："（德国人）基本上还是比较formal（[英]正式）一点，比如说你的领导请你做什么事情或者让你干什么事情，他也不是命令式的口吻，他会请你去安排一些什么样的事情。"（C$_1$）

正是这种文化差异，也诱发了一些中德之间的不尊重感知。Friedrich讲述了一个他认为没有被尊重的事例。Friedrich认为一个中国同事想把他从他的层级上拉下来，他举的例子是：

"我坐在电脑前，他坐我前面，他会在办公室里喊我的名字'Friedrich'，但我不会跳起来过去找他，因为这样没有礼貌，如果他需要什么的话，他应该过来找我。"（D$_2$）

从Friedrich讲述时的语气上可以听出，这名中国同事和他的关系还是很好的，甚至他把Friedrich当作朋友，而不仅仅是同事。在亲密的朋友关系当中存在着关系越亲密礼貌水平越低的可能。然而显然这种调整只是单方面的，或者Friedrich还是将工作和私人关系分得很清楚，在工作场所还应该遵循工作中的礼仪。之后，Friedrich继续讲述到：

"他又喊一次，带着悲惨的腔调，我就说'XX，什么事？'（戏弄的腔调），也是这样在办公室里喊过去。'你能来一下吗？'（还是哀怨的音调），这听起来就有点不一样了（语气和音调上）。"

从故事的后续发展来看，两人对双方的关系的认识确实存在着误解的可能。因为，这种悲惨的腔调和戏弄的腔调，乃至哀怨的音调都不是在工作语境中经常出现的，而更多地出现在工作之外的私人交往场景中。这一点印证了上述猜想，即中德双方对双方关系定位的误解，导致了不尊重感知的产生。中方员工认为自己与德方员工已经属于朋友关系，所以没有恪守工作中的礼貌，同样，德方员工也感知到了对方的不礼貌行为，误认为对方希望把他从他的层级上拉下来，并将这一行为认定为不尊重的行为。

这一例证很好地证明了，中德双方对工作中同事之间关系的不同预期，而私人关系和工作关系的错位则可能引起不被尊重的感知。

💬 德方给予女性更高礼遇

在中方受访者中有两位女性曾经感受到来自德国男性领导的更高礼遇，比如：被帮助开门、被帮助拿大衣和被让先行等。比如杨玫瑰讲述他和领导出差的经历：

"跟我们领导去出差，他就会特别绅士的，比如说你要起身了，他就会把外套给你拿过来，或者说你要开门了，他也是先给你开门，这样的一种，我们领导基本上是这样。"（C_{12}）

杨玫瑰认为这是欧洲人绅士风度的体现，也是对她作为女性尊重的体现，她认为这"比较符合德国文化"。以此暗指这是德国的文化，不是中国的文化，是德国特有的尊重行为。

李海棠也认为这是一种德国人特有的特质：

"那就是一些小的细节上了，比如说领导也会让你先走，这个我觉得普遍都是，还是有德国那种（特点），……因为是女士。"（C_4）

这种通过给予女性更高礼遇来表达的对女性专有的尊重，不仅仅被中方女性员工感知到，也被中方男性员工观察到，王文竹认为："这可能是欧洲人（特有）的举止，……有时候他会请你先走，对女同事可能这个就比较明显一点"（C_1）。

德方员工 Florian 也提到了类似的内容，他认为这种对女性的礼遇是属于礼貌的范畴的，且是通过从小的教育习得的：

"礼貌是人在受教育过程中学到的，帮女士开门，……从餐馆出来帮女士穿上大衣，我不知道中国是不是这样，但在德国是这样的，这是符合行为准则的，这是礼貌的。"（D_8）

没有中方或德方受访者报告过中方员工有过此类通过对女性的更高礼遇来表达尊重的行为。但通过中方员工的表述，则可以认为这是德国特有的一种基于礼貌的尊重行为。

4.1.2 尊重与不尊重互动

本研究的另一个研究问题聚焦在中德双方如何面对尊重和不尊重行为做出反应，产生互动。笔者在访谈中通过追问受访者在感知到尊重和不尊重的情况下如何做出回应来研究这一问题。在礼貌原则中尊重互动的特点主要体现在：打招呼、给予回应两个尊重行为上。

其特点是，中德双方在感受到符合礼貌原则的尊重时，会引发积极情感，如高兴，同样感到被尊重者会使用恰当的尊重行为予以反馈。中德双方感受到不符合礼貌原则的行为时，都会引发消极情感，一部分员工会选择忍让，因此不做回应，也有一部分员工会以同样的不尊重行为反馈对方，进而导致关系恶化。

4.1.2.1 尊重互动

比如 Frank 在中国受到过特别热情地打招呼："啊你好你好你好你好……来这边……来这边"（D_{12}），他认为这种方式的打招呼方式非常夸张，在德语语境中不常见，但他在中国工作学习了很长时间了，已经习惯了，"也能比较好的应对了，我会很友好的微笑，或者一起大笑，然后道谢。"（D_{12}）微笑属于上文总结的尊重行为，而这里的道谢也是给予对方热情打招呼的一种回应，同属尊重行为。换言之，对方的热情打招呼引发了德方的积极情感，德方同样以尊重行为做出反应。

Friedrich 在被中国工长打招呼之后，感受到了对方的尊重，认为应该"以适当的方式反馈对方"（D_2）：

"我也会和他打招呼。通常也是在语言上很尊重的，他和我说说德语，我和他说中文，我试着用中文打招呼，对方一般都很高兴，我也会使用一些中文的常用语，对方通常都会说，你的中文真好，我则说，不，也不太好。不然他们就直接和我说中文了。"（D₂）

从上面的场景中可以看出，中方员工首先向德方员工打招呼，德方员工感知到尊重，同样以打招呼这样的尊重行为回馈对方，德方员工还选择使用对方母语来和对方打招呼，德方认为这样可以引发中方的积极情感，而中方员工则借此来赞扬德方员工的汉语水平，双方以此为基础展开了一次友好的对话。换言之，尊重行为可以引发对方的尊重行为，双方以此为基础可以开展良好的交流。

4.1.2.2 不尊重互动

相比尊重互动所带来的良好效果，不尊重的互动则显得比较复杂一些，因为中德双方在受到不尊重的对待后的反应不尽相同。

首先，中德双方都遭遇了没有被打招呼的不尊重行为，在这一点上，中德双方的反应基本一致，即你不和我打招呼，我也不和你打招呼。Hans就表示："我渐渐地也无所谓了。我也这么对待他（不打招呼）。"（D₄）

中方员工也有类似的报告，冯蔷薇语："像其他部门的德国实习生就有这种感觉，现在也有，他见面不跟你打招呼。"（C₈）面对这种情景冯蔷薇的反应和德国的Hans的相似："当然我不会特别叫住他（跟他打招呼）"。（C₈）

基于此，中德双方在面对没有被打招呼的不尊重行为时，所选择都是消极的回应，即也不和对方打招呼。

除了打招呼之外，中方员工和德方员工也都遇到了发出信息却没有得到回应的情景。Lukas语："比如我想出来什么新的东西的时候，……就感觉到很少有人认真听……那原因可能是我的点子不好，但是就算它不好，我也希望能够听到回答，得到反馈。当他们什么都不做的时候，就让我感觉不太好。"（D₁₃）可以看出德方员工向中方员工发出了信息，德方员工其实没有期待中方员工的积极反馈或者其他特定的回应，但中方员工没有任何回应，让德方员工感到非常不受尊重。当被问及面对这种不尊重的行为的反应的时候，Lukas表示："我会问，通过不同的方式问，如果同事正好在办公室的话，我会直接跟他说，如果不在的话，我就写个邮件，或者打个电话。"（D_{13}）相比忍耐等不作为的反应，这是一种主动的互动行为，即没有获得回应，继续去追问，希望获得回应。

同样，没有回应也会引起消极情感，在被问及没有获得回应时会怎么做出反应时，Frank回答说："反而不会有什么反应表现出来，只是在内心觉得有些失望。"（D_{12}）从此可以看出，Frank没有获得回应引发了消极的情感，感到失望，选择采取忍耐的不作为方式，不予回应。

除Lukas和Frank的经历，Christian也经历了类似的事件：

"但我也有过这样的经历，例如我问'你们要这个做什么？'他们就不回答。……他没回答，我就算了，我就继续和我的同事做我们的工作，然后（有一天）突然他就站在门口了，拿着一个样品，还有一个供应商。我说我们现在不需要做这个样品的检测，你可以走了。他第一次见我，就问我是谁，我就说你现在认识我是谁了，之后他也没跟我说过话。我把他赶出去了，（告诉他）说他以后可以在我们要找他的时候再来，我后来问了德国那边，是不是必须要做这个检测，德国那边说不需要了，我就给他写了邮件，从那之后他就完全忽略我的存在了，我觉得他可能不喜欢我。"（D_6）

相比之前两个例子，Christian的例子就比较激烈了，可以说已经因不被尊重而引发了冲突。Christian写邮件询问中方员工为什么要做这个测试，但没有得到任何回应，之后该中方员工在没有任何预约的情况下，突然来找Christian要求他的部门做这个测试。Christian在没有询问上级的情况下直接拒绝了该中方员工，事后他才得到上级的确认，无需做这个测试，当他将这个最终结果以邮件的方式告知该中方员工后，中方员工再次没有回应。首先这一冲突都是因该中方员工没有给予德方员工回应而起，试想如果中方员工回答了德方员工的问题，并进行了充分的沟通，该问题应该会有更好的解决办法。而不被尊重的感觉让德方员工选择了不予以配合的态度回应他，最后导致中方没能做成测试，而德方也始终没有得到中方员工的回应，这其中所带来的损失可能就需要企业去承担了。所以，不尊重的对待能够引起消极情感，也能够导致对方的不尊重回应，最终导致双方交恶，影响企业的正常运作，给企业造成损失。

中方员工也遇到此类不尊重行为，没有得到回应，而中方员工选择忍耐。她认为："中国人的方式可能就是说，你（德国人）真的是这种工作方式，我就接受了。"（C_8）接着她还讲述了一个德方同事没有选择忍耐，而是通过直接的提出抗议，引发就该问题进行讨论的例子。从面对没有回应的不尊重对待来看，德方员工会选择主动就该问题沟通，而中方员工则会选择忍耐，从而不再做任何相关互动。

4.1.3 尊重行为的跨文化调整

在跨文化语境中，差异意识显得尤为重要。胡文仲曾经指出，需要意识到不同文化背景的人们之间是有差异的，尽管在全球化的今天，认为别人的想法与自己的想法大致相同对于跨文化交流来说是有害的。

如果能够在尊重互动中时刻提醒自己，对方与自己有着不同的文化背景、不同的风俗习惯，甚至不同的思维方式和行为方式，将会对跨文化交流产生积极的作用，并能够规避因对方的行为与自己的预期不符而产生的冲突，以及消极情感。

本研究发现，有些中方和德方员工已经在日常工作中具备了差异意识，能够意识到自己在和来自异文化的人共同工作，因而能够意识到对方与自己相异的行为是有其文化原因的，能够意识到双方在某些尊重行为上存在着差异。更有双方员工能够将这种意识运用到自己的尊重行为当中，进而调整自己的行为以适应对方文化，降低双方的距离感。

根据理论基础部分给出的跨文化调整的定义，本研究将尊重行为相关的跨文化调整分为两个层级，第一级为意识到文化差异；第二级为基于自己的差异意识所做出的行为调整。本节也分以上两个部分来呈现本研究关于礼貌原则的结果。

4.1.3.1 差异意识

在礼貌方面，中方和德方员工都能够在一定程度上意识到中德之间的文化差异。首先，双方都意识到在打招呼方面中德之间存在着显著差异。Florian就意识到握手不是中国人常用的打招呼的方式："我和他们会握手，这可能在中国也不是很普遍。"（D₈）Florian还讲述了他观察到的生动情景：

"我自己亲身经历过的一个例子可能更能说明问题，三个人见面打招呼，其中有两个中国人，一个德国人，两个中国人都会跟那个德国人握手，但中国人之间不握手。因为握手是符合德国文化的，它在别的文化当中并不一定是什么好的东西，但是我观察到中国人会跟我说'早上好'，伸手跟我握手。我和我的员工都会握手，握手的时候看着对方，我觉得这也是一种尊重的体现。"（D₈）

Christian也报告了同样的观察："可能在这里（中国），人们打招呼的方式和在德国不一样，不一定要握手。"（D₆）Christian和Florian都已经具备了就打招呼这一尊重行为的差异意识，因为意识到中方和德方员工在打招呼这一尊重行为上存在差异，德方员工用握手来打招呼，而中方员工鲜用握手打招呼。这样，在跨文化情境中德方员工就能够很好地理解中方员工的行为，而不容易产生误解。

同样，就打招呼这一尊重行为而言，中方员工也有对德方员工行为的跨文化认识。楚墨竹意识到德方员工和不认识的中方员工也会打招呼，而中方员工只和认识的人打招呼。

"我觉得就是我像我们这个公司有A公司的驻厂（员工），……大多数都是德国人，都在厂里互相走动。虽然说没有太多的工作接触，因为我们是跟 B 公司员工有接触，跟他们说实话没有太多的工作接触，但是他见了面之后，基本上都会给打招呼。像早上说'早'之类的，就是说他虽然不认识你，但是他都会主动跟你打招呼，可能中国员工就不太会有，就是不认识的，那就走过去了，因为员工太多，打招呼也打不过来。"（C_{11}）

中方员工通过自己的观察和在德国留学的经历认为，这是德方区别于中方的打招呼的特点，即中方员工只和认识的员工打招呼，而德方员工和不认识的人也打招呼。

此外，蒋斑竹还报告认为德国人握手很用力，而中国人握手很轻："你和德国人握手，他们特别使劲，跟中国（人）握手跟女人握手一样。"（C_9）

4.1.3.2 适应调整

当中德双方意识到双方在礼貌原则中存在文化差异之后，有些人主动选择调整自己的行为方式以适应对方。比如德方员工认为不用握手的方式打招呼也是可以理解和接受的。Christian 认为："我现在已经在中国有一段时间了，他们也知道我在中国有一段时间了，他们（中方员工）就不常跟我握手了，（我也认为）没有必要握手。"（D_6）

Hans 也通过自己的观察发现中方员工不用握手的方式打招呼：

"在德国（打招呼）很直接，直接伸出手去握手，在中国经常是直接向一个群体打招呼，这是我的感受。"（D_4）

当被问及是否和中国员工一样用握手打招呼时，Hans 的回答就体现了基于自己的差异意识的尊重行为的调整。

"如果是我的德国同事早上来了，我和每个人打招呼，我早上会比较早的到办公室，然后他们会进来，根据他们进来的情况不同，就像你刚才进来时候一样，握手然后说'你好（德文）'。如果我去隔壁的办公室，里面坐着我的中国工程师和两个德国人，我其实是向整个办公室打招呼，'大家好，早上好（德文）'或者'你好（中文）'，或者类似的。这是一种感知，我看到你们了，我尊重你们，你们都在（办公室）。但我不会每个人都打招呼。但这不是说尊重他们少一些，而是我适应这个国家。我也没见过中国同事像我们德国同事一样打招呼（握手）。"（D₄）

上述讲述说明，Hans 在意识到中国人不用握手打招呼之后，主动将德国人和中国人进行区分，对德国人继续使用握手的打招呼方式，而对中方员工则采用统一问好，不再逐一握手打招呼。这种调整则是跨文化调整，即在意识到文化差异后，愿意主动选择贴近对方文化的行为方式，借此消除文化隔阂，拉近彼此距离。

中方员工也体现出了类似的调整，即在发现德方员工和不认识的人也打招呼之后，楚墨竹也会主动调整自己的行为，"就是不认识的（德国）人也会打招呼"，楚墨竹"因为德国人有这个习惯"（C₁₁），他就会调整自己，缩小文化差距。

4.1.4 小结

本节主要展示了研究成果中的第一个尊重原则，即礼貌原则，和中德双方员工在礼貌原则中所表现出的尊重行为特点和尊重互动特点，以及双方在意识到在礼貌方面的尊重行为上存在文化差异，并基于差异意识对本身尊重行为的适应调整。

在与礼貌相关的情况中，中德双方均表现出打招呼、给予回应、面带笑容和用语礼貌的尊重行为，同时，德方表现出给予女性更高礼遇的尊重行为特性，中方则表现出在称谓上的特点，希望通过拟亲属和直呼名字的方式来拉近中方员工之间彼此的私人关系。此外，从私人关系的角度来看，中方员工更希望在工作中也建立私人关系，而德方员工则更倾向于保持工作关系，因此，可能会产生双方对彼此关系定位的错位，从而导致"不尊重"的情况发生。

从交流四层面来看，礼貌原则中的尊重行为涵盖了四层面中的三个层面，即言语层面、非言语层面和超言语层面，也涉及了口头交流和书面交流两种交流模式。

这一节中的尊重互动体现出了以下特点：尊重行为引发积极情感，互动另一方通常以尊重行为来回应对方。不尊重的行为则会引发消极情感，面对不打招呼的不尊重行为，中德双方都会采取同样不打招呼的方式回应对方，即不尊重行为在引发消极情感的同时，得到不尊重行为的回应。也有中德双方员工在面对这一原则下的不尊重行为时会选择忍耐，德方员工也会做出主动尝试来试图获取对方的回应。得不到回应的不尊重行为还可能引发直接冲突，关系恶化，从而造成企业内部的交流障碍。

部分中德员工通过自己的感悟，意识到了中德双方在尊重行为上的文化差异，从而产生了差异意识，有些还做出了诸如不用握手和中方员工打招呼的主动调整以适应对方的文化特点。

4.2 协商原则

讨论是企业中最常见的工作形式之一。讨论工作可以采用多种形式，可以是以会议的形式，可以是一对一谈话的形式，也可以是邮件往来的形式，随着智能手机的普及，甚至有受访者谈到在微信中讨论工作。无论以何种形式，讨论是一个集思广益的过程，是参与者表达自己想法的平台。在这一环节中，受访者报告了一系列与尊重行为相关的经历，其中有关于自己如何藉由协商原则来表达自己的尊重的经历，也有因为协商原则被破坏而感知到不被尊重的经历。就像 Frank 所认为的一样，在讨论这种工作互动过程中会产生尊重："我们可以平等的讨论一些专业性的问题，并且尊重对方的视角，然后互相学习，这是一个互相的过程，我觉得这样的互动会产生尊重。"（D$_{12}$）

4.2.1 尊重行为

在受访者关于尊重行为的回答中，有相当一部分内容涉及企业日常工作中的讨论环节。无论中方员工还是德方员工都报告了关于日常讨论中的一些相似的尊重行为：给予他人发言权、认真聆听并思考他人意见和包容听取他人意见，以及就事论事。例如：开会时邀请双方员工参加，他人讲话时目光应该聚焦在讲话人面部（或者目光的接触），对他人所讲的抱有兴趣，能够包容不同的意见，甚至采纳不同的意见，以及不要添加与工作本身无关的评价性内容等。同样，讨论环节中的不尊重行为也非常明显，例如：不邀请某方员工参加工作会议，剥夺某些员工的发言权，他人讲话时看手机或者打电话，对他人所讲的东西没有兴趣或者不耐烦，不能容忍不同意见，意见没有被采纳等。

本节将从尊重和不尊重两个方向具体描述这四种尊重行为，以及另外两种单方特有的尊重行为。

4.2.1.1 给予他人发言权

当被问及如何表达平等的尊重时，很多受访者都提及了给予对方表达自己意见的权利。比如 Maria 语：

"人们其实是通过一个友好的合作来注意到平等尊重这个事情的，合作的态度。倾听对方，给对方的意见和观点一个空间，而非直接说我不同意，因为什么什么的。而是给予对方表达与说话的权利，展现合作的友好态度。"（D₅）

给予对方发言权表现为两种形式，积极的和消极的形式。积极形式指询问他人意见，消极形式指不剥夺他人的发言权。

积极形式方面，中德双方都报告了很多经历，Hans 认为被询问意见是被尊重的表现，同时也是他所采取的尊重行为：

"对我来说，我认为是尊重我，或者我尊重别人时也会这么做，就是询问别人的意见，比如我想知道你对这个问题的看法是什么，或者他说了他的意见，我对他的意见再做评述，说明我认真地听了他的意见，我还追问了他的意见，说明我真的在思考他的意见。而不是说'好好，下一个问题。'而是我希望真正理解他对我解释的东西。然后再清楚地告诉他：我非常清楚地理解你了。这对我来说也是一个赋含尊重的对待方式。"（D₄）

中方的冯蔷薇也有类似的经历："比方说，他们（德方）大部分的人，我觉得他可能在决定一件什么事情的时候，都会问到你的意见是什么。可能比如说大部分人都已经决定都是同一个意见，但是他仍然可能会来问一下你的意见，照顾到你。"（C₈）

上述两例是给予他人发言权的积极形式，该种尊重行为还有消极形式，即不剥夺对方的发言权，此种形式多出现在受访者的不尊重感受的报告中。如 Maria 就此事报告了她的一个不被尊重的经历。

"在一开始的时候，我刚来这家公司的时候，他们开会有时候不叫我，他们都走了去开会，我一个人坐在办公室，觉得很受伤。"（D₅）

她为此曾一度怀疑"大家在开会，不让你参与，我会感觉，你们是不是有什么秘密？"（D₅）虽然后来发现这是一个误会，但作为合作的开始，她认为这个头开得并不好。Matthias 也有类似的经历，但已经不仅仅局限于误会了。

"比如有时有些话题没有经过你就已经讨论结束了，问题就已经解决了。经常有这个问题，在其他部门也有德国人，有些问题是我从其他人那里听说后才知道的。"（D₃）

Matthias 认为很多事情没有经过充分的讨论，也没有人邀请他开会并就某一话题发表意见，而且也没有人通知他此事的结果，他必须通过他的德国同事才最终知道此事。他认为这不是尊重的行为方式。

除了没有被邀请参加工作会议外，在谈话中没有被给予发言权也同样会引起不尊重的感知。冯蔷薇曾在访谈中报告了一个非常典型的例子：

"我觉得有一些时候，比如说一个谈话，在一个群体里面，又有德国人又有中国人的情况下，那么有一些德国人他就只顾自己说，他不太会让你插嘴进来。当然谈话的语言比如说用德语在说，是用外语在说，就是你不擅长的那个语言在说的时候，反正我自己遇到过那么几次。你没有插话的机会，或者你明显是感觉他不让你有插话的机会。……他眼睛根本不看你，他可能看着其他的也在参与这个谈话的其他德国人。比如说，我自己的感觉，比如说几个人一起说话，或者你有意的想去询问别人的意见，其实你眼睛会看一下不同的人，但是他有可能眼神根本不看你，只是自己在那讲，然后跟他另外的比如说也是德国人的人在那讲，这个时候你就明显能感觉到，或者你已经起了一个话头，但是他还是自己在那…比如说你已经说出口了，但是他不等你说完。……或者他根本就不管你正在说话，你也不知道他听没听到，反正他还在继续说自己的。"（C_8）

在这一较长的例子中，冯蔷薇认为德方没有用目光征求中方员工的意见，却用目光征求德方员工的意见，此外还保持和德国本国人交流的语速，没有顾及到在场的母语是非德语的其他人，她认为这也是一种剥夺别人发言权的表现。正如 Black 和 Morrison 所说的："简单如避免使用术语和放慢语速同样能够表达尊重。"此类例子也出现在德方受访者的采访中。德方 Maria 也报告了在开会中，中方员工不仅语速非常快，而且使用专业词汇，这使她感觉被剥夺了参与讨论的机会：

"有的时候大家讨论到一些非常专业的话题和词汇的时候，中国同事们互相讨论的时候，也是因为大家说的是同一种语言，所以说得特别快，词汇也很专业，所以我没法跟上。那我就会觉得，对方没有把我放在一个平等的位置上来尊重我，因为他们没给我机会去参与这个对话。他们其实可以通过简单的句型，停顿，或者直接问我，我是否能跟得上，能否理解。"（D_5）

由以上的例子可以看出，无论中方员工还是德方员工，都会通过被给予发言权和被剥夺发言权感受到被尊重和不被尊重。

💬 交流四层面分析

在给予他人发言权的尊重行为中，尊重行为多表现在四个层面中的言语层面，其他三个层面也兼而有之，但言语层面的例子最多。给予他人发言权可以有很多种方式，上文提到了一个眼神就可以引发话轮转换，但更多的还是通过提问的形式来将发言权交给对方。

"因为我感受到，中方的技术研发部门主管非常清楚我所处的处境，非常尊重地、非常坦诚地和我讨论了汇报的主题，询问了我的意见，我有感觉到，我们是在共同做决定。"（D₃）

询问对方意见是一个常见的尊重行为，藉由询问对方意见，给予对方发言权。当 Friedrich 被问及到从哪里感知到尊重时，他回答："他们会询问我的意见"（D₂）。同样，中方也有类似的报告，冯蔷薇语："比如说大部分人都已经决定都是同一个意见，但是他仍然可能会来问一下你的意见，照顾到你。"（C₈）

除了询问他人意见这种让渡发言权的尊重行为外，还有避免使用一些别人可能听不懂的专业词汇，从而能够让非母语的对话参与者能够更好地理解谈话内容，进而能够参与到讨论当中，这也是给予他人发言权的重要因素。

在非言语层面，目光的接触也能够表达尊重，上文中冯蔷薇曾经说过："他眼睛根本不看你，他可能看着其他的也在参与这个谈话其他的德国人。比如说，我自己的感觉，比如说几个人一起说话，或者你有意的想去询问别人的意见，其实你眼睛会看一下不同的人，但是他有可能眼神根本不看你，只是自己在那讲……"（C₈）眼神的交流不仅能够表达关注，还能够通过眼神来给予他人发言权，而没有目光接触，则可能意味着不希望对方发言，从而剥夺了他人的发言权。

副言语方面，语速和音量也能够表现尊重，周紫薇在访谈中提到："其他的一般我的语速不会太快，我觉得语速太快的话可能会造成听起来有可能会误听或者是听错了这样就不合适了，还是语速放慢一些，音量的话要保证别人能听清，你不能我低着头我自己能听得见我说什么，我也不管别人听没听见，这样我觉得不是尊重别人的。"（C5）她认为要用一种能够让别人听清楚的音量和语速，自顾自地说不管别人是否听清或者听懂，是不尊重的行为。同样，上文中提到的 Maria 的例子也说明了，如果不考虑谈话的伙伴中有非母语者至少是欠妥当的行为，会让对方产生不受尊重的感觉："所以说得特别快，词汇也很专业，所以我没法跟上。那我就会觉得，对方没有把我放在一个平等的位置上来尊重我，因为他们没给我机会去参与这个对话。"（D5）

最后，在**超言语层面**，给予对方时间也能够体现出尊重。例如 Michael 在访谈中提到："这就是说，人们相互之间有礼貌，人们互相聆听对方，人们给予对方时间或者机会来表述对谈话对方来说重要的东西，人们在回答问题时也真正地深入对方问题的本质。"（D1）给予对方发言权或者发言的机会，往往意味着要拿出宝贵的时间来听对方的发言。

4.2.1.2 认真聆听并思考

中德双方均认为，认真聆听对方的讲话，并在此基础上认真思考对方的意见或者建议，是一种尊重行为。

认真聆听对方讲话

Christian 认为认真聆听他人意见是表达平等的尊重的行为："德国文化里面，商量、讨论很重要，交换意见，每个人说自己的意见，不管是主管还是普通员工，每个人都是平等的，都可以平等地表达自己的意见看法，每个人也都会认真听别人的意见。这在德国是最基本的，每个德国人都会遵守的。"（D6）

但同样，不仅在德国文化中是这样，在中国文化里"认真听别人说完话"（C13）也是表达尊重的行为。双方都强调，在聆听的时候，不要打断对方，要注视着对方。比如德方 Julia 说："还有就是一些文化技巧，我们从小学到的，比如不要打断别人说话，不要打断别人接电话。"（D_{10}）中方的吴石竹也有类似的报告，但同时强调了不要打断年长者的说话："还有一个，在对方的讲话的过程中，尤其是老年人讲话我们尽可能地不要打断人家。"（C_6）

中方员工认为注视着讲话人是一种尊重行为："讲话的时候注视一点，然后别人讲话的时候要注视着别人。"（C_{13}）同样，德方的 Florian 也认为："交谈的时候看着对方的眼睛，让对方把话说完"（D_8）是尊重的表现。

在这一细节上，中方和德方存在着差异，德方员工认为要直视讲话人的眼睛是表达尊重的行为，但中方员工认为不一定要盯着眼睛，因为这会引起尴尬，只要注视着讲话人即可。如孙百合语："比方说对国外的人，盯着眼睛看是没有问题的，但是我不知道你身边有没有中国人，他们觉得盯着眼睛就很不舒服。"（C_{13}）王文竹也认为中德双方在这一点上存在差异："德国人很典型的一个特点，跟你在沟通也好或者跟你开会或者说其他，他表达尊重首先第一点，他会注视人，他跟你沟通的时候，至少眼睛会跟你有眼神的交流。这可能是西方、德国或者跟中国之间的一些文化差异，中国人有时候可能不太注重眼神的交流，但是德国人会。"（C_1）王文竹认为中国人不注重在谈话中的眼神交流，这不是说中方不注视着对方，只不过目光聚焦的位置不同而已。周紫薇认为："（中国人）不是直瞪瞪地看着眼睛，我觉得一直盯着人家眼睛不动的话我觉得也不太好，我觉得就是眼睛或鼻子周围看一下，但眼光（也）不能很游离的状态。"（C_5）她认为中国人通常会避免盯着对方的眼睛看，而是将目光集中在对方面部的眼睛或鼻子周围的区域。尽管如此，中方和德方员工都认为注视着对方是交谈中表达尊重的行为，区别在于目光聚焦的脸部位置。

双方在与对方的接触当中也确实从其中感受到了此方面的尊重。Christian 报告说："其实从一开始我就感觉到被尊重的，那些我直接打交道的同事，就是需要我的专业知识去指导他们工作的那些同事，从一开始我就觉得他们是接受我的，每次我跟他们讲什么的时候，他们都表现出很大的兴趣，很认真听，之后也问很多的问题。尤其是这一群我直接接触的同事，他们到现在都还是这样，他们一直都把我当作专家，很看重我的意见看法，这当然就使我感觉到被尊重。"（D$_6$）

中方蒋斑竹特别指出，被尊重的感受会出现在开会期间："这个事我觉得主要有受到尊重的这种感受，是一般会发生在开会期间，大家坐一起的时候。大家都会发言讨论，自己说说工作成果，自己发言别人会批评，点头，眼神上话语上都可以感觉到他们是不是对你的工作成果尊重。……（他在）认真地听，而且认可你这个东西。……（他）专注看着你，认真听你讲话。"（C$_9$）

受访者报告的与之相对的不尊重经历也比较多。比如德方 Stefan 认为"当一个人说话时，你突然大声打断，非常不尊重人。"（D$_{11}$）Maria 认为谈话时对方的不尊重行为很好判断："如果别人不尊重你，你很容易通过肢体和表情就看出来了。比如你说话的时候对方不看你，低头玩手机，那你就会知道你说什么也不重要了，对方不感兴趣。"（D$_5$）Hans 则举了另一个看手表的例子："或者当我和他说话时，……我有事情要和他谈，他看看表，（潜台词就是）'你什么时候能结束？'我就感到（我说的）没有进到他的脑子里，那我也通常会停止谈话……"（D$_4$）Hans 还提到另一个没有被聆听的例子："如果我们开会，或者其他形式的谈话，我当然不希望大家都在那里玩手机，这对我来说也是一个（不）尊重的问题。"（D$_4$）手机造成的问题不仅在于没有聆听，它还能打断对方的说话，比如 Lukas 所举的例子：

"开会的时候，我讲什么事情，或者做报告，中国同事在玩手机，这就让我觉得不太尊重。……还有在我跟他说话的时候不跟我打个招呼就接电话，就是说我话还没说完他就接电话。这两件事情是类似的。作为德国人，我会希望他先说一声不好意思，或者是解释一下原因。如果这种事情经常发生的话，我就会觉得所有其他的人都比我更重要。我觉得，偶尔一两次可以理解，比如说是客户打电话过来，我能理解他必须得接电话。但

是如果老是这样的话，我就想问，为什么每个人都比我重要。"（D₁₃）

玩手机仅仅是缺乏聆听，而在谈话中接电话就会直接打断双方的谈话，或者影响其他人的聆听，德方员工认为如果一些非常重要的电话打来，当然是可以接听的，但应该简短地解释一下。而且如果来电特别频繁的话，那就会给对方一种任何人的电话都比我们现在进行的谈话更重要的感觉，这是一种被轻视的感觉，从而导致了不尊重的感知。在这一点上受访者Matthias完美地证明了Lukas的说法。在访谈中，Matthias的手机响了很多次，有的是短信，有的是来电，但他都没有理会，直到收到一条消息，他看过以后对笔者说："抱歉，我的妻子给我……"然后指着手机接着说："是关于学校的事情。对不起，我必须打一个电话，这经常是一些不太能等的问题。"（D₃）虽然笔者和他进行的不是工作谈话，但Matthias还是像Lukas所说的一样，先道歉，再解释，然后才给收到的那条消息回了一个电话，而且通话很简短。所以可以想见，德方员工在工作谈话或者会议中也同样期待着中方员工能够以同样的方式处理来电或者手机短信，否则就会造成上面所说的不尊重感知。

相似的情况中方员工也有报告，蒋斑竹说："玩手机是普遍的问题，这个我的感受比较深刻，这可能咱们中国人和德国人不同吧，德国开会很少有人玩手机，然后也没有人打电话，你在中国开会的时候基本上就是拿起手机看看，或者也有来电，他们直接座位上接了。"（C₉）蒋斑竹作为一个曾经在德国工作生活17年的中国人，他在回国后能够更好地比较中德双方在某些方面的差异，也就能从批判的视角来看待中方的一些行为。

中方孙百合则报告了德方员工没有认真听她讲话例子，德方员工虽然不是玩手机，但是在用电脑查邮件，情景类似：

"我前两天去总部那边开会……有一个德国人，我在做演讲的时候，他就没有认真听我说话，然后事后他会提问我讲过的事情。……因为他在翻别的邮件。……我看见了，因为他是背对我的，他电脑我是刚好可以看见的，就是你不认真（听）我们在讨论这个问题，你不听我讲的话，你还

事后问我。"（C~13~）

中方员工也有被德方员工打断经历，沈丁香曾在访谈中报告了一个非常典型的被打断的例子：

"当时我们在准备人才测评的资料，然后需要个资料，这个德国同事要求我准备，就是自己想了一个数字，十本，但是我觉得可能八九本就够了，因为多去准备一本就意味着，首先我要做额外的工作，而且这个工作是我自己的一个责任，那么是不是需要的话，我应该也有份去说我是不是要多做，那么我就跟这个德国同事解释，我们都有谁来参与，这个可能不需要十份，然后这个德国同事就没等我说完，自己一、二、三……，就开始数数，最后数了一个是他认为的那个数量的，他没有听我说完，根本就没有听我说完，意思就是说，我说了你就去做事吧。"（C~10~）

德方员工在这一情景中打断了中方员工的话，没有听她的解释，这被沈丁香认为是极大的不尊重。综上所述，无论中方还是德方员工，都认为认真聆听他人讲话是一种尊重行为，相反，在别人讲话时不专心聆听，甚至打断对方的讲话，是不尊重的表现。

💬 认真思考他人的意见

如果做到了上述的认真聆听，仅仅是做到了该尊重行为的第一步，相比来说第二步则显得更加具有挑战性。认真聆听了，不意味着将听到的东西消化处理了，也不意味着认真思考别人的意见或者建议了。

比如 Michael 报告了他在这一点上表达尊重的方式："我并不太区分（中国人和德国人），……（我会）注视着他们的脸，看他们的眼睛，这也是尊重的一种形式，让对方感觉到，我对你所说的感兴趣，或者我接收到了你的信息或者消息，并会处理它们。"（D~1~）他认为不仅要注视着对方的眼睛，也要给对方一种感觉，我对你所说的感兴趣，我会认真思考你发出的信息。

认真思考对方发出的信息是建立在认真聆听对方发言的基础上的，蒋斑竹从中方的角度来证明了这点："他愿意跟你一起讨论你所研究出来的这些成果，这个蛮体现出来他对你尊重。……证明他对你工作感兴趣，他如果听都不听，他肯定不会讨论的。"（C$_9$）蒋斑竹认为，对方只有认真思考了对方的发言，才可能与之进行讨论，这证明对方对发言内容感兴趣。

与之相反的是对方对发言内容不感兴趣，或者仅是表面上在听。Julia对此的解释很清楚："有时候会只被很表面地聆听，或者很表面地讨论。……表面我指的是虽然在听，但没有处理或者消化你说的内容。如果我说的被处理了，被接受了，我会从他的提问感觉到，通过提问表示，我对你说的感兴趣，请再给我解释一下，我理解的正确吗？如果是一种这样的来自本地员工积极的聆听，对我来说这就是一个明确的信号，说明他平等待我，因为他对我说的、或者我要求的表现出了兴趣。"（D$_{10}$）

Julia和蒋斑竹一样从发言后的提问和讨论中能够感受到自己是否被认真聆听了。类似的经历Johannes也有，他从培训之后的提问中感受到了对方的兴趣："本来这个培训只是为几个负责测量的同事做的，但是事实上来了20多个人，比我预计的多很多。我们在车里的时候，他们都对我讲的内容非常感兴趣，也提了很多问题，这根线要接到哪，提了很多很重要的问题。"（D$_7$）

中德双方都讲述过这种不尊重行为，Stefan报告了自己的一次面试经历：

"有一次我有一个求职面试，当时面试我的是一个中国人，我觉得他不可思议地不尊重人，不可思议的高傲。我觉得从他坐在那个方式上，很放松，但通过身体的姿态传达了一种信号：'你对我来说无所谓'。……我觉得这种人说话声音很大。我还觉得这一点非常不尊重，但我不知道这个和中国人有没有关系，这种人说话像发表声明（[英]Statement），……他们表述出一种情况下的一种知识，然后将它普遍化。比如他们会说：'中国是这样这样的'。或者根本不用问，也不希望对方能够就这个问题说点什么，他都知道，他有这个知识，就是这样。根本不允许对方发表意见，就像这么一个公开声明。……所以我说他很高傲，他把别人有其他意见的权利剥夺了。……就像这种感觉：他们无所不知，超级自信，他们认为他们知道的都是正确的，'这个是这样这样的'。这个和尊重也很有关系。"（D₁₁）

从表面上来看这一个例子有点像没有给予对方发言权，但更深层的角度来看，这个中国面试官对 Stefan 将要说的话和想要说的话根本不感兴趣，事实上 Stefan 在面试中是获得了发言权的，但他所说的话并没有被认真思考。类似的例子中方的冯蔷薇也有报告，同样也是发生在面试中：

"他全程非常礼貌，用语什么都非常礼貌，但是我没有觉得他很尊重我，他说到一个什么问题，他觉得我语速太慢了，不太适合做这个工作。比如我跟他解释说，我说中文、德语、英文都是差不多的语速，但是我自己没有觉得我做事没有效率。他是觉得你语速慢，所以你做事会没效率，他自己有这个思维定势，然后他就往你身上套。但是你跟他解释的时候，全程没有在听，最后他还是觉得说你肯定做事也挺慢的，但是他全程说这些话的时候都是特别的礼貌，结果你不觉得他尊重你。因为他还是自己的想法，他也不接受你的解释。"（C₈）

冯蔷薇认为面试官虽然很礼貌，但他将自己的思维定势强加给她，认定她说话慢做事也慢，对于她的解释"没有听"，从冯蔷薇的描述中可以看出，她事实上获得了发言权，并已经完整地表述了自己的理由，面试官在听，但没有听进去，也就是没有认真思考她给出的解释。从这一点上看，冯蔷薇尽管受到了礼遇，但并没有感受到尊重。

💬 交流四层面分析

本节的尊重行为主要体现在言语层面和非言语层面。在言语层面主要通过提问表现出对对方发言内容感兴趣，表明发言人的意见被认真思考过了。比如之前提到 Julia 的例子："我会从他的提问感觉到，通过提问表示，我对你说的感兴趣，请再给我解释一下，我理解的正确吗？如果是一种这

样的来自本地员工积极的聆听,对我来说这就是一个明确的信号"。(D_{10})

同样在言语层面也有相应的不尊重行为,如打断别人的话,就像之前冯蔷薇的例子里出现的:"或者你已经起了一个话头,但是他还是自己在那…比如说你已经说出口了,但是他不等你说完。……或者他根本就不管你正在说话,你也不知道他听没听到,反正他还在继续说自己的。"(C_8)

非言语层面在这一尊重行为中涉及的较多,主要有目光接触、目光焦点、点头、玩手机、接电话、看手表。

上文中多次提到了德方对目光接触的重视,以及中方员工认为应该注视着发言者,在这里就不再重复介绍了。需要特别强调的是,中德双方虽然都认为注视发言者是尊重行为,但中方员工认为只需注视发言者的脸部即可,注视对方眼睛不是中国的传统习惯,而德方员工则强调注视发言者的同时,也要有目光的接触。

再比如点头,Lukas认为:"有很多东西是无意识的,我有意识会做的包括我会积极地听他讲话,就是说会有一些眼神交流、手势,让他知道我理解了他的意思,比如点头。如果同意的话,可以点头,不同意的话也可以通过其他的表情、手势表达出来。"(D_{13})同样,中方员工也认为点头可以表达自己在认真聆听,借此表达尊重:"大家都会发言讨论,自己说说工作成果,自己发言别人会批评,点头,眼神上话语上都可以感觉到他们是不是对你的工作成果尊重。"(C_9)

除了上述表达尊重的非言语行为外,还有一些非言语行为可以传递不尊重的信号。比如看手表,这传递了一种不耐烦的情绪。看手机则表现出没有将全部精力都集中在谈话伙伴或者发言者所说的内容上,这表明缺乏认真的聆听。毫无解释或道歉地接听电话则直接地、主动地打断了对方或者他人的发言,这也传递了一个不尊重的信号。

4.2.1.3 包容并听取不同意见

德方受访者在访谈中多次提到要对不同的意见持一种包容和开放的态

度，这种包容被德方受访者认为是一种尊重行为。他们会用这种行为来表达尊重。比如当 Stefan 被问及平等的尊重时，他回答："我首先想到的是要对其他的意见有一种开放的态度"。（D$_{11}$）这里的其他指的是不同于自己的意见。当 Markus 被问及怎么表达平等的尊重时，他的回答是："我接受不同的意见，接纳，认可。……我接纳他人，或者说接纳这个人，认为我和他之间是平等的，能和他共同讨论问题，以达到更好的结果，……（我们）可以共同讨论，共同寻求问题的解决办法，互相交换意见，虽然我们之间肯定会有差异，虽然我们来自不同的国家……但是我觉得就是我们可以共同讨论问题，接纳对方，尤其是也可以接受对方的意见。"（D$_6$）

Markus 认为表达平等的尊重重要的一点就是要接受其他人有不同意见的现实，他考虑到来自不同文化中的人对事物的看法可能不同，他认为平等的尊重就是要意识到不同文化间的人的差异，对不同意见持开放和容忍的态度，并通过讨论来共同寻求解决问题的办法。而不是一味地固守自己的看法，在这一点上 Maria 的表述更为直接："我们在交流想法和意见的时候，也会给我们自己被对方说服的机会。"（D$_5$）

当自己内心被对方说服后，能够采纳对方的意见则是进一步的尊重行为，这种行为能够传递平等的尊重。就像德方员工所说："当我看到我们大家在工作上都是朝着同一个方向努力的，我就感到他们尊重我，平等地尊重我的意见，相反我也会采纳他们的意见。"（D$_{13}$）

同样，此类经历能够引起中德双方的被尊重的感觉。Julia 报告说："我指的尊重更多的是我们互相能够聆听，承认对方可以有不同的看待问题的方法。"（D$_{10}$）认真聆听对方说话，并包容对方有不同看法这一事实，这能够引发 Julia 的被尊重感觉。Maria 对工作中的讨论过程也做了客观的描述，认为工作中会遇到中德双方意见不一致的情况，但如果能够充分地交流，也会产生大家都满意的结果的："我们的交流也非常和谐，当然不是说我们没有意见相左的时候，只是说我们的交流不会充斥着争吵和火药味，我们的交流结果总是会让双方都满意。就是说，大家接受了你的论点，

包容了你的看法。"（D₅）

中方冯蔷薇也有类似的看法："（德方）跟你们讨论的时候，他没有特别去照顾国籍，而是听取说谁真的提了有建设性的意见，最后他是以这个标准采纳。这个时候我会觉得，他不是特别看重国籍，而是说尊重大家，尊重同事。"（C₈）她认为，如果能够抛开国籍的不同，充分听取所有人的意见，才是尊重的行为。

Markus 在访谈中也谈到了这一点，"有一次我们碰到一个技术问题，开会的时候我们一起讨论，一起寻找解决办法。这时候他们（中方员工）对我的尊重就体现在，他们接受我的建议，我的想法。"（D₉）

在这一尊重行为中，受访者报告的不尊重行为也多集中在自己提出的建议没有被采纳。沈丁香报告了德方员工有一种优越感，"我觉得德国同事会有与生俱来的优越感，他会觉得他们都是对的，所有的想法都是对的……"（C₁₀）沈丁香的言外之意是，德方员工认为自己的想法是正确的，而她的想法都不对，也就是没有以一种开放的态度来对待沈丁香的意见，更没有采纳她的建议。这引发了沈丁香的不尊重感。

还比如杨玫瑰报告自己的领导几乎从来不采纳她的意见，她说："就是你所有提的意见，他基本不会采纳你的意见，但是他会说你可以提意见，但是他不会采纳，他永远都按照他自己的想法去做。……我工作了 8 个月，基本上没有他采纳过我意见的时候，我觉得，基本上就是我想要这样，我（感觉）好像表面上是民主的，但是他想要做的事情，基本上都要推行下去。"（D₁₂）杨玫瑰则从她的领导那里感受到了与沈丁香相似的感受，就是她的建议不会被采纳，当然她的领导可能在开放的态度方面做得比较好，有一个兼听的态度，但最终还是不会采纳她的建议。

而德方员工也有人对此有所反思，他谈到有的德国人固执己见，不能包容其他人的不同意见："我觉得对德国人的尊重来说，不只是有德国式的途径（方式），也有其他的途径，我觉得德国人非常固执，因为有时候他们不尊重其他的意见，除了他们自己的以外。我觉得这是个大问题。我觉得这个问题比中国人对德国人的尊重的问题更大，更严重。"（D₁₁）Stefan 在以上陈述之前讲道："我认为外国人有时候在面对中国人的时候有一种外国人的高傲，我觉得这也是不尊重的"。（D₁₁）虽然 Stefan 在这里使用的是"外国人"（[德]Ausländer）一词，但他在之后的陈述中特别指出了德国人的高傲和固执己见，并认为这是不尊重行为。这与上文的结论相符，即以开放的态度包容不同意见，进而采纳他人建议是一种尊重行为。

💬 交流四层面分析

包容他人的不同意见和采纳他人不同的建议是本尊重行为的核心，包容和采纳意见可以用言语或者非言语表达。包容不同的意见具体表现在聆听别人的发言这一非言语的行为上，如 Maria 提到的"我指的尊重，更多的是我们互相能够聆听，承认对方可以有不同的看待问题的方法。"（D₁₀）

而采纳他人建议则可以发生在言语层面，也可以发生在非言语层面。一方可以口头承诺采纳对方的建议，也可以不经承诺直接践行对方的建议。比如 Hans 曾经报告过他提过一个建议："我说你们可以试试这个，……然后这个方法一直被沿用到问题被解决。这就说明我的想法被最终付诸实施了……"（D₄）他的想法的最终得以实施，他的建议被采纳了，借此他感受到了被尊重。

4.2.1.4 就事论事

针对企业内关于工作的讨论协商，中德双方都希望能够以一种就事论事的态度来传递尊重。双方都希望能够做到对事不对人，比如 Florian 认为在企业中表达平等的尊重，其重要的一点就是："在说话的时候不侮辱对方，不让对方出丑难堪，而是基于客观的事实去讨论。"（D₈）虽然侮辱性不尊重行为已经超出了本研究的研究目标范畴，但很多受访者都曾经在访谈中提到了这一问题，理想状态下企业员工之间是不应该侮辱对方的，但还是有人有意或者无意地做出让人感到受侮辱的行为。

Stefan 报告他曾经有一个非常不尊重人的领导，"当时有一个中国女同事，她稍微有点胖，我当时的那个领导经常去游泳，然后吃饭的时候他对她说，'您看，我去游泳，您去吃饭'，他就是不可思议地不尊重。她立刻脸就红了，一个可怕的人。"（D_{11}）虽然事情发生在吃饭时间，但在座的都是工作的同事，也属于工作环境，而这位德国领导间接地指出中方女员工体型胖，而且将其归因于女员工不去锻炼，而且无节食计划。无论德方领导的主观故意是什么，他已经不仅仅是不尊重他人，已经属于羞辱他人了。此类言论与工作无关，也带着明显的歧视色彩，不应该出现在工作场合。

Friedrich 曾经被中国员工叫过外号，中国员工以为他一点中文都不会说，所以在他面前肆无忌惮地谈论他："我也能听懂一些中文，但不是所有人都知道，这里很多的中国人认为'老外'一点中文都不会。……到目前为止我已经知道我的两个外号了……我当然会感到有点受伤……最最恶劣的（外号）就是'那个胖老外'。……在德语里'胖'这个词是非常负面的。"（D_2）

孙百合也有类似的立场，在被问及如何表达尊重时，她说"就事论事，你不要去扯一些有的没的。……不要进行人身攻击，我们就是讨论事情，……你就可以单纯的说他对或者不对，但是你不要上升到这种'人'（的层面上）……大家讨论什么问题的时候，不要太极端，你可以发表你的看法，但是你不要进行人身攻击。"（C_{13}）因此，中方和德方员工都认为侮辱性的语言当然可以表达不尊重，而尊重的行为应该是就事论事，"基于客观的事实去讨论"。（D_8）

Matthias 的话则更具有总结性，"通过不对对方做评价（来表达尊重），只有必要的时候才评价，在德国大家倾向于表达自己的意见，无论这个意见是好还是坏。"（D_3）他认为只有在必要的时候才去评价别人，否则只要表达自己的意见就可以了，在表达意见的时候只需要停留在"事"的层面。

例如，Markus 在工作中经常接触翻译，但翻译的能力参差不齐，他没有将精力放在评价翻译的能力上，而是关注工作和合作："我会做的是，去尊重我的翻译们的工作，我知道他们有些人德语不是很好，有些人确实听不懂我说的话，我也会尊重这种情况，然后试着去帮助他们。"（D_9）

冯蔷薇认为她在现在的德资企业中工作可以受到就事论事的尊重，"你对工作，其实就是就事论事，就是这里（德资企业）允许你就事论事，不用太去顾忌说他是我的领导，我要跟他保持一致。"（C_8）她认为在德资企业里，德方员工通常可以做到就事论事，而不会被认为是针对某人。

同样的，在中国公司工作过的 Michael 也做了一个对比，认为"中国领导和同事（面对批评性建议）更容易理解为是针对他们个人的。"（D_1）他将其归因为中国社会中个人关系和工作关系很难分开。

无论双方的不尊重经历如何，中德双方都认为就事论事是工作中应有的尊重行为，在工作中应该尽量依据事实来发表意见。与之对应的，不应该侮辱他人或者去评判他人。在面对批评性意见时，中德员工之间有小的差异，尽管对方可能是依据客观事实来就事论事，但中方员工，包括领导可能会将其理解为是针对其个人的批评，而不能做到就事论事地对待批评性意见。所以，就事论事可以出现在两个方向，一个是信息发出者，尽可能地发出与客观事实有关的信息，不要发出超出"事"的层面的信息；另一个方面是信息的接收者，要尽可能地从"事"的角度来理解对方的信息，不要将其上升到"人"的层面。

💬 交流四层面分析

在就事论事这一尊重行为中，**言语层面**的特点为主要特点。因为就事论事多为说出来的话，多表现在"基于客观事实的讨论"（D_8）和"发表自己的看法"（C_{13}）。而不尊重行为则表现为侮辱性的话语、人身攻击、不必要的评价，并且不要将他人批评性的建议升级到"人"的层面，而要客观予以对待，停留在"事"的层面。

4.2.1.5 中、德方独有尊重行为

上述四点均为在协商原则下，中德双方共享的尊重行为，除此之外，双方还有两个单方独有的特点，它们是中方婉转给出消极意见和德方开会需要预约。

💬 **中方婉转给出消极意见**

单方独有的尊重行为往往会造成交流中的障碍，会因为对方缺乏与自己相同的尊重行为而导致不被尊重的感受产生。本研究发现中方员工在表达消极意见的时候，倾向于选择婉转的方式，而德方则没有这一尊重行为，德方会比较直接地表达自己的消极意见。

周紫薇认为中方在表达否定意见的时候会选择婉转的方式，"比如说'这个事你再考虑考虑'，但是外国人来说有可能就说'我认为你这么做不合适'，他会表达的比较直接一些，中国人就是说话婉转一些，委婉一些，不会特别直截了当的就说你这么做不行。"（C₅）

德方 Michael 的讲述也证实了周紫薇的话："我认为这可能是因为中国同事不太容易第一时间就表述他们的真实想法。一些中国同事可能会说：'我们可以这么做，你的主意不错'。或者，他们说'我们还得再好好想一想'。那就需要仔细地考虑一下，他这么说背后的潜台词是什么？'我们还得再好好想一想'的意思是'这个建议对你来说很好，或者不是那么好？'"（D₁）Michael 认为中方说话不直接，不容易直接说出真实想法，需要德方员工仔细考虑其背后隐藏的意思是什么。

而这在一定程度上引发了德方员工不尊重的感知："在这种问题上我受到我的文化影响，我习惯坦诚地去讨论这件事，通过数字、数据等等。但我在（和中方的）讨论中并没有找到这些，而是拐弯抹角地兜圈子，经常闪躲，也没有了目光接触。"（D₃）这给 Matthias 的感觉就是"谈话对

象一直回避这个话题。"（D₃）

中方员工则更习惯于间接地表达自己的意见，并且期待别人也会婉转地表达意见，尤其是一些消极的意见，如批评性建议、拒绝、否定等。一旦这些消极意见没有以婉转的形式出现，就会引发中方员工的不尊重感。例如李海棠就报告了她的一次经历："德国人说话很直接，就比如说我们之前说好的一件事情，在开会的时候就是很多人都在开会的时候，他觉得你做的跟他想象的不一样，他会非常严肃，很生气地跟你说，这不是我要的东西，你不应该这样做，然后对中国人来说丢脸嘛，很难接受，就觉得我们之前说好的事，可能是在理解上有问题，但是你不应该在会议上，这么多人在的时候这么严肃地提这些事情，中国人会说会后我们两个人一起把这件事情做好，第一你不是我的领导，就是说我们是来共同做一件事情，所以你没有必要生气地说：这不是我想要的东西。（这让人）很难接受。这个事你不应该这么做，你这样做是不对的，中国人很难接受。"（C₄）

李海棠认为即使工作做得不好，德方员工也不应该在会议上当众指出，可以等到会后单独告诉她。而且，李海棠还认为指出我的工作中的不足的德方员工仅仅是我的同事，不是我的领导，这一点也让她不能接受。换句话说，她认为平级之间不应该互相指出对方的不足，更不应该以这么直接的方式，这让她很难接受，丢了面子，感到不被尊重。

沈丁香也有类似的报告："他（德方同事）认为你做得不好的地方，'你为什么没有做什么什么东西？你怎么把这东西做成这样？'就是他会直接的去批评你，因为你中国同事之间不会（直接指责）你做得不好，他（中方同事）会直接说'你为什么这么做呢？'大家都会以商量的态度。"（C₁₀）沈丁香也认为德方同事会直接给出批评性意见，而中方同事则会婉转的、以商量的态度和你谈。同样，德方员工的这种直接的方式，让沈丁香难以接受，她将其归类为不受尊重的经历。

Maria 在中国的工作中也发现了这一差异："和德国同事一起工作的时候，其实是比较直接的，我可以直接说哪里有问题，而我发现在这里是不一样的，……因为在这儿，太过直接的批评对合作的危害是很大的。……但是我还是会尽量避免太过直接的批评。"（D₅）Maria 发现中方对于直接的批评很敏感，如果她继续按照德国的方式直接地给出批评性意见，会给合作带来危害。

Florian 也或多或少意识到了这一点，但他并没有 Maria 那么确定："中国人也礼貌一些，德国人很直接，跟平级的同事或者跟下属说话都会很清楚直接，我不知道他们会不会觉得这不尊重。"（D₈）

Christian 将这种现象归因于语言："汉语和德语的结构不同，……汉语没有那么直接，德语直接一些，德国人说话的方式也直接一些。这些语言和文化的差异就可能导致误解，例如我有时候会想，他们为什么这么拐弯抹角地说话，可能中国同事他们就会想，我不应该说话这么直接。我们得去理解这些差异，必须主动地尝试去理解，如果你不想去理解，而是把这种拐弯抹角的说话方式当作一种不尊重的行为的话，那就不行了。"（D₆）Christian 认为因为汉语和德语结构的不同，中方说话更间接，德方说话更直接，他意识到中方可能会诧异于德方的直接，而德方也会问为什么中方说话那么婉转。在有了这一认识后，就可以避免将中方间接的说话方式看做是不尊重的行为了。

💬 德方开会需要预约

德方与中方在开会的问题上存在着差异，德方员工认为在德国开会是需要提前确定时间的，而不是临时决定。Friedrich 讲述了自己经历的一个不尊重的经历：

"我们昨天就有这样的一件事，供应商来了，我曾经去拜访过他，他也提供过报价，他昨天和我的中方团队负责人在谈话。……然后供应商的一个员工——我觉得这点她（中方团队负责人）非常没礼貌——来找我过去，那个可怜的小伙子，不会什么英语，试着让我明白我应该跟他一起过去。我认为，首先，在德国开会的话，需要事先通报，因为我要计划我一

天的工作，很有可能，我今天没时间。第二，我想知道会议的内容，他们说的是电机，我不知道他们要谈的内容。"（D_2）

Friedrich 认为中方团队负责人对他的不尊重体现在三点上，首先，负责人让一名外部员工请他去开会，而不是亲自请他去开会。其次，这次会议没有事前通知他，他有他的时间和工作安排。第三，如果需要他提供专业意见的话，应该事先将会议内容告知他，以便他准备。以上这三点引起了 Friedrich 的强烈不被尊重的感觉，"我就是在路过会议室的时候发现，这两个人我都认识。好吧，他们也许是谈些事情，我也许可以在会后打个招呼，我也不觉得这是不尊重，也许他们想用中文交流，或者谈一些和我工作无关的事，这都没问题。但请别临时召见我，别把我当成一个可用的资源来召唤我。"（D_2）Friedrich 感觉自己被当做一种资源或者工具来被使用，这使得他深感不被尊重。

李海棠则从中方的角度观察到了德方员工之间的一次关于开会的冲突："有一次我跟另外一个德国同事约了一个会，会议马上就要开始的时候，拿起笔记本刚要过去，因为我们领导就在我旁边办公室，他就说进来，有个事情非常着急，我就进去了，我又没有时间通知那边，我以为很快就出来了，结果进去了十分钟，然后那个同事非常生气，就直接推开门进来跟我说，你跟我有会你知道吗？你迟到了你知道吗？你没有通知我你知道吗？然后我说我知道，对不起。而且这个领导也是他的领导，他毫不介意，德国人的工作方式，毫不介意，然后我们大领导说，不好意思，是我让她进来的，她没有时间通知你，但是那个人就非常生气，跟领导说，他说这种情况必须要先通知我，你们才可以这样开会。"（C_4）

由李海棠的例子可以看出，德方员工将约定好的开会时间放在一个非常重要的位置上，即使是领导在这一问题上也没有优先权。因此提前预约开会时间对德方来讲是一种尊重行为。

4.2.2 尊重与不尊重互动

在与协商相关的情况中，中德双方均对对方的尊重行为和不尊重行为做出了各自的回应，构成了尊重互动。本节中将讨论在这一尊重原则下尊重行为所引发的尊重互动。

4.2.2.1 尊重互动

德方在被主动询问意见后，会产生积极情感。换句话说，当德方在被给予发言权后，会将其认定为一个积极的信号：

"如果有人来问我的意见，我每次都会给回应的，因为这对我来说是一个非常积极的信号。所以我每次都会抽空回应对方。我不会拒绝的，因为我也会从中学到很多，我们会一起讨论，……在这里工作我也是很开心的。"（D_5）

Maria 在被给予发言权后，会认为自己获得了相应的尊重，这使她开心，引发了她的积极情感。在获得了发言权后，她除了表现出积极情感外，还会积极回应对方的问题或者动议，展开讨论，从而使合作达到最优的状态。

此外，Maria 还提到如果她的建议能够被采纳，同样会引发她的积极情感："对我来说，我的意见要是得到认可的话，我会很开心，……我也会从中得到动力。"（D_5）这则指向协商原则中的包容并听取不同意见这一尊重行为。

当中方员工受到协商原则中的尊重对待的时候，中方员工也会产生积极情感。当蒋斑竹被问及，如果别人对他讲述的工作感兴趣，与他讨论，他会有什么反应时，他回答："比较开心。"（C_9）在被追问会做出什么行动反馈时，他表示不会做什么特殊的反馈。也就是说，他认为在这种情况下，对方做出了认真聆听并思考的尊重行为后，他只需专注于他们之间的讨论即可。这与 Maria 的表述相似，该尊重行为发生在工作讨论当中，所以继续讨论是适当的反应。

4.2.2.2 不尊重互动

当 Stefan 被问及没有获得发言权时的反应时，他回答："感到很无助"，而且"有时会很愤怒，有时候什么都不说，……我觉得这个和当时个人的心情也有关，你当时能不能很好的处理这个事情，别再引出一些伤害性的后果。"（D_{11}）他认为他会感到很无助，有时候会愤怒，但他会尽量克制自己，以免引发不良后果。

同样，当 Maria 没有被邀请参加部门会议的时候，她一个人留在空空的办公室，她当时"觉得很受伤"（D_5）。她采取的措施是积极面对这一问题，与同事进行沟通。

"我找人谈了。和我的同事说了这件事，但我不知道他是否告诉了其他人，我至今也不知道，但是很快我们的合作就发展得很顺利了，一切都挺好。"（D_5）

Maria 在经历了这种她认为是不尊重她的事件后，决定通过沟通来解决这一问题。她和部门的其他人谈了这件事，在下次开会的时候她也主动询问能否加入会议，也获得肯定的回答：

"我自己主动问了我可不可以一起开会。然后大家都说可以啊。然后我就知道了，这个会议是没有什么秘密的。现在没有这种情况了，不会出现说他们开会，我不在场的（情况）。"（D_5）

由上述例子可以看出，当面对不尊重的感知的时候，选择积极地面对，通过与对方沟通，可以化解这一误会，"这个会议是没有什么秘密的"。（D_5）

有选择积极面对不尊重行为的员工，也有选择消极面对的员工。Hans在和他的同事讨论工作的时候，对方看表，表现出不耐烦的情绪，没有做到认真聆听并思考，他没有选择积极的沟通，而是中断了他们的谈话，他认为"（我说的话）没有进到他的脑子里"（D_4），在这种没有充分沟通的情况下，Hans 认为既然你不愿与我讨论，那就等试验结果出来，对方实验的失败会证明他的正确。

"当那个实验失败以后，他们会改变主意（和我继续谈话），因为他不想和我谈，他想走他自己途径，自己的那个快速途径。"（D_4）实验的失败固然可以证明 Hans 的想法是正确的，但也耗费了的公司资源，这本是可以通过充分沟通避免的。这一事例从侧面证明了，尊重原则和尊重行为在企业运作中的重要性，他不仅能够鼓励员工之间的充分沟通，还能够为公司节省资源。

沈丁香在面对被剥夺发言权的时候，她选择了忍耐，"因为当时我们都忙着工作，我觉得还有比这个更重要的工作，所以我也就忍下来了，我觉得我不是很喜欢这种工作的感受。"（C_{10}）但这种不尊重的感受引发了她的消极情感，使她厌烦她的工作，进而导致了离职，"然后我自己也选择了辞职。"（C_{10}）当被问及辞职与不尊重经历的关系时，她认为："是有影响的"（C_{10}）。由此可见，不尊重行为直接影响员工对工作的满意度，严重情况下可能使员工放弃使她感到不愉快的工作。

在同样面对没有认真聆听自己发言的情况，中方和德方员工所做出的反应也不尽相同。当德方员工发现有人在他讲话时玩手机会进行提醒，Lukas 语："对我公司内部的人我很直接，会很友好地跟他说，让他不要玩了，我不会声音特别大，或者说我不会吼他们，可能会大声地、清楚地、友好地说。"（D_{13}）

而这种指出对方不尊重行为的反应会让"他可能会有点不好意思，会马上停下来。他们还是会对我的批评做出反应的，不会置之不理。"（D_{13}）由此可以看出德方员工的提醒行为获得了良好的效果，对方停止了不尊重行为。

而孙百合发言时，一位德方员工处理邮件没有认真聆听，而且还在发言结束后提了一个她在发言中讲过的问题，孙百合认为因为当时在场的"人太多了"（C_{13}），所以还是回答了他的问题，虽然她认为这一切都是因为他没有认真听她发言。而孙百合出于不让对方当众难堪的考虑，耐心地回答了他的问题，没有指出他的不尊重行为。

本小节描述了中德双方在面对协商原则下的尊重和不尊重行为时的反应，以及引发的互动。总的来看，尊重行为能够引发积极情感，不尊重行为会引发消极情感。中德双方都用尊重行为来回应尊重行为。在面对不尊重行为时，中方员工倾向选择忍让，德方则倾向于积极面对，通过指出对方的不尊重行为使其改正，或者通过了解背后的原因，积极沟通，并主动要求参加会议，以获得发言权。德方也有使用消极的方法来对待不尊重行为的，虽然最后的结果可以使对方按照他的要求合作，但其间造成了不必要的公司损失。

4.2.3 尊重行为的跨文化调整

与礼貌原则一样，在与协商相关的情况中，中德双方员工都注意到两种文化导致了双方在尊重行为上的差异。并能够做出主动调整，以此来适应对方。这种调整不是单方面的，双方都会根据自己的经历来做出一些调整。

Maria 在大学期间学习的是汉学专业，她对中国文化有比较深入的了解，也在中国工作了多年。但她还是能够意识到她是"在和不同文化的人群交流，会有意识的做出相应的举止行为，不是说改变，而是意识到文化差异，对同一件事的反应会和德国人不一样。"（D_5）

4.2.3.1 差异意识
在做出调整之前首先要意识到差异，在访谈中很多受访者都提到了差异，他们基于自己的观察，或者听说了某些对方的不同之处。这种差异意识有助于理解对方的行为。

Lukas 意识到中方在谈话中接电话非常自然，认为是理所当然的事，

而在德国文化中则不是这样的:

"还有在我跟他说话的时候,不跟我打个招呼就接电话,就是说我话还没说完他就接电话。……作为德国人,我会希望他先说一声不好意思,或者是解释一下原因。"(D₁₃)

同样,在德国学习生活了17年的蒋斑竹也注意到了这个问题:"(中方)玩手机是普遍的问题,这个我的感受比较深刻,可能咱们中国人和德国人不同吧,德国开会很少有人玩手机,然后也没有人打电话,你在中国开会的时候基本上就是拿起手机看看,或者也来电他们直接座位上接了。"(C₉)蒋斑竹年纪30岁出头,他在德国完成高等教育,并在德国工作了很长时间,近期刚刚回国。所以他在德国工作的时间比在中国工作的时间长,他更熟悉德国的工作环境,了解德国人的工作习惯。所以,他对于开会中接电话的差异意识非常强烈。

此外,德方员工意识到了中方员工在表达消极意见时会比较婉转。Michael 就提到:"一些中国同事可能会说:'我们可以这么做,你的主意不错'。或者,他们说'我们还得再好好想一想'。那就需要仔细地考虑一下,他这么说背后的潜台词是什么?'我们还得再好好想一想'的意思是'这个建议对你来说很好,或者不是那么好?'"(D₁)

Maria 通过反思也意识到中方领导提出批评意见时会比较婉转:

"有一次我们和德方有个谈判,我直接站在中方立场上,也就是我现在的上司这边提出了一个问题,不是在德方那边,然后他说……我记得他用了个很聪明的表述,反正意思就是说,我这样为中方这边说话,这么投入,是很好的,但是他也想保护我,因为我最后总是要回德国那边去的。……他就是暗示我,下次不用这样强出头,可以留给他一些余地和空间,让他来讲话。这一点他讲得挺清楚的。"(D₅)

Maria 认为中方领导觉得她在谈判中太过于投入,以至于喧宾夺主,中方领导通过婉转的表述让她领悟到了这一点。中方领导以保护她的姿态告诉他,不要过于投入,毕竟她最后还是会回德国工作的,因为派遣来华人员有一个固定的期限，期满后会返回德国继续工作；但实际上是想告诉 Maria 以后在谈判中不要过于积极发言，要给他这个领导多留一些发言机会。

而中方也有受访者意识了这一差异，王文竹认为"这个是中西方的文化差异，中国的领导有时候还是比较含蓄的，可能不想让你那么做的时候，他可能不直接跟你说不（[英]say no），他可能跟你很绕着弯地表达出来。你跟德国人或者说你跟外国人打交道的时候（这种情况）相对会少一些，相对比较直接。"（C_1）

除此之外，王文竹还发现了另一个文化差异，就是谈话的时候德方员工比较注重眼神的交流，中方员工则不太注意："他表达尊重首先第一点，他会注视人，他跟你沟通的时候，至少眼睛会跟你有眼神的交流。这可能是西方、德国或者跟中国之间的一些文化差异，中国人有时候可能不太注重眼神的交流，但是德国人会。肢体语言上，首先第一点他会用眼神来表达他对你的一种尊重……"（C_1）

孙百合也在与德方的工作接触中发现了这一点："还有比方说对国外的人，盯着眼睛看是没有问题的，但是我不知道你身边有没有中国人，他们觉得盯着眼睛就很不舒服。"（C_{13}）她从生活经验中发现，中国人不习惯盯着别人的眼睛看来表达我在聆听你的讲话，而习惯于将目光放在别处。

在这一点上笔者在和沈丁香的访谈中也有所感受，笔者发现沈丁香在回答笔者的问题的时候，一边回答一边低头看手机，手指还在屏幕上不断的移动着。笔者基于之前的访谈内容对这一行为非常感兴趣，特别注意了一下沈丁香在手机上的操作，发现沈丁香在智能手机上并没有做特别的操作，而只是在简单左右滑动屏幕，或者点开一个应用程序再关上，她并没有操作某一特定应用，这表明沈丁香并不是在"玩"手机，而只是在做一些没有意义的动作，这一动作并没有分散沈丁香的注意力，她还是能够很好地回答笔者的问题。但对于那些没有机会"偷窥"沈丁香手机的人来说，这个行为可能就会被误读为没有将精力集中在对话中，是一种没有认真聆听并思考的不尊重行为。

4.2.3.2 适应调整

Christian 曾经作为专家在中国培训中方员工，他在培训的结尾部分都会问大家有没有问题，有没有哪里没有听明白，但开始的时候都没有中方员工提问，他认为中方员工都已经理解了，所以他就会诧异于培训结束后还有很多中方员工提问，"其实之后他们还是会有问题，然后我又需要再解释。"（D_6）一段时间后他对此给出了自己的解释："但是其实这也是一种尊重的体现，因为现在有一个专家在这，跟我们讲事情，我总不能说他讲得太不清楚了我没听懂，他们会更愿意会后再问。"在参透了其中的原因之后，他也就习惯了中方员工习惯在培训后提问的这一事实。

Christian 在认识到文化差异的基础上做出了相应的调整，"以前我总觉得他们不想去理解我，但现在我会去想，是不是我没表达好，我是不是应该重复一遍，或者我是不是说得太快了之类的。"（D_6）通过这一反思，他意识到调整是双方的，适应是相互的，"我在这两年半了，当然我的同事也了解了我的风格，也做出了一些改变来适应我。我认为在这个过程当中双方都在调整、适应。"（D_6）

中方在和德方接触的过程中也会有相应的调整。当被问及中德双方的差异时，李海棠讲述了她的一个例子：

"当然有区别，中国人要更含蓄一些。……最简单的例子，比如说别人想晚上跟你一块出去打麻将，就会真的说，其实非常不情愿，有的时候可能也不是很熟。……如果跟德国人就直接会说不想。……德国人不会受伤，中国人真的会受伤的……除非特别特别熟，但是如果说同事关系的话，像这种拒绝真的都说得很委婉，跟德国人直接一些，他们需要你直接。你没必要跟他们讲这么多，都不需要，我不想去。"（C_4）

李海棠举的例子虽然是工作之外的娱乐休闲生活，但也体现出在给出消极意见时中方员工倾向于婉转，而德方员工倾向于直接。当意识到这一点后，李海棠可以放心地直接拒绝德方员工的某些请求，而不用再因循中方的婉转拒绝方式。

此外，在沟通中目光接触的问题上，孙百合对德方员工使用德方比较习惯的方式，和德国人交谈时，直视对方的眼睛，而不是将目光聚焦于面部的其他位置，或者看别的地方，以此示意对方我在认真聆听你的话。

在接手机电话的问题上，Frank 给出了一个解释和他所做的调整：

"还有如果他们给我打电话，我没接，我会表示抱歉，然后解释我为什么没接电话的话，对于德国的朋友我不会这样做。对于德国人我会觉得，他给我打电话是他来打扰我，我如果不接的话对方也会充分理解，我给同事打电话我也会是同样的想法。对中国人就不一样（在中国和在印度是一样的），我在我的德国语境下不会觉得自己做得不对，但是我观察到很多中国人会道歉说'不好意思我刚才在做什么什么，不能接你电话，你有什么事儿？'先道歉再开始说正事，因为观察到了这一点所以我也会这么做。"（D$_{12}$）

Frank 的这一解释从一个侧面能够解释为什么中方员工会在会议中接电话，因为中方认为他有义务接听打进来的电话，而德方则没有感觉到这个义务，德方认为打对方的手机，是会打扰到对方。Frank 注意到当中方漏接了他人的来电，在回电时会主动道歉，而德方本身没有这一习惯，但为了尊重中方的习惯，他做了主动的调整，在回复未接来电时也会先道歉。

4.2.4 小结

在与协商相关的情况中，中德双方共享四种尊重行为，分别是给予他人发言权、认真聆听并思考、包容并听取不同意见和就事论事。尽管双方都认为这四种行为是表达尊重的行为，但在细节上仍然存在文化差异，如在聆听时，中方员工不习惯直视对方眼睛，只需注视对方即可，而德方员工则强调目光的接触。在就事论事这一尊重行为中，中方员工虽然意识到谈论工作时，应该将个人与工作分开，但在实际操作中，中方员工很难做到公私分开，从而做到就事论事，德方员工则能够很好地将公私分开。

此外在与协商相关的情况中，中德双方各有一个特有的尊重行为：中方婉转地给出消极意见和德方开会需要预约。

在这一原则下的尊重行为涉及了交流四层面中的所有层面，目光接触和目光的焦点成为了认真聆听这一尊重行为重要的非言语组成部分。而玩手机这一非言语行为则给德方强烈的不尊重的感觉。

这一章节里的尊重互动体现出以下特点，尊重行为会引发积极情感，不尊重行为会引发消极情感。双方均倾向于使用尊重行为来回应尊重行为。而在面对不尊重行为时，中方员工选择忍让，德方员工则选择积极面对或消极面对。尽管中方做出了忍让的行为，但其内心的消极情感会引发对工作现状的不满，进而导致一名中方员工的辞职，因此一味地忍让也不是解决这一问题的最好办法。德方有员工选择积极地去面对不尊重问题，主动找中方员工沟通，最后达到了良好的效果。也有德方员工采取消极对抗的方式来解决问题，最后虽然在一定程度上解决了问题，让对方重新聆听自己的意见，但在这一过程中造成了企业不必要的损失。

最后，中德双方都能够意识到一部分与这一尊重原则相关的文化差异，并作出了调整，从而使得交流更加顺畅。

4.3 合作原则

礼貌原则体现的是企业中人们的日常待人接物中的尊重行为，协商原则代表了企业中员工之间讨论工作时的尊重行为，而合作原则则体现的是员工在工作中相互合作时的尊重行为。

合作原则中包含了四种共享的尊重行为，分别是：给予信任、给予自主权、给予支持和顾及他人。中德双方受访者都在访谈中提及了相关的尊重表达和尊重以及不尊重的经历。

4.3.1 尊重行为

合作原则包含四个中德共享的尊重行为，即给予信任、给予自主权、给予支持和顾及他人。除此之外，研究还发现一种单方独有的尊重行为，即德方更守时。

4.3.1.1 给予信任

信任是企业中员工之间合作的基础，也是跨文化合作的基础。因此，一旦信任这一基础不存在了，必然会导致合作出现问题。在访谈中中德受访者都报告了因为信任而引发的不尊重感知。

首先，Maria 认为信任能够创造一个积极合作的氛围。她说：

"一个积极的合作氛围就……是有人承担了某项任务，其他人给予对他工作能力的信任，我完成我的工作，你完成你的，一切都很契合。"（D$_5$）

她将对他人能力的信任理解为一种尊重行为，这种行为有助于双方的合作。中方冯蔷薇也在工作中感受过此类的尊重，在一次团队合作中，她的工作是最后一个环节，但已经过了下班时间，她主动要求回家去继续完成这一工作，并得到了同意，她认为："他也相信你，你就算下了班，但你答应他这个做了，你会做到，但我觉得至少这种还是比较尊重人。"（D$_8$）

德方员工就被信任的经历的报告更多一些，比如当 Friedrich 来华派遣期满，准备返回德国的时候，他可以推荐一个德国人来接替他的位置，但中方的反应表现出了对他的信任，中方对他说："不，要不你留下，要不就别再来别人了。"（D$_2$）Markus 也认为"尊重也体现在他们对我的信任，他们愿意和我讨论，这也是尊重的一种形式。"（D$_9$）

Michael相信双方的沟通交流能够逐步建立起信任，并且他认为："（信任）表示我们能够互相尊重地交往"（D_1），基于此他非常强调信任在互相尊重中的作用，并认为"它（信任）对私人关系很重要，也对工作关系很重要。"（D_1）

同样，不信任所带来的影响也是非常明显的，Hans的领导曾经通过质问表达了对他和他的德国同事的不信任："他还问我们的德国装配线负责人：'你的德国经理都在干什么？我在周末都看不见他们。'"（D_4）Hans认为首先这是中方对他和其他德方经理的不信任，其次，周一至周五他都在车间，而周六不是合同中规定的工作时间，他是自愿来车间加班工作的。为了兼顾家庭，他选择周六早上陪孩子们吃完早饭再来车间，然后在车间工作一天，而中方经理则会在周六很早的时候来车间，然后点个卯就走了，因为他周六午饭的时候只能在食堂碰见德国同事，而见不到中国同事。除了上述不公平待遇外，Hans所在的企业在采访的时候刚刚公布了一项新规定，即德国员工需要提供证明，说明他们在具体的时间段内都完成了哪些工作，做了什么贡献，或者做了哪些分析。这也被Hans看做是缺乏信任的举措，是他在该企业工作十年来没有遇到过的事情。

中方的吴石竹也报告了一个关于不被信任的经历，他所负责的中国客户反映，他们公司提供的产品出现了故障，需要派人来维修或者更换：

"我把事实跟他（德方）说了，……我把这个事实跟他说清楚了就行了，说完人家还是不信，就信他自己的人。……他就不信。"（C_5）

在被问及最后这一问题如何解决的时候，吴石竹也强烈地表示这种只相信德国本国员工，不相信中方员工的态度让他感到非常不受尊重："我们跟安装的那个（德国人）我们两个又去那儿，我直接跟那个原厂家（德国零件供应商）打通电话，我说你跟他谈，人家告诉说……那个东西到现场检测是好了，就是程序有点不兼容，要改哪个东西，……德方人跟他一说可能就信了。"（C_5）

换言之，吴石竹多次和本公司的德方同事解释其中的原委，德方同事均不予采信，直到吴石竹自己联系了该零配件的制造商，并让该制造商直接与自己公司的德国同事解释，德方同事才相信，仅仅因为该制造商也是一个德国公司，而和他通话的制造商也是一位德国人，这时吴石竹的德方同事才相信问题和吴石竹之前描述的是一样的。最后吴石竹总结道："因为他只相信他们自己的人，对我们来讲，相对来讲还是怎么说呢，信任度不是 100%。"（C₅）

德方受访者也报告过此类德方员工不相信中方员工的情况："比如他们认为他们比中国人做得更好，我觉得这也是一种对能力的否认，我觉得有时候他们不够信任中国人，我觉得这样不好。"（D₁₁）Stefan 认为这种不信任中国人本身就是一种德方高傲的表现，这在合作中也是不尊重的表现。

交流四层面分析

给予信任这种尊重行为可以表现在言语层面和非言语层面。比如当中方挽留 Friedrich 的时候使用的是言语："要不你留下，要不就别再来别人了。"（D₂）也有信任相关的不尊重行为出现在**言语层面**，例如 Hans 的德方领导怀疑他没有认真工作，因此，询问他人："德国经理都在干什么？"（D₄）不信任，可以表现为单纯的不采信对方的话，正如吴石竹在和他的德方同事解释情况的时候，他的德方同事只是不信他给出的解释，而当德国人向他解释的时候，他就采信了同样的解释。此外，Lukas 认为坦诚地讨论问题也能表现出信任："如果我们之间没有平等尊重的话，可能很多问题我根本就不会知道，……或者因为缺乏信任而不敢谈及问题。"（D₁₃）

给予信任还可以表现在**非言语层面**。如冯蔷薇所讲述的，她希望将工作带回家继续完成，而她的领导经过思考，同意了她的要求。

4.3.1.2 给予自主权

通过访谈发现，受访者认为通过被给予自主权可以感受到对方尊重自己，相反，如果对方剥夺了他的自主做决定的权力，则会被认为是一种不尊重的行为。

这种自主权包括很多权力，例如做决定的权力，做选择的权力，这些权力都展示出一个人是一个独立的、具有完全自主权的人。正如 Christian 所举的例子，当他在被当作一个具有完全自主能力的人的时候，他感受到了尊重：

"我一个人去出差了时候，我让我的同事帮我订个出租车几点到哪去接我，等我上车之后，他会给我打电话，问顺不顺利。这类事情尤其在我刚来的时候比较多，因为他们知道我不会汉语，可能有点问题，现在他们知道我自己能搞定了，这种帮助就少一些了。他们没有把我当作一个孩子，这也是一种尊重的体现，他们看到我自己能行，就没有再每次打电话确认了。"（D_6）

Florian 则报告了他观察到的一个德国员工不尊重中国同事的例子：

"如果一个中国员工不能或者不想做决定的话，或者是不被允许做决定，因为施工负责人（德方员工）凌驾于他之上说'我来做决定，因为你不懂'的话，这就又关系到尊重了，可以说中国员工没有得到平等的尊重。"（D_8）

他认为自主权意味着做决定的权力，如果德方员工剥夺了中方员工做决定的权力，就是剥夺了他的自主权，是没有得到平等尊重的表现。Friedrich 也给出了一个被剥夺自主权的例子，尽管最终他做出的决定还是生效了，但这一过程中他感受到了来自中方员工的不尊重。

"我是我们德方经理的替补代表（[德]Vertretung），其实我就是他（中方经理）的搭档，因为我是专家（不是经理），他有没有把我当作平等对待都是个问题。他当然不认可我，在一次会议中我提出了反对意见，因为我知道如果德方经理在的话，也会反对的。然后他当着一个德国人和两个中国同事公开地责骂我，还说："你再也不用做德方经理的替补代表了。"……他说我没有能力来决定这件事，（他说：）"在这件事情上你不是专家。'"（D_2）

事实上，根据该德资企业的规定，当 Friedrich 是德方经理指定的替补代表，当德方经理不在时，如果有需要决断的事情，这一决定应由 Friedrich 代替德方经理和中方经理共同做出。Friedrich 虽然本身的职务比德方经理低，也比中方经理低，但当其代行德方经理的职务时，他的职能是和德方经理一样的，也就是和中方经理平级。但中方经理在遭到 Friedrich 的反对后非常生气，宣称他没能力做这一反对性决定。Friedrich 没有更具体的描述当时是一个什么样的决定，但在这一时刻，中方经理显然没有将他与德方经理划等号，因此试图剥夺他做决定的自主权。但因为企业制度的原因，Friedrich 所做的反对性决定最终还是生效了。

就是替补代表这一制度，Matthias 正好提供了一个相反的例子，他在他的一次代行德方经理职务时，受到了中方经理的良好尊重。他是这样描述当时的情形的：

"有一次我是技术研发部门管理层的德方经理替补代表，我必须和技术研发部门的中方经理 Z 先生开一个会，我们坐在一起，让同事们来汇报各个事项，我当时的角色是和他（Z 先生）平级的，需要和他一起做决定的。当然他是领导，这很明确，我是他的一个下属，但我当时有这个角色，我有个非常正面的经历。因为我感受到，中方的技术研发部门主管（Z 先生）非常清楚我所处的处境，非常尊重地、非常坦诚地和我讨论了汇报的主题，询问了我的意见，我有感觉到，我们是在共同做决定。"（D_3）

"共同做决定"是 Matthias 当时的感受，这说明中方经理将他放在了平等的位置上，给予他同样的决定权，虽然受限于该企业中德双方经理应共同做决定的制度，因为这一决定是由双方共同做出的，但这也是给予自主权的体现，而且更是平等尊重的良好体现。

此外，Johannes 被给予选择工作之外游览景点的自主权，尽管他最后选择跟随其他中国同事游览，因为他们更了解中国当地的景点，但这一让渡选择权的行为正好体现了尊重。正如Matthias在描述他的经历时所说的："（他没有）说了自己的意见后，就做了决定。"（D₃）而是给其他人也有参与决定的机会。

中方也有类似的反例，杨玫瑰报告说："就是比如我们刚才说的这种，他就会特别不耐烦地说：'不能说汉语，你们必须要说德语。'"（C₁₂）她在一次会议中私下和中方同事说中文，被德方员工听到，德方员工用命令的口吻告诉她不要说中文，要说德文。在杨玫瑰来看，这也是缺乏尊重的表现，因为他剥夺了杨玫瑰自由选择语言的自主权。

沈丁香也报告了类似的经历，她在和德国同事准备一次会议时，"我们每天这个上班时间也是他规定我的，要求我的，比如说他规定我七点半就要到场或者是七点十五就要到。……我们在酒店的会议室里做活动，首先我好像就没有这个余地跟他商量。"（C₁₀）沈丁香感到自己被剥夺了自主做决定的权力，而是被德国同事直接要求几点到场。她认为德方同事都住在酒店里，有充裕的时间吃早饭，而没有考虑到她要从家赶过来，而且还是在 7 点 15 分这么早的情况下，她感到"这个完全是由他来控制的。"（C₁₀）同为同事，却不得不被其他人控制摆布，这让沈丁香感到不被尊重。

💬 交流四层面分析

这一给予自主权的尊重行为多体现在言语层面，如询问对方的决定，询问他人的选择。比如中方同事询问 Florian 对景点的选择，中方经理询问 Matthias 的意见，并共同做决定。同样，当被剥夺决定权和选择权时也会体现在言语上，如沈丁香被直接通知 7 点 15 分到场，杨玫瑰被告知要说德语，不要说中文，Friedrich 被告知没有能力做这个决定，Florian 的同事对他的中方同事说："我来做决定，因为你不懂"。（D₈）

4.3.1.3 给予支持

企业中的给予支持指工作上予以配合，以及工作内外提供帮助。配合工作指能够完成自己职责内的工作，而帮助则指提供非本职工作的帮助，无论工作环境中，还是下班以后。

例如 Maria 认为"我完成我的工作，你完成你的，一切都很契合"（D_5）是尊重行为。换言之，Maria 认为完成各自的本职工作，并能够有机地配合起来，是工作中的尊重行为。孙百合也认为配合工作是一种尊重的表现，而她遇到了不配合的情况："比如说有一个事情，我给他解释了一遍两遍，三遍，他知道我在说什么事情，但是他不想去做，他就会无视掉这个事情。"（C_{13}）她认为尽管对方很礼貌，但并没有配合她的工作，这是不尊重的表现。

杨玫瑰也有类似的经历，但对方是中国同事："你对他提出的所有要求，他都是置之不理的，就是你基本上不去催他，他都是对你置之不理的，而且你催他，他非常的不耐烦的回应你。"（C_{12}）这也是没有给予工作上的支持。

Stefan 也在访谈中提到了类似的情况："如果给他工作的话，你和她说'我这里有个工作给你，你能不能处理一下？'如果有人说'好，我来做。'或者有人'哎'一声，说 ok（受访者模仿当事人语调，笔者将其认定为'不情愿'的语调。），这就有很大区别。"（D_{11}）虽然不情愿的工作和不予配合工作尚有区别，但主观上都是不愿给予支持的表现。

Hans 则有过直接没有被给予工作上的配合的经历："我们做了约定，但约定没有被遵守。首先和某些中国同事谈话都比较困难，他们总有事，没时间。或者谈话中又去打电话了。但如果我们做了一个约定，我们要做这个测试，按照这个顺序，没过多久这个约定就被抛开了，对我来说也是毫不尊重的。"（C_4）这里 Hans 提到的是，中德双方员工约定一起做一个测试，但到了时间中方却没有做这个测试。Hans 认为对方没有尊重自己的约定，也就是没有给予工作上的配合与支持，这让他感到很不受尊重。

类似的感觉 Matthias 也曾经有过："比如有人建议大家定期一起碰面，

每周两到三次，同级别的员工，'好好好'，这是讨论的结果，然后就约时间，但总是被取消。就是说，大家说的和做的完全不一样。这样感觉就不好。"（D$_3$）

除了工作上的配合外，工作中的帮助也能够引发双方的被尊重感。例如 Lukas 提到："如果我碰到什么问题，请求他们的帮助，他们就会来我这，坐在我旁边，甚至我们一起在同一台电脑上工作……。如果我有一些工作之外的问题，他们也会帮我。对我来说这些都是积极的信号。"（D$_{13}$）因此，无论是工作中的困难，还是工作外的问题，如果得到了帮助，都会引发被尊重的感觉。

Christian 也报告了同样的经历："在刚开始的阶段，同事们都非常注意，为我提供各种便利，可以说给了我很多的帮助，例如出差的时候。对我来说一切都是新的，出差的时候机票、车、酒店都是他们帮我安排好。"（D$_6$）这些对一个在异乡的外国人的帮助，使得他感受到了来自中方的尊重。Christian 还指出同事之间的互相尊重也体现在互相帮助当中："例如我们开会的时候，装投影，电话什么的，或者是要拿很多东西的时候，同事都会来帮忙，至少在我所在的部门总是这样的。"（D$_6$）而且不仅仅局限于中德双方，中方内部或者德方内部的互相帮助也体现出了他们之间的尊重："我也不觉得他们是专门为我做这些事情，而是他们相互之间也是这样的。"（D$_6$）

给予帮助也是德方员工的尊重表达方式之一，Markus 在访谈中提到，当他的中方翻译不能很好理解他说的话的时候，他会"试着去帮助他们。……我帮助他们就是说我会说得更清楚，用更简单的词，会简化一下。同样一个技术问题，我可以表达得很简单，也可以表达得很复杂，我们要根据情况进行调整。"（D$_9$）Christian 也是这样认为的，他说："当你尊重一个人的时候，你会听他说，去想我能帮什么忙，能补充什么。"（D$_6$）

在这一点上 Hans 本着互相帮助的原则，给予了他的中方搭档很多支持，他认为这是他表达尊重的方式，他所在的企业内部要评选"最佳搭档奖"，Hans 本身对这个奖项没有任何兴趣，但他的中方搭档询问他的意见时，"我就问他，这对你来说有好处吗？他说是，这不是什么坏事。我说那我们当然要做这件事。"（D₄）当 Hans 得知这一奖项可能会对他的中方搭档有好处时，他欣然同意参加评选。

同样中方员工也曾因获得德方员工的帮助而感到受尊重。郑玉兰在出差的过程中感受到了德方的帮助，"就出差去德国总部的时候，同事都是非常友好，都乐于助人。比如说你是在住宿在吃的上面有什么问题跟他们讲，他们都会非常热情地帮助。"（C₇）同 Christian 报告的类似，当郑玉兰作为外国人在德国出差的时候，也受到德方同事的帮助，她将这一帮助行为认作是尊重的表现。

有一次李海棠带病坚持工作，她的德国同事都来劝她回家休息，但她觉得工作很多，害怕完不成，"（他们）不是怕你传染，他们真的是围着你，然后跟你分析一下，看看你的工作安排，如果很着急的话，我们可以帮你做，然后他们就让我在家休了三天。"（C₄）

从上述事例可以发现，给予他人工作上的配合和给予他人工作内或者工作外的帮助都能够传递尊重，因此给予支持是一种共享的尊重行为。

💬 交流四层面分析

在给予支持这一尊重行为中，包含有言语层面和副言语层面的尊重行为，当然很多的帮助或者配合工作都可以体现在非言语层面上，比如如果 Hans 的中方同事完成了约定好的测试，那么就通过这一非言语行为表达了自己的尊重。再比如 Christian 的中方同事帮助他预订机票、车和酒店等，都是在非言语层面的尊重行为。

在言语层面，Markus 重新组织他所用语言，使用简单的词汇和语法，以此来帮助他的中方翻译，使其能够更好理解自己的话。而李海棠的德国同事帮助她分析她的工作任务，并承诺如果需要的话，可以帮助她完成一部分。不管最后李海棠有没有用到德方的帮助，这一承诺在一定程度上已经是一种言语上的帮助行为了。

而 Stefan 所报告的中方同事在接受任务时不情愿的语调，则是该尊重行为在**副言语层面**的体现，他认为可以从一个人说话的语音语调里听出他是否乐于配合工作，从而能够看出他是否乐于给予支持。

4.3.1.4 顾及他人

顾及是尊重一词在拉丁语中的最初含义之一，时至今日，顾及他人仍旧是一种尊重行为。顾及他人指能够站在对方的立场来思考问题，能够考虑到对方或者己方的特殊性。

比如 Julia 认为尊重他人就要有敏锐的洞察力，能够判断他人的状态："我也会顾及他们的。我自己也要求自己有一个好的嗅觉，能够判断我的员工的状态。"如果发现对方状态不好，她会"直接问他：'我感觉你今天不太好，出什么事了吗？我能帮你什么吗？'"（D_{10}）

杨玫瑰则有直接被顾及特殊性的经历，她在刚到新单位时，对新的操作系统不熟悉，给采购部造成了一点小小的麻烦，因而受到采购部方面的批评，而她的德方领导考虑到她新上岗的特殊性，"他就会去跟采购部理论说，我们这是一个新的员工，说我们还一个月都没到，这是岗前培训。"（C_{12}）德方领导会认为："你做错了，我没有必要太苛责你，因为你还是新员工，这是个尊重（的表现）。"（C_{12}）

此外 Julia 的同事也能够很好地顾及到她，"总有日子里，比如没有睡好啊，起得太早啊，交通太差啊，和某人生气了，浴室的灯不亮啊，等等，我有时也有，幸亏不是经常发生。有时候我进到办公室里会对我的同事说，今天不是个好日子，我不太舒服，如果可以的话，今天别讨论了，最好今天别打扰我，让我恢复一下平衡。我可以（对我的同事）说这些，有些人可能不行。"（D_{10}）Julia 认为人总会有些时候的情绪比较差，这时她能够感受到同事能够很好的理解她，顾及她的不佳状态，Julia 将这一点看做是尊重的表现。

Johannes 在出差途中也有类似的经历，"因为德国人的饮食习惯和中国人不太一样。他们在选择吃什么的时候非常照顾我，我觉得非常体贴。"（D_7）同样关于工作餐的问题，冯蔷薇的经历也说明了同样的问题："因为我本身是吃素，所以在聚餐或者出去吃饭的时候，如果是他们知道，他都会特别注意，比如点菜的时候会让我有吃的。"（C_8）同样是顾及到了冯蔷薇吃素的特殊性，由此她感受到了对方的尊重。

除了饮食方面的特殊性外，德资企业中的语言使用方面也有特殊性，Matthias 报告说："在技术讨论中，其中部分是用中文，这样就会出现，说得太快，翻译只能简短的翻译。尤其是我的中国领导会用很棒的德文再做一下总结。"（D_3）因为他的中方领导知道翻译的局限性，所以在发言的最后会用德语再总结一下每个人发言的核心内容，以此让所有与会者都能够充分理解彼此的意图。这种估计到语言的特殊性的行为，被 Matthias 理解为尊重行为。

同样，语言差异也引起了很多没有被顾及的不尊重感知。沈丁香对德语的掌握仅处于入门阶段，她平时和德国人交流都是用英文，她发现有的同事"工作当中，他们去谈论一些话题都是用德语的，这个我肯定是听不懂"。（C_{10}）沈丁香基本无法理解德语，但有些中方或者德方员工可以部分地理解对方的语言，这则造成了更大的不被尊重感。Julia 认为："如果有德国人在场的话，中国人完全说中文，我觉得有点不尊重。同样我也觉得，如果一个人不会德语，在场的其他人如果都说德语，也不太好，应该都换成英语，这样就有一个共同的语言。"（D_{10}）由此可见，德方员工也将这一行为认定为不尊重行为，即中方员工当着不会中文的德方员工说中文，或者德方当着不会德语的中方员工说德语，由此可见沈丁香所遇到的确实是一种不尊重行为，因为她的两名德国同事当着她的面用德文沟通，使得她无法理解他们沟通的内容。

类似的例子还有可能升级，Friedrich 报告说："还有个非常不尊重的例子就是，当着我的面谈论我，假装我不存在。他们就认为我听不懂。"

（D₂）即当着对方的面，用对方听不懂的语言议论对方。Friedrich 虽然不能达到流利使用中文表达的程度，但他多次被派遣来华，能够听懂很多中文，比如他听到中方员工用外号称呼他，叫他"老外"，更有甚者叫他"那个胖老外"。

类似的不尊重行为德方员工也有可能做出，Friedrich 就在访谈中提及，他在德国的时候，听到过他的德国同事用德语议论派遣到德国的中国同事：

"有时候德国人也会这样，我们当时有一个中国同事在德国工作了半年，当着面说一些事，就好像这个人不在一样，如果说的话，也要说和这个人无关的，万一他听懂了呢。"（D₂）

此类不顾及他人的掌握外语的能力，而当面使用对方听不懂的语言被认为是不尊重的行为，如果使用对方听不懂的语言当面议论对方则更是这种不尊重行为的升级，当其中的言论涉及侮辱性词语时，那么这种升级的不尊重已经超出了本研究的范畴，但不尊重行为的施动者认为对方听不懂侮辱性词语，可以理解为他不希望将这一侮辱性不尊重行为传递给对方，故此可以将其纳入研究范围。而被侮辱人因为不完全掌握对方的语言，或者对那一门外语掌握得不是十分熟练，可能仅仅停留在猜疑的程度，即便如此，单纯的猜疑也能够破坏上文提到的合作基础——信任。

Frank 讲述了一个猜疑的经历，"就是你经过的时候，旁边的（中方）女士们在小声嘀咕，但是真正的内容也不得而知，都只是猜测。……可能只有那种说小话的时候，因为我也不知道到底是什么事，为什么她们会笑。但是比起事实，人们总是容易过度地解读一些事情。"（D₁₂）Frank 认为当人们不能够了解事实，或者事实的全部的时候，人们容易去猜疑，或者去过度的解读一些现象。因此，一个透明的交流环境有助于彼此建立信任，从而建立互相尊重的工作环境。从语言的角度讲，更多地顾及对方的感受，使用双方都能够听懂的语言，有助于这一目标的实现。

此外，Stefan 曾经有过一个助理，这个助理是一个半职的岗位，即每天上半天班，"然后春节的时候我去度假了，然后她在我的假期中给我写了一个短信，'我春节后不来上班了，我辞职了。'我觉得这个是不尊重。"
（D₁₁）Stefan认为，首先，助理选择辞职的时机非常不好，在他的假期
内；其次，只通过一条短信辞职，也表现出了不尊重，完全可以使用其他
的方式，比如面谈或者电话等；最后，他认为这个助理没有给他任何时间
来招聘新人并进行工作的交接。"中国有这种法律，如果只是半职的话，
可以随时辞职，不是像其他的工作必须再工作四周。"（D₁₁）虽然助理
要结束工作关系，但按照Stefan的理解，尊重的方式应该是，事先沟通，
并考虑到Stefan在度假，并且给他一定的时间来招新人接替。

🗨 交流四层面分析

在顾及他人这一尊重行为中，本研究的数据更多地呈现出言语层面的
特点，如使用双方都能够听懂的语言，避免猜疑和过度解读。此外，顾及
他人还体现于，在考虑到对方的特殊性之后，替对方着想，或询问对方的
意见。

在书面交流中，Stefan的助理通过短信辞职这一方式本身就表现出对
Stefan不够尊重，不仅如此，他的助理还选择在他春节放假期间，这一时
间选择不仅没有估计到他在休假，且没有给Stefan招募新人和交接工作
的时间。这一不尊重行为则充分体现在了书面交流的超言语层面上。

4.3.1.5 中、德方独有尊重行为

🗨 德方更守时

访谈中发现，在与合作相关的情况中，德方有一独特尊重行为，即更
加守时。德方员工不仅认为在工作上予以配合是尊重行为，同时认为"按
时地把我所有的任务完成好"（D₁₃）是一种尊重的表现。同样Julia也强
调了守时的重要性："比如像约定的一样完成自己的工作，达成工作目标，
尊重时间约定。"（D₁₀）

Frank 也给出因为中方员工没有守时他感受到不尊重的例子：

"比如有时候迟到。我们还算是在时间方面放得比较松的，规定的上班时间是八点半，很多九点来，九点半，甚至十点来的都有。我们有一个规定的上下班时间，但是没有人遵守。很多人明显上班晚一些，但是也会相应的晚下班一些。我跟我的团队约定的是，时间上我比较灵活，早来晚来都可以，但是我希望不要有人十点钟之后来，免得会让其他的部门和团队有看法。但仍然有（中方）员工十点钟之后到，我就觉得这是不尊重了。"（D12）Frank 所在的企业实行弹性工作制，最晚可以十点来上班，但尽管如此还是有员工超过十点到单位，这让 Frank 感觉没有被尊重。

而中方的沈丁香恰好因为迟到被德方同事指责，这让沈丁香也非常不满。她认为只是迟到 5 分钟而已，自己住得远，不像德国同事住在酒店里，而会场就在酒店，所以她迟到情有可原。但德方同事对她迟到非常恼火，批评她说："你没有一次按照我们的约定来进行，所以你是一个很不好的团队成员。"（C10）当被问及是否每次都迟到的时候，沈丁香给出了肯定的回答，并解释说"我觉得可能会差个 5 分钟左右吧。"（C10）显然基于德方对于守时的理解，沈丁香每次都迟到，尽管只有 5 分钟，但也是非常令德国人恼火的，按照 Frank 的说法，不守时就是不尊重，那么沈丁香确实给德方同事传递了不尊重的信号，而她自己却并没有察觉自己的问题所在，而只是认为德方同事没有考虑她的感受，过分夸大了问题。

4.3.2 尊重与不尊重互动

在与合作相关情况中的尊重互动也可以从尊重和不尊重两个方向来描述。且在给予信任、给予自主权、给予支持和顾及他人四个尊重行为中均有所体现。

4.3.2.1 尊重互动

当 Johannes 被问及想在出差之余去哪里参观游览的时候，Johannes 通过被给予自主权而感到了被尊重："我觉得他们事先问我想去哪等等这些行为非常体贴，非常友好。"（D₇）但 Johannes 最后还是选择跟随中国同事去游览，"毕竟他们了解这个国家，我就说你们不用管我，你们去哪我就去哪，你们干什么我就干什么，事实证明这也是个非常明智的决定。……这对我来说是一个非常美好的回忆。"（D₇）由此可见，当被给予自主权后，Johannes 感到受到尊重，并引发了他的积极情感。

同样，当工作中得到了帮助，也会引发积极情感，并以同样的方式反馈对方的帮助。当 Lukas 被问及，如何就别人给予的帮助做出回应的时候，他说："我也会做出积极的反应，这种关系是相互的，我也会尽力帮助他们。至少在我们办公室，我可以说我们是互相帮助的。我觉得这让我很开心，我也感觉我可以让其他人开心。"（D₁₃）

由此可见，被给予支持和帮助，引发了 Lukas 的积极情感，并使得他也愿意以同样的尊重行为回馈对方。当中方沈丁香给予了德国同事帮助之后，德国同事对她表示了感谢，根据礼貌原则中的给予回应这一尊重行为可知，此类感谢也是一种尊重行为，即中方员工的尊重行为引发了德方员工的另一个尊重行为。

4.3.2.2 不尊重互动

首先合作原则下的不尊重行为能够引起消极情感。Julia 报告了当有德国人在场，而中方同事之间说德方员工不掌握的中文时情况，她认为这是"一个典型的不尊重的场景，语言上完全无视另一个人。"（D₁₀）面对这种不尊重行为 Julia 首先感到的是"无助"，但面对这种情况，她不会选择沉默或者走开，而是会"非常好奇地站在边上，试着尽可能多的理解……当然会感到有些被排斥了，我不知道别人怎么做，我会去试着去听懂。或者我会过去说'亲爱的，让我们都用一种我们都懂的语言说话。这样我们才能继续推进。'"（D_{10}）由此可见，Julia 会选择积极地面对这一不尊重行为，尽管 Julia 的中文水平有限，但还是会试着去理解中方员工所说的中文，或者直接介入对方的对话，纠正对方的不尊重行为，请中方员工使用大家都能够听懂的语言交流。

并且，她认为有时候这种不尊重行为的发生是无意识的："这有时候也会发生在我身上，我们的讨论有时候会很激烈，我们中间又有很多德国人，有时候我们的讨论的太激烈了，就不自觉地换成德文去说了，如果非常快的、非常情绪化地争论，容易不自觉地换成母语。"（D_{10}）根据 Julia 的报告，当她意识到自己说了对方无法理解的语言时，她会"说'抱歉，我不是故意说德语的，不小心的。'然后再换回共同的语言。这有时候没法避免。但我觉得应该道歉，因为这样很不尊重。"（D_{10}）

而中方员工在面对这一不尊重行为时，则显得比较消极，当沈丁香的两位德国同事当着听不懂德文的她的面用德文交流时，沈丁香首先的反应是"反感"，然后认为"我也没想跟他们交流"，并"能不交流就不交流。"（C_{10}）她没有希望像 Julia 一样能够做一些事来改变对方的不尊重行为，而是消极的对抗，放弃了和对方的交流，因为她感觉对方也没有和她交流的意思，否则对方应该使用英语，这样她也能够理解了。由此可见，没有顾及他人语言能力的这种不尊重行为，会引起中德双方的消极情感，而德方倾向选择积极地面对这一不尊重行为，努力去改变这一不利于交流的局面，而中方员工则选择消极面对，放弃加入对方谈话，进而避免与对方交流。

中方员工不仅在面对没有被顾及外语能力时比较消极，在面对不被信任的情况时，也不会积极主动地去设法改变这一不尊重的现状。当吴石竹被问及不被信任时的感受和反应时，他这样回答："这些误会要看你自己的心态，你只要自己觉得没有做错就那什么了，也有时候受委屈，也有算了，都不当回事。"（C_6）他首先感到委屈，然后就"算了"。换言之，他的同事信任德国人，而不信任他的这一不尊重行为，引发了吴石竹的消极情感，但最终他选择的应对方式是忍让，而不是积极去纠正对方这一不尊重行为。

最后，当德方员工没有被给予支持时，他们所做也多是积极的应对。比如 Matthias 会在对方回避他的提议的情况下："深呼吸，然后将一个问题提出三次、四次、五次，也许最终会实现目标的。"（D₃）Hans 也有类似的经历，如上文提到的约定好的测试中方员工没有做，他会"一次又一次地和他们说，提出我的要求。但也一次又一次地感到没有用处。"（D₄）

总体上来看，德方在面对不尊重行为时，会积极面对，尝试纠正对方的不尊重行为。中方则选择消极应对，以忍让或者消极对抗来应对。

4.3.3 尊重行为的跨文化调整

在与合作相关的情况中，访谈结果仅体现出了中德双方的差异意识和德方的适应调整，并未有中方受访者报告这一原则相关的适应调整。

4.3.3.1 差异意识

该原则中的顾及他人的态度和做法在某种程度上和具有跨文化差异相似，都需要互动双方有敏锐的洞察力，顾及他人这一尊重行为指能够站到对方立场，设身处地为他人着想，并考虑到他人或自己的特殊性。而文化差异当然是一种特殊性，考虑到对方异文化的特殊性也就是顾及到了对方，实施了顾及他人这一尊重行为。本文已对顾及异文化的语言差异和饮食差异的做法在"顾及他人"这一节中进行了描述。然而相比语言差异和饮食差异等这种显而易见的差异外，还有一些隐性的差异，而这些差异的特殊性则不能够被直接感受到，需要通过对比，需要通过反思才能觉察到。例如审美：

"我负责社会媒体，比如微信、微博。单就排版来说，文章应该看起来漂亮简约才对，我（的中国）同事做的就只是把文章堆砌起来。……这（是一）种实用精神，（这样排版）也可以读。信息都在，外观就不重要

了。"（D$_{11}$）

　　Stefan 认为中国员工和德国员工在审美上有差异，德国员工在排版方面倾向于使用简约漂亮的版面布局，而中方员工则更倾向于排版的实用性，不强调版面的简约漂亮。这种文化上的差异很难直接察觉出来，所以经常会被误解为中方员工没有认真工作。Stefan 又以 PPT 举例："如果你看一个德国的 PPT 的话，你再看一个中国的 PPT，你会发现中国的全是字，……德国的经常是简约的，用一些比较少的字。"（D$_{11}$）

　　冯蔷薇则对比了中德双方的实习生，她感觉中国的实习生在书写邮件的时候，相比德国实习生要显得不够成熟和老道，而且行文格式也过于随意。

　　"德国的实习生在这方面比较成熟一点，……他知道怎么去做事，他知道我刚刚来，我应该是说先自我介绍，然后说我现在比如说对你有一个请求，这个请求是涉及到工作哪一块内容。把背景知识先跟你说一下，就不会没来由的叫你怎么怎么样（直接提要求）。很多中国实习生他们不会这样，我觉得这个是做事的问题。"（C$_8$）

　　冯蔷薇将其归因为"没有站到别人的角度考虑（问题）"，（C$_8$）这一点正好是合作原则中的顾及他人的内容。并且冯蔷薇认为这与中德两国之间的教育差异有关："我觉得整体来讲，可能是因为德国人他接受过（教育或者培训）"（C$_8$）

4.3.3.2 适应调整

　　所有的调整都是基于差异意识，例如 Stefan 之前提到的 PPT 排版的审美问题：

　　"比如你现在开始在我这里工作，我告诉你，你应该做一个 PPT，然后你做完给我这个完成了的 PPT，我立刻生气了，说这是什么？不能立刻就消极的去说，而应该说：'你看，我想要这样的，也可以这样这样做'，从一个尊重层面上去寻找一条中间道路，而不是高傲地说'你做的都是垃级，你应该按照我这样做，这样更好。'"（D₁₁）Stefan 认为在意识到中德之间在审美上有差异后，就不能单纯的批评中方员工没有做好 PPT，而是应该共同讨论，找到一条中间道路。

而 Hans 则很好地诠释了什么是一条中间道路：

"我经常跟我的员工说，最多三页的 PPT，最多，一页是问题说明，一页是解决方案，也许还有一页的后备。更多的我不想要。中国式的？我至少能拿到 12 页或 20 页，……我得自己去找这个问题的重点是什么然后去解决。中国领导是这样，如果有很多反馈的话，好，他喜欢这个，说明员工工作很努力，……这其实是我德国式的要求，所有后备的东西我不要，……请给我核心观点，问题是防撞梁，其他我们还有的问题也许只占10%，90% 是防撞梁。好，那我脑子里就储存防撞梁，这是我的德国式的目标。这点上我们德国人和中国人的文化当然是不一样的。我要求我的同事，你们也得让你们的中国领导高兴，你们也可以写 20 页，但请用 3 页写主要问题，其他 17 页请当做后备。我在这点上做一个妥协。"（D₄）

Hans 所指的中间道路就是根据德国人简约的习惯，中国员工需要用三页 PPT 来简述自己的工作重点内容，而为了顾及中方搭档的习惯，Hans 也允许 PPT 超过 3 页，这是为了体谅中方经理的习惯，他认为他通过这一妥协找到了一条中间道路。

4.3.4 小结

在本章节里主要描述了尊重的合作原则，及其下属的四种中德共享的尊重行为，即给予信任、给予自主权、给予支持和顾及他人，同时还通过研究发现了德方特有的一种尊重行为——守时。

在这一原则中，信任是合作的基础，信任的缺失也是合作基础的缺失，从而导致双方合作关系的恶化。而给予对方自主权则直接表现了基于平等人格的承认的尊重，即双方在没有上下级关系时是平等的，一方不能命令另一方，不能强加意志于另一方。在工作中互相支持是合作的具体形式，支持分为两种，一种是基于职责的配合，另一种是超出职责范围内的帮助。两者都能够传递尊重的信号，相反没有获得支持则会被感知为不被尊重。最后，顾及他人指能够为他人着想，能够考虑到他人或者自身的特殊性。在这一点中，显性的文化差异也属于企业中经常碰到的特殊性，如国籍、肤色、语言、礼仪等，本研究将隐性的文化差异如审美、思维方式、论证模式等视为不能直接通过外表判断的文化差异，将对其的讨论放在了差异意识这一小节里。

德方很重视守时这一美德，将遵守时间约定看作是尊重的表现，相反将不守时看作不尊重的行为。而中方员工则没有像德方员工一样将守时上升到尊重的高度，并不认为不守时是不尊重的表现，这也导致了企业中的中德双方之间的冲突。

本原则中涉及了交流四层面中的言语层面、副言语层面、非言语层面和超言语层面，除了口头交流外，也涉及了书面交流，如邮件和短信。

通过对尊重互动的研究，笔者发现在合作原则下的尊重互动呈现出以下特点：尊重行为引发积极情感，不尊重行为引发消极情感。当一方感知到尊重行为后，通常会用尊重行为回馈对方。当中方感知到不尊重行为时，会选择忍让或者消极对抗，从而导致双方关系的恶化。德方在感知到不尊重行为时，会积极面对，如主动纠正对方的不尊重行为，或者通过不断的尝试引导对方做出尊重的行为。

部分中德双方员工意识到自己在和异文化的人合作，意识到文化上的差异，尤其是顾及他人这一尊重行为中，很多中德双方员工都能够意识到对方合作原则涉及的显性文化差异，如语言差异、饮食差异等。而在隐性文化差异方面，双方意识到了对方的审美差异和教育差异，并能够对此作出相应的适应调整，如做出妥协等。

4.4 权威原则

权威原则体现基于角色地位的承认尊重，也是体现基于被尊重对象自身特点的垂直尊重的原则。该原则中角色地位在企业中尤其表现为上下级关系，即领导与被领导关系，根据达沃尔的理论，员工应该给予领导基于他们领导职务的尊重。而根据水平和垂直尊重理论，角色地位属于一个人自身的属性和特点，他人将依据领导企业中的职务这一属性和特点给予相应的尊重。

4.4.1 尊重行为

权威原则包含四个中德共享的尊重行为，即给予领导优先权、给予领导决定权、服从领导和维护领导权威。除此之外，研究还发现三种单方独有的尊重行为，即中方给予领导更高礼遇、中方不反驳领导、德方领导给予员工自由空间。

4.4.1.1 给予领导优先权

领导在一个企业的组织架构中承担着相比普通员工更为重要的领导责任，这也是给予领导的尊重不同于水平尊重的原因，因为要承认领导的垂直尊重，就要首先承认普通员工与领导在工作中不是处于同等的层级。基于这一认识，德方 Michael 给出了他对领导表达尊重的方式："比如我现在的领导，我们约定了一个时间，但他又不能遵守这个约定了，因为他也许有一个更重要的事情。我会说，我理解，也许我们可以再找一个时间。我通过这个表达我的理解。"（D₁）Michael 认为尽管已经和领导预约了一个时间谈工作，但领导由于有其他更重要的工作，不能遵守这一约定，他对此表示理解。换言之，他默认了领导的工作可能比他的重要，所以有更高的优先权。

Maria 通过打电话的例子也表达了类似的意思：

"这对我来说还挺重要的，因为上司在等级上是高于我的，所以我认为，比如说上司在打电话的时候，你就得等着，而不是没礼貌地直接站到他面前，而是应该行为礼貌。我们不是朋友，而是工作伙伴关系。这是两种不同的角色。"（D_5）

Maria 认为，领导在等级上高于她，他们的关系不是朋友关系，如果是朋友（同事）关系她可以通过"站到他面前"的行为告诉对方："我找你有事"，而如果是领导在打电话的话，她应该等领导打完电话再去找领导。换言之，她认为朋友（同事）是可以被打断的，而领导不能被打断，其原因在于领导的工作更为重要，因此要给予领导打电话的优先权。

杨玫瑰也认为应该给予领导优先权，"中国领导的话，基本上就是你要按照他的时间表走。就比如说我想去办一件什么事情，我肯定会提前问他，就是你哪个时间有时间，我尽量空出我的时间去符合你的时间。"（C_{12}）杨玫瑰认为要根据领导的时间表来安排自己的工作，以领导的时间表为准，以此来给予领导优先权。

Lukas 从尊重感知的角度也报告了同样的经历："因为我负责很多事情，有时候很忙，所以我希望我去找我的同事说事情的时候，他们可以立刻听我说，这对我来说很重要。我感觉我总是享有优先权的，也就是说，我去找我的同事的时候，他们总是立刻抽出时间来给我，而不是说，你明天再来找我吧。这也可以看出来，他们觉得我的事情是最重要的。"（D_{13}）Lukas 在上海领导 31 位中国员工，他深切体会到自己在中国下属面前享有优先权，中国员工总是会抽出时间给他，这让 Lukas 感到被尊重，因为他觉得自己的事情相比其他人的事情而言可能被看作更重要的事情。

Hans 则给出了对此尊重行为更为详细的描述："比如你进入一个谈话会议中……如果是一个中国领导加入谈话，立刻大家都安静了，都看向中国领导，这是正常的中国式的，如果我进入一个德国人的谈话，大家都会感知你的加入，但通常还是会把当前的话说完，不会立刻停止。我是领导，我不会期望你立刻停下来问我'领导，我能为你做点什么？'你把你的话快速的说完，然后我再加入谈话。"（D₄）Hans 通过观察发现，领导能够在中国员工中得到明确的优先权，当中国领导走过来加入谈话，中国员工立刻安静等待中国领导的指示，德国领导也期待有优先权，但不一定要像中国员工对中国领导这样迅捷，德国领导可以等员工把当下的话说完，然后再和德国领导进行沟通，获取指示。

基于此，给予领导优先权可以被认为是中德双方共享的尊重行为，但在该行为的具体表达上，中德双方领导期待不同。

💬 交流四层面分析

给予领导优先权这一尊重行为主要表现在言语和非言语层面。例如当领导加入一个正在进行的谈话时，"立刻大家都安静了，都看向中国领导"（D₄），然后询问领导："我能为你做点什么？"（D₄）前者停止说话、望向领导属于**非言语层面**，而后者主动询问领导则属于**言语层面**。

此外，Maria 认为领导打电话的时候不要打断，而应该等他打完，这一行为属于非言语层面。Lukas 去找他的同事的时候，他的同事总能放下手里的事情，"听他说"（D₁₃），这也属于非言语层面。

4.4.1.2 给予领导决定权

中方受访者在访谈中明确地指出，领导应该享有决定权，这是领导地位的体现。例如郑玉兰说："总之就是征求人家的意见。你不能说把你的意见强加给人家，但是要征询领导的意见做什么事情。"（C₇）她在这里指的征求领导意见就是指需要做决定的时候，要由领导做决定，不能强加自己的意见给领导，要让领导享有决定权。

楚墨竹认为应该先由下属对某一问题进行充分的研究之后给出若干解决方案，然后由领导做出决定："比如有一个会议，我约您一个面试之类的都是安排好了之后等待部长的决策。不会说部长你来决策，而会说所有的下属都决策完了之后，让您来决策，……这也是对他的尊重。"（C₉）

德方员工虽然在这一尊重行为中没有直接报告，但通过德方对其他事情的描述时，可以看出，德方也是认为，领导应该享有做决定的权力。如Friedrich 就说过："做决定时，我不希望由我来做决定，因为我不是在那个做决定的位置上。"（D₂）他在企业中是"专家"的身份，来华协助中德双方在技术上的沟通，不是领导岗位，所以他认为，因为他不具有领导职务，所以做决定的人不应该是他。由此可见，Friedrich 也认为做决定的应该是有领导职务的那个人。当 Friedrich 被问及如何表达对领导的尊重时，他回答："如果他做了一个决定，那我就会服从，即使我不一定同意你的决定。"（D₂）尽管这一回答更好的说明了另一个尊重行为——服从领导，但从侧面可以看出，他认为决定应当由领导做出。

在给予领导决定权这一问题上，周紫薇报告了中德双方的一个差异。她认为"一般外国领导的话，我觉得在我的经验来看一般有一个什么事情陈述完了之后我会把我想怎么处理这件事情我会提出我的方案。""中国的领导的话分事情吧，有一些事情还是需要领导来定夺。"（C₅）周紫薇认为，无论如何决定都是需要领导来做的，区别仅在于，在德方领导面前可以提出个人的建议或方案，而在中国领导面前，则要视情况而定，不一定要给出自己的建议或者方案，而将这一工作让渡给中国领导，以此"显示领导的高高在上的地位"。（C₅）由此可见，中方的权力距离要大于德方。

此外，Matthias 报告了一个被中方下属剥夺决定权的例子：

"我和我的搭档都要签署一些文件，一些程序的需要，比如一些经费上的程序，或者一些技术授权等等。当时是这样的，一个员工站在我面前，他需要我签一个字。我看了看说，不行，这个我不能签。我不能这么就签字。那个员工的反问不是：'为什么不？您的理由是什么？'而是回答我：'但是领导已经签过了'。他指的是我的中方搭档。"（D₃）

Matthias 所在的德资企业也实行中德双领导制，即一个部门有两位领导，一位中方领导，一位德方领导，两人是平级的关系，在一些重要决定上，需要两人达成一致方可，很多文件也需要两人共同签字才能生效。在这里显然是一个关于文件生效的签字问题。Matthias 认为自己作为领导之一，同样享有决定权，而这位中国下属只把中方领导当做了领导，没有把 Matthias 视为领导，认为 Matthias 签字只是一个形式上的步骤，一旦中方领导签字了，德方领导也理应签字，这在某种意义上等同于剥夺了 Matthias 的决定权，这使得他非常生气，认为没有被尊重。

💬 交流四层面分析

给予领导决定权通常体现在**言语层面**，如问领导："可不可以，这样行不行？"（C_7）这是通过"征询领导的意见"（C_7）的方式来给予领导决定权。周紫薇也会用问领导的看法的方式来给予领导决定权。

同样在书面交流中，会使用"盼您的决策，盼您的回复"（C_{11}）这样的书面用语来给予领导决定权。

4.4.1.3 服从领导

在上一小节里已经提到过 Friedrich 对于领导的尊重体现为服从他的决定，尽管他不一定认同这一决定："如果他做了一个决定，那我就会服从，即使我不一定同意你的决定。"（D_2）Johannes 也报告了同样的尊重表达方式："但是当上司下了什么命令的时候，我肯定会去办。这是我对德国上司和德国同事的一个区别。"（D_7）

同样，Hans 认为"我在规定时间内完成我的任务"（D_4）是对领导的尊重表达。Lukas"觉得德国人是比较注重实际内容的。"（D_{13}）他认为对领导的尊重体现在："按时地把我所有的任务完成好。我会尽可能地把我的工作做到最好，又快又好。"（D_{13}）

当沈丁香被问到如何表达尊重时，她提到"对上级是服从"（C_{10}）。冯蔷薇也有同样的观点："我会尊重最后领导做的决定，哪怕我可能自己并不认同他。"（C_8）郑玉兰对此的表述是："我一般就是领导怎么说，就怎么做。"（C_7）赵杜娟使用服从指挥来表述这一尊重行为："因为我尊重他，我肯定要尊重他的指挥。"（C_2）

德方员工也报告了与此相关的被尊重的感知："我感觉他们确实把我当作领导来尊重，比如我让谁做一件事，他会很认真听我说，会去做，做完之后也会给我一个反馈。"（D_{13}）从上述 Lukas 的描述中可以看出，他分配给中方员工的工作，能够被很好地执行，他认为中方员工就把他当作领导来尊重了。

Hans 认为，下属员工听他的话，回答他的问题，并完成他布置的任务是对他的尊重："他们会听我的话，如果我有问题，他们会回答我的问题。或者会说，今天下午你会获得相关的信息。我的任务通常通过翻译传达，也会很快得到答案。"（D_4）Julia 也给出了类似的回答："然后还有一些很简单事，比如像约定的一样完成自己的工作，达成工作目标，尊重时间约定，100% 工作的质量，有些同事可能还多一些，当我得到优质的工作结果时，遵守约定这都是对我来说是尊重的表现。"（D_{10}）

相反，Julia 认为不完成上级布置的任务，是对上级领导的不尊重：

"有人在开会的时候，给一个人布置了任务，一个是领导，一个是下属。下属虽然接受了任务，却并没有去干活。当领导一段时间后向下属要结果的时候，下属有各种借口，没时间，没理解，或者还没做完。"（D_{10}）

Julia 的工作内容包括给在工作中遇到困难的经理做个人辅导，所以她听到了很多其他德国经理向她讲述的不被尊重的经历。

"有些情况是完全不理会领导的要求，或者是直接拒绝了领导的要求。……领导说你的这个项目的成绩是80%，员工说我不这么认为，但又不提供理由，不说为什么他不这么认为，只是单纯的拒绝，'我不这么认为'，这就很困难了。这种拒绝的态度，又不给理由，有时候也会发生。"（D_{10}）

上述例子中，中方员工不认同德方领导所给出的评定分数，但也不给出理由，甚至拒绝德方领导的工作上的要求。这在 Julia 看来是没能服从领导，也是不尊重的行为。

Florian 则报告了一个德方领导不服从中方领导的例子："因为我手下也有项目主管是中国人，施工负责人是德国人，项目主管的职位是高于施工负责人的，但是我注意到中国项目主管不像德国人那么受尊重。……他们(德方施工负责人)不尊重他(中方项目主管)做出的专业方面的决定。"（D_8）在 Florian 的公司里，项目主管这一职务应该高于施工负责人的，但德方的施工负责人经常不尊重他们的中方项目主管，不尊重他们做出的决定。德方施工负责人认为中方项目主管"不懂技术"，而 Florian 也承认："这个中国主管不一定那么懂技术。"（D_8）这就造成了这个非技术出身的中方项目主管肩负着领导项目的责任，而相比德方施工负责人却并不那么懂技术，这导致了德方施工负责人不尊重中方项目主管，认为他的决定是不正确的，不服从他的决定。

当 Christian 被问及从哪里可以感觉到被当作领导而被尊重，因为他的身份是专家，不承担领导责任，所以他举了一个别人的例子："我经常听到我的德国同事提到，当德国人让他们的中国同事做这个做那个，中国同事还会再问一遍他们的中方上司，是不是应该做这个做那个。也就是说他们还是更听中方上司的。"（D_6）在 Christian 工作的德资企业中，一个部门通常有两个平级的领导，一位是中方领导，另一位是德方领导。尽管两个领导分工不同，但在工作中还是有很多交集。所以，当德方领导向一位中方员工下达一个指令后，中方员工没有立刻执行，而是先去询问中方领导可否执行这一指令，这对于德方领导来说，尽管不是立刻拒绝执行指令，但也会引发不被尊重的感觉，因为他的指令没有得到立即执行。

交流四层面分析

服从领导可以表现在非言语层面，即完成领导交给的任务，听从领导指挥，按照领导的要求去工作，以及按时保质地完成领导的工作。

同样，不服从领导也表现在非言语层面，如Julia报告的："有人在开会的时候，给一个人布置了任务，一个是领导，一个是下属。下属虽然接受了任务，却并没有去干活。当领导一段时间后向下属要结果的时候，有各种借口，没时间，没理解，或者还没做完。"（D_{10}）没有完成领导布置的任务，这种行为是不尊重领导的表现。

4.4.1.4 维护领导权威

中德双方均认为，下属应该维护领导的权威，具体体现在不当众指出领导的错误或不足。

Markus在访谈中表示他不会当众指出领导的错误："尊重我上司在整个过程当中所做的事情，有时候这并不简单，因为他做的不一定都对。首先我得接纳他所说的，如果他有什么说得不对的地方，我会帮助他寻找一个更好的解决办法，或者和他讨论我的想法，帮助他。不是简单地说他不对，而是很乐意和他讨论，跟他说，我们能谈一谈吗？可能我们可以这样做。我不会公开地批评他，我会克制自己。"（D_9）

Julia也认为当众批评领导有损他的权威：

"或者有些我不认同的他说的事情，就不再评价了。我们经常会讨论，我当时不说这个问题了，让时间过去一阵之后，或者第二天再和他说'我还想和你谈谈，昨天的讨论中有一点让我耿耿于怀，我们必须再搞清楚一下。'一般来说，在和平级的人讨论的时候，我会直接地告诉他们'我不这么看。这不行，从我角度来说，我们不能这么做。我们还得再讨论讨论。'当我的领导正好有事，或者处在时间压力下的时候，我就不会这个时候去说，因为这对实现目的没有帮助。我最好过后再和他谈这个问题。"（D_{10}）

Julia明确的区分了当她不同意对方意见时，对领导和对同事的不同做法。她对同事会直接说出反对意见，而对领导则会选择在会后的一个时间再单独谈这一问题。Julia还说："在只有我们两个人的时候我肯定可以（批评他），这不是问题。我可以直接说：'我不这么看，我觉得你说的那个是错的'。"（D_{10}）由此可见，Julia 认为员工不应该当众批评领导，而应该在只有他们两个人的时候再指出领导的错误。

Stefan 同样认为，当他的意见和领导的意见不一致时，他倾向于用婉转的方式告诉领导，而不是像和同事交流时直接告诉他，我和你的意见不一样。"我觉得在领导那里，如果你有一个主意，你最好这样表述，让他觉得这个主意是他的。而对普通同事可以直接说，我的意见和你不一样，和同事可以直接进行讨论。但在领导那里……需要个铺垫，需要用另一种方式来提这个事情。"（D_{11}）

中方员工也有同样的表述："比如说你跟领导有一些意见上的冲突，但是如果是有其他的人在场，就说给面子，有其他人在场的时候，你可能不直说。"（C_8）冯蔷薇认为，有其他人在场的时候，她不会直接和领导争论某一问题，"至于说回来之后私底下，如果你觉得这件事情领导说这话或者这个决定有什么问题，私底下我可能会告诉你，我觉得这个就已经算是尊重，我没有当场揭露你"（C_8）

由此可见，中德双方均认为当自己的意见和领导不一致时，或者认为领导的讲话有错误时，为了维护领导权威，不当众指出领导的错误是一种尊重行为。Julia 的表述很好地证明了这一点："这种事情我不会在中国员工在场的情况下做，因为这样会损害领导的权威。我有意不这么做。"（D_{10}）

💬 交流四层面分析

维护领导权威可以体现在交流四层面中的言语和超言语层面。首先，维护领导权威可以体现在不当众批评领导或者指出领导的不足，在这一行为中，涉及两个交流的层面，第一为**言语层面**，即批评性的话语，或者批评性的意见，如："这是错的，我的看法不一样"（D_{10}），或者"我不这么看，我觉得你说的那个是错的"（D_{10}）等，但这一尊重行为的重点不在言语层面，而在**超言语层面**，即向领导提出批评或者批评性建议时的环境，如在公开场合或者当众，以及当着其他下属的面。这一行为的正确环境应该是私下、会后、单独两个人在办公室的时候。这其中涉及了超言语层面的时间因素、地点因素和环境因素。

4.4.1.5 中、德方独有尊重行为

在与权威相关的情况中，也同样呈现出了中、德各自特有的尊重行为，他们分别为：中方给予领导更高礼遇、中方不反驳领导和德方给予下属自由空间。其中中方给予领导更高礼遇尤为明显。

💬 **中方给予领导更高礼遇**

访谈中发现，中方员工在工作中给予领导更高的礼遇。这一礼遇已经远高于礼貌原则中同事之间互相给予的礼貌对待，而德方在这一方面不仅没有表现出相似的尊重行为，相反，部分德方领导甚至主动纠正中方下属的某些在他们看来过高的礼遇。中方给予领导的更高礼遇具体体现在以下两个方面：恭敬的体态和恭敬的用语。

（1）恭敬的体态

中方员工习惯于使用恭敬的体态来对待领导。蒋斑竹将在中国的工作经验和他在德国的工作经验作了对比，发现"比如说在我以前德国的公司，如果领导到我这来同我来讨论问题，我都是坐着，别人站着，跟我说话的时候，我不需要起来。来中国这边以后，我发现别人讨论问题都站起来，我也跟别人学我也站起来。"（C₉）由于蒋斑竹之前在德国工作时，没有中国同事，他接触到的都是德方同事的待人接物方式，在回到在华德资企业工作后，他发现在中国和领导讲话是需要站起来的，而他在德国工作的时候就不需要。李海棠也有同样的描述，她曾经在中国人的企业里工作过一段时间，当被问及如何向中国领导表达尊重时，她回答："我跟他说话的时候会站起来，一定会站起来。"（C₄）但经过在德资企业工作一段时间后，发现"他们（德方领导）根本就不吃你这一套，'你坐着讲，为什

么要站起来？’”（C_4）

由此可见，中方员工倾向于与德方领导交谈或者打招呼时站起来，而德方则没有这一习惯，不仅不理解，还会纠正中方员工的这一行为。

此外，中方员工还倾向于在非言语行为上向领导让先。这与给予领导优先权这一中德共享的尊重行为有所不同。给予领导优先权是中德双方共有的一种尊重行为，即在工作中认为领导的工作比自己的重要，给予领导的工作优先地位。而向领导让先则是中方独有的一种尊重行为，他在礼仪上也给予领导优势地位，如让领导先行、让领导先吃、让领导上座等。

例如楚墨竹认为对领导表达尊重的话，像让领导先行这种“小事”都无须再提，“这是很正常的事，电梯来了，比如像电梯给按一下，电梯会合上，领导先进去，这是肯定的。”（C_{11}）而 Lukas 的讲述则证明了，这一行为不是德方习惯的尊重行为：“比如你可以想象一个职位很高的领导，传统来说（中方员工）有一些动作是必须要做的，比如帮他开门，下电梯的时候让他先走。这些东西对我来说没那么重要。”（D_{13}）

楚墨竹认为是对领导必须要做的行为，在 Lukas 看来却“没那么重要”。Lukas 也表示中国员工也会对他做这些行为，虽然他听说过这些行为在中国是表示尊重的，但他认为不是很重要。他认为在德国“虽然也会对上级比对平级同事尊重一些，但是区别不像中国那么大。”（D_{13}）

吴石竹也认为这一尊重行为是中方特有的：“比如说我们国内在就餐的时候如果说家庭就餐，或者公务餐有大领导的情况下，一般来讲好像都是长辈先动筷子，好像有这种讲究，领导在那儿你不能上来撇开大嘴就吃，这是一个在我们国内中国和德国还是有区别的。”（C_6）当被问及德方是否也有类似的让领导先吃的尊重行为时，吴石竹给出了否定的回答。

Christian 对中方的这种尊重行为深有体会：“在生活上也是一样，例如我们坐着吃饭的时候，有一个人的地位会比别人高一些，作为老师，或者客人，他们等着我先动筷子吃饭，这也体现出尊重。”（D_6）由于 Christian 在中国主要的工作是培训中方员工，所以他有一种被当作老师的感觉，受人尊重，同时在中国他也是客人，所以当他与中方员工共同就餐时，他会感觉到中方员工等着他先开始吃，然后他们才开始。Christian 明确的感知到，这种就餐礼仪在德国没有。

（2）恭敬的用语

中方员工在日常用语上也体现出了给予领导更高礼遇的特点。在和领导的交往中，中方员工普遍认为应该使用"更多的一些尊重的话语"（C_1），并且"跟领导讲话时会用一些商量的语气，比较轻柔。"（C_{10}）吴石竹还认为，和领导说话不能像和车间工人一样，"不能这样嘻嘻哈哈，必须得严肃。"（C_6）

例如，周紫薇在访谈中提到："婉转一点这样问，但是你对中国领导可能也会敲一下门，'您现在有时间吗？跟您汇报个事？'"（C_5）

中方下属还倾向于用您来称呼领导，而德方领导会视二人的关系亲疏而调整对尊称的使用。如楚墨竹语："那肯定得用您了，像比如说决策，盼您的决策，盼您的回复，这些或者说平时的话，也是说您。"他认为除了在使用一些尊重的话语外，还要称呼领导"您"。沈丁香也认为"称呼领导都是称呼您。"（C_{10}）此外，郑玉兰、周紫薇和李海棠也都认为称呼领导应该用尊称，称呼您。

在德国文化中，"您"的使用多是对称的，Sie（[德]您）是无标志性的通用称呼，普遍应用于大多数情况下的人际交际，表示一种相互的尊重和距离，而 du（[德]你）则限于家人之间以及在关系达到一定程度后并经双方协商确定后方可使用。而在中国文化中"您"和"你"的使用经常是不对称的，权势低的人更容易使用"您"，更容易接受"你"的称呼，权势高的人更容易使用"你"，接受"您"的称呼。

德方领导却经常纠正中方员工这一尊称行为，Hans 讲述了自己尝试纠正自己的下属使用您来称呼他的经历："我这么尝试但不是一直都成功。有些接受这个，我的翻译就反抗了很久，目前他接受了。我用了很长时间才使他和我不用您称呼了。我第一天就说了，我从第一天就叫他'小伟'，他一直叫'XXX 先生'（Hans 的姓氏）或者您。我说'天哪，什么时候才能不这样？'差不多过了六个月，他才放弃。"（D₄）

不管小伟因为什么过了六个月才放弃称呼 Hans 您，但从 Hans 的表述可知，他不希望让他的下属给予他认为"过高"的礼遇，他希望向他的员工传递这样一个信息："我其实和你们是同一个层面的，我是你们的朋友，我希望和你们一起共事。但是又有一点不同，我有管理责任，我有时候需要决定往哪个方向走，做出决定。"（D₄）这是德方对上下级关系的理解，德方领导认为，相比下属而言，他们只是担负了管理责任，在人的等级方面上他们是平等的。

而中方员工显然不这么认为。这一点在中方员工对领导的称谓上就可见一斑，楚墨竹语："像我发邮件的话，我必须要追加上，比如说部长，我会说张部长，王部长，田部长，然后如果说是经理，我会加上经理。"（C₁₁）他希望通过使用领导的职务来称呼领导表现出自己对领导的尊重。此外，蒋斑竹和周紫薇也都认为，在称呼中方领导时，应该将职务加入到称呼中。蒋斑竹还将中德在邮件往来中的称谓进行了对比：

"他们都是什么各位领导怎样怎样，德国写邮件就还有谁谁谁就得了。……如果对方是您的话为用先生（[德]Herr），如果是用你称呼的话，就直接写名字。……中国领导比如说大家大都用姓（加职务），（比如）姓武，就是武部长。"（C₉）

蒋斑竹认为，中方员工写邮件时，会用领导的姓加职务来称呼领导，而德方有些领导需要用您称呼，有些则不用，只需用你称呼即可，在给用您称呼的领导写信时，只需用先生或者女士加对方的姓即可，无需添加职务，而不用您称呼的领导，则可以直呼其名。

楚墨竹也给出了相同的答案："因为他是我的领导，像称呼就是部长。"（C₁₁）他认为称呼中方领导就应该使用职务作为称谓。

综上所述，中方通过给予领导更高礼遇来向领导表达尊重，其具体体现在两个方面：恭敬的体态和恭敬的用语。其中恭敬的体态又表现在在领导面前保持站立和向领导让先两个方面，恭敬的用语表现在对领导用语婉转、尊称和使用带有职务的称谓。

而德方领导则不是十分注重这一中方特有的尊重行为，认为领导相比普通员工仅肩负领导责任而已，在其他方面和员工是平等的。但也有德国员工认为，中方领导可能会关注这一点，进而调整自己的行为："我觉得也是因为我知道一些文化差异，比如坐电梯的时候，我总是会注意。……让领导先下电梯，只是举一个简单的例子。这些事情我在中国更注意一些。"（D$_{13}$）

由此可见，中方上下级之间的权力距离要大于德方上下级之间的权力距离。像 Lukas 能够很好地调整自己的行为来适应中方的高权力距离，则能够很好地适应中方领导的管理方式。

💬 中方不反驳领导

另一个中方特有的尊重行为是，中方员工通过不反驳领导来表达尊重，无论当众还是私下。蒋斑竹对比了自己的德国工作经历和中国工作经历，总结道"跟以前德国领导的时候，我敢于讨论，争论我说你说得不对怎样的。但是在现在，也有可能因为我是新员工，也有可能我领导是中国领导，不太敢这样。"（C$_9$）蒋斑竹认为，中方领导不一定愿意听下属向他提出反对意见，因此他认为不与领导争论能够表现出对领导的尊重。当领导说话时，"你就（说）：'是是，对对'，一般这样的。"（C$_9$）他认为这是向中国领导表达尊重的方式。

Michael 通过自己在中国企业工作的经历发现："批评性的意见需要在中国领导那里换一种包装，（比如）'也许您想过换一种方式处理这个问题，因为那样我们会有其他的好处'。这些必须委婉地说。"（D$_1$）Michael 认为不要直接反驳中方领导，中方领导不容易接受这些反对意见，应该采用一些比较委婉的方式来告诉中方领导他错了，或者有更好的办法。

而 Julia 在访谈中的讲述表明德方员工可以批评领导或反驳领导："在

德国文化中完全可以批评领导，或者说'这是错的'，'我的看法不一样'，或者有这种冲突性的谈话。"（D₁₀）而 Johannes 也在工作中通过观察发现"中国人也不会像德国人一样反驳领导的话。"（D₇）所以，中方员工一般倾向于不反驳领导，更不批评领导，以此来向领导表达尊重，而德方没有这一习惯。

与此相反，德方领导认为一味地迎合上级是对领导的不尊重。Julia 在访谈中说："如果我说这个事情应该这样做，而我的员工都直接接受了，这么执行了，但他们其实是不同意的，我认为这是不好的，我认为这是流于表面的，只是因为等级观念，还有一点不尊重。"（D₁₀）她认为即使认为领导错了，但碍于等级观念不提出反对意见，是对领导的不尊重。她认为尊重的行为应该是礼貌地提出反对意见："我有另一个意见，我觉得这是错的，或者我不这么看（这个问题），我们能不能再看一看？让我们讨论一下，有没有另外的可能？"或者"我觉得很好，但我觉得你忘了考虑这个观点。"（D₁₀）

Hans 认为他的等级观念不是很强，也希望中国下属能够摒弃等级观念，开诚布公地和他讨论工作："等级对我来说在尊重的问题上不起任何作用。……我期待别人接受我这个人，对我也如实的表述意见，而不是说'领导，你说的对。'因为'领导，你说的对'不能解决问题。因为我的意见可能和普通员工一样，会出错。"（D₄）

尽管德方领导希望下属能够反馈真实意见，指出领导的错误或者不足，但需要强调的是，这种批评行为应该以一种非常礼貌的方式表达出来。当 Stefan 被问及有没有不被当作领导尊重的经历时，他举了一个自己亲身经历的例子：

"我的这个助理就是。我们当时写一个环保教材，她学的就是环境，她对环境的知识比我多，所有在平衡上就有点失衡，她有我不知道的知识，虽然我是领导。我记得有一次，我写了一个文章，但我忘了什么题目了，她需要把它译成中文。但真的不是我的错误，她读错了，虽然她的德语很好，还是读错了，然后她特别责备跟我说：'这里你没理解'等等，我有点生气，因为她用这种口气跟我说话，然后我看了看，我说：'不是这个意思'，我又解释了一遍，然后我们发现这个句子可以这么理解，也可以这么理解，她那么理解了。我觉得尊重的方式应该是，过来跟我说'哎，你看看这个，我发现这里有这个这个，我猜是不是……'，她直接说'你没理解，是这个这个。'"（D₁₁）

首先 Stefan 认为，他的助理在大学期间学习的就是环境专业，而他不是，这引发了他们之间的"失衡"，这种"失衡"是因为下属的知识比领导的多，领导的能力不如下属强。在这一点上和 Florian 所举的项目经理和施工负责人的例子相似。Stefan 认为由于他的助理在专业知识方面优于他，间接导致他的助理对他所写的文章的无礼批评。换言之，Stefan 认为他的助理可以批评并指出他的错误，但应该以一种恰当的方式，使用委婉的语气，而不是直接地批评。

💬 德方领导给予下属自由空间

研究发现在上下级之间的尊重行为中，德方有一个特有的、由上级给予下级的尊重行为，即通过给予下属工作方面的自由空间来表达对下属的尊重。如 Hans 所说的："我给出一个带有明确目的的任务，但他们怎么完成这个任务（我不干预），我先交给他们，他们可以自由地发挥，自行决定怎么工作，他们需要支持，他们知道可以随时来找我，可以问我。"（D₄）

Hans 认为在他给出任务后，他不会去干预下属怎么去完成这一任务，给予下属充分的自由发挥的空间，在他看来是尊重的行为。

Matthias 也有这样的经历。在他刚来中国的时候，领导就让他负责一个项目："这也是我对尊重的理解，给予了我自由掌握的空间，还可以承担责任。整个这个项目都是我来领导的。"（D₃）

同样 Friedrich 也认为给予一个人自由空间是一种尊重的表现："这

也许也是一个尊重的标志，他给我的自由度很高，我做什么事，基本不用向他汇报。"（D_2）

关于被领导给予自由发挥空间的报告只有来自德方受访者的，没有任何中方受访者提到过关于工作中自由度的问题。相反 Maria 还通过放弃自己工作的自由发挥空间来表达对中方领导的尊重：

"我在中国和德国的做法大多数都一样。但是我会做些小调整。在德国我接到工作任务，两周后完成好，和上司讨论。在这儿，我得到任务，做了一周后就会去告诉我的中国上司，我现在做到哪里了，怎么做的，基本上都按照这样一个程序来，就是说增加了一个中间过程，这样我的上司就能感觉到，自己是上司，我是这么尊重他的，一方面让他知道，我在完成工作任务，另一方面也有助于我调整自己的工作结果。"（D_5）

Maria 针对中德领导方式的差异，主动调整了自己的汇报频率，按照德国的习惯，她只需在任务完成后，向领导汇报，而为了适应中方领导的领导方式，她在任务完成过半的时候，会主动向中方领导汇报一下进度。她认为这样可以凸显中方领导的重要性，并以此来表达对他的尊重。

基于以上的受访者陈述，可以看出德方下属认为被赋予自由发挥空间是一种被尊重的表现，而德方领导也倾向于使用给予下属自由空间来表达对下属的尊重。

4.4.2 尊重与不尊重互动

在访谈中，受访者也回答了关于权威原则相关的尊重互动问题。尽管在 13 位中方受访者中有 3 位是处在管理岗位上，但他们只管理中方员工，没有管理德方员工的经历。这样就造成了在领导的权威原则下，采集到的德方下属和中方领导的尊重互动信息均来自德方下属的陈述，缺乏中方领导关于与德方下属的尊重互动的亲身经历。

4.4.2.1 尊重互动

在尊重互动中，尊重行为可以引发积极情感。当被问及向德国领导表达尊重之后，德方领导的反应时，Frank 说："他非常的外向，会大笑"（D_{12}）当被问及中方领导的反应时，Frank 说："我感觉她应该也是挺高兴的，但是不会表露出来。"（D_{12}）由此可见，无论中方还是德方领导在面对下属的尊重行为时，都会产生积极情感。

德方领导感受到来自下属的尊重之后，会通过表示感谢来给予回应。Lukas 认为他的员工都非常尊重领导，具体可以体现在，他给予他优先权，听他布置任务，完成他交给的任务，而 Lukas 则认为"我也不是就完全觉得他们理所当然这样做，我会说谢谢。"（D_{13}）由此可见，尊重行为能够引发尊重行为。和 Lukas 相同，Hans 也报告，自己面对同样的情况时会给出积极的反馈。

而 Frank 则表示，他在面对下属的尊重行为时，不会做过多的表现："反而会什么都不做吧，也就是暗自高兴一下。"（D_{12}）

基于上述例子可以看出，权威原则中的尊重行为可以引发领导的积极情感，有的德方领导会以尊重行为回应，有的德方领导则会选择不做回应，中方领导则也倾向于不做任何表示。

4.4.2.2 不尊重互动

同样，与权威原则中的尊重行为相对应的不尊重行为会引起领导的消极情感。当 Stefan 被他的助理不当指责后，他感到"非常生气"（D_{11}）。Stefan 讲述了他处理这一问题的经过：

"然后我给她解释我的意思是什么，我又快速地思考了一下，然后说'我知道你什么意思了，这个也可以这么理解。'我试着告诉她，她也是有道理的，但她后来就改了。"（D_{11}）

换言之，Stefan 选择积极面对这一问题，通过解释来让对方了解他的想法，避免直接指责对方的错误，最后他的助理纠正了自己的错误。

上文中提到的 Matthias 的另一个没有被下属尊重的例子里，Matthias 被剥夺了作为领导的决定权，而被告知"但是领导已经签过了"（D_3），事实上，Matthias 下属口中的领导，是和 Matthias 平级的中方搭档，所有重要决定须由他们二人共同决定，重要文件需要二人共同签署。当被问及当时的反应时，Matthias 说："这种情况下，作为德国人必须非常克制才行，不能以德国方式来做出反应，因为如果在德国的话，我会非常'德国式'的反应。"（D_3）由此可见，Matthias 当时的情绪也比较激动，需要克制住自己做"德国式"反应的冲动。

　　当被问及，什么样的反应是"德国式"的时候，Matthias 回答："在德国，如果有一个德国员工对我说这话，我会立刻将他叫到我的办公室，进行单独谈话，并明确地向他说明我对他工作的期待是什么，非常明确！非常直接！话语上我会设置安全围栏，他只能在这中间活动，他只能这样做这么一次（再有一次的话，就要严肃处理）。"（D_3）Matthias 强忍住心中"怒火"，对这一现象进行了自己的解读：

　　"因为我当时并不知道他（中国员工）这么说的原因是什么，是单纯的不尊重行为，还是我的前任每次都这么签字了，为什么他这次会问我？可能有很多的理由。我又将问题引回了专业层面，我只是单纯的讨论了事实。"（D_3）

　　作为解决方案，他耐下心来"给他解释了，我的中国搭档签字了，这很好，但我在专业层面上还有很多问题。"并告诉他的下属："我的搭档签了字了，这不是我签字的理由。"（D_3）

　　由这一个例子可以看出，Matthias 在受到下属的不尊重对待后，引发了他的消极情感，但通过克制，他将问题引到了专业的层面，耐心和他的下属解释，他还有很多技术问题有待解答，所有疑问都得到回答之后他才能签署文件。同时他也明确地告诉他的下属，他的中方搭档不是他的领导，他同样有就这一文件签署与否的决定权。

4.4.3 尊重行为的跨文化调整

在与权威相关的情况中，中德双方意识到了在具体某一尊重行为上的差异，以及某些尊重行为是单方独有的，另一方没有与之相同的尊重行为或者尊重期待，比如德方不给予领导更高的礼遇，也不期待中方下属给予德方领导更高的礼遇等。本小节中，将对权威原则中的中德文化差异和双方的适应调整进行分析。

4.4.3.1 差异意识

中德双方都意识到，中方给予领导更高的礼遇，而德方无此种尊重行为，也并不在乎这一点。

上文提到 Lukas 意识到中方员工对于领导有着力度更大的礼貌表达，同时也特别指出，他不认同这种区别对待："比如你可以想象一个职位很高的领导，传统来说（中方员工）有一些动作是必须要做的，比如帮他开门，下电梯的时候让他先走。这些东西对我来说没那么重要。"（D_{13}）

中方员工也意识到了这一点，认为德方领导不注重礼貌上的高级别对待。冯蔷薇在访谈中说："我觉得相比而言，（德国人）在这方面不太感觉到有上下级的区别，包括说聚餐，你坐的座位……你就会觉得大家是平等的。"（C_8）冯蔷薇认为，德方的等级意识没有中国这么强，中方会关注领导做好的位置，德方不会有这个意识，中方会给予德方更高的礼遇，而德方认为上下级在这一方面应该是平等的。

李海棠还举了另一个例子，她在对比中德领导的区别的时候发现，和中方领导一定要使用尊称您，和德方领导则不需要，称呼你即可。此外，还发现：

"（和德方领导）直接称呼你，直接喊他的名字，然后中国的话就比如说举个例子，之前的那个德企，那个领导是中国人，他叫李宗仁，不会叫他宗仁，都是叫他李先生。但是跟德国人接触，我们绝对不会喊

Mr.（[英]先生）或者Herr（[德]先生）什么的，都是直接喊名字。"（C₄）

她可以称呼德方直属领导的名字，而在称呼中方直属领导时要用姓氏加先生的方式。她认为这是中德双方在尊重行为方面的差异。

4.4.3.2 适应调整

一部分中德方员工在意识到双方的差异后，对自己的行为做了有针对性的调整。

当Lukas被问及是否会学中方同事为领导开门的时候，Lukas回答："在中国我可能会这么做，在德国这就稍微有点鲁莽。比如说我会走在我上司前面，我也不认为他会为此生气，觉得我不好。"（D₁₃）他认为他可以为中方领导开门，但不会为德方领导开门，因为德国没有这个习惯，这样做可能会显得比较莽撞。他还认为即使没有给予德方领导更高的礼遇，德方领导也不会因此而生气。

李海棠发现，德方领导并不期待下属和他讲话打招呼的时候起立，之后，李海棠所在的部门的中方员工也都调整了自己的行为，不再起身和德方领导握手了。

蒋斑竹之前一直在德国工作，新近回到中国，加入了一个德方在华人数比较少的德资企业，他对待权威方面的差异意识和适应调整和李海棠的正好相反：

"比如说在我以前德国人的公司，如果领导到我这来同我来讨论问题，我都是坐着，别人站着，跟我说话的时候，我不需要起来。来中国这边以后，我发现别人讨论问题都站起来，我也跟别人学，我也站起来。再一个，以前跟他们吃饭，座位什么的随便坐，到中国公司一起吃肯定不敢第一个坐那。领导来了要坐冲门的地方，大领导二领导这样的依次转开有细微差别的。"（C₉）

原来蒋斑竹和德方领导说话不用起立，回国后发现他的中方同事在和中方领导说话时都站起来，他也学着站起来。以前在德国和领导吃饭时不分座次，现在回国也学会了根据领导的职务高低来按顺序落座。蒋斑竹的这个例子从另一个方向很好地证明了，中方给予领导更高礼遇这一单方尊重行为的存在。

此外，德方也发现了中方不反驳领导的这一差异，并认为应该调整自己的行为以适应，例如 Lukas 语："比如不公开地批评他（领导），我在德国也不会这么做，或者说很少这么做，但是这在中国更加严重一点。"（D_{13}）换言之，Lukas 本身也不会公开批评德方领导，但在中国，在批评领导这一问题上他认为要更加慎重。

Michael 也对此问题有过思考，他认为："如果这个是合理的话，我觉得和中国领导相比，我们会更真诚一点。我虽然不是中国人，我觉得我可以和德国领导直接地说，我觉得什么好，什么不好。觉得什么好当然跟谁都可以说，但那些不好的或者错误的通常就不太容易和中国领导来说。"（D_1）Michael 觉得如果要想指出中方领导的错误或不足是非常困难的。因此他学会了调整自己的行为："批评性的意见需要在中国领导那里换一种包装，（比如）'也许您想过换一种方式处理这个问题，因为那样我们会有其他的好处'。这些必须委婉地说。"（D_1）通过"换一种包装"让中方领导更好的接受批评或者批评性建议。这是他通过他在一家中国公司工作七年总结出的经验，也是他所做出的调整。

在德方领导给予下属自由空间这一德方特有的尊重行为中，Maria 为了体现自己对中方领导的尊重，改变了自己汇报工作的频率，"在德国我接到工作任务，两周后完成好，和上司讨论。"（D_5）而在中国 Maria 为了让中方领导知道她尊重他，在工作完成一半的时候，就会向中方领导汇报一次。这是她给予自己的经验所做的适应调整。

4.4.4 小结

这一章节主要展示了尊重五原则中的第四个原则——权威原则，及下属的相关尊重行为。通过对中德双方尊重互动的描述，对与权威相关情况中的尊重互动进行了总结，并列举出了中德双方对文化差异的意识和基于意识的适应调整。

在与权威相关的情况中，共包含四个中德双方共享的尊重行为，他们分别是给予领导优先权、给予领导决定权、服从领导和维护领导权威。其中在给予领导优先权这一尊重行为中，中德双方除表现出细微差异外，都认同领导在企业运作中肩负着更重要的工作，因此应该享有优先权。在给予领导决定权这一尊重行为中，中方员工认为应该更多的让中方领导在决策过程中更多地体现其重要性，而在给予德方领导决定权的过程中，可以提出个人建议，供德方领导参考和选择。而在服从领导和维护领导权威两个尊重行为中，则无任何差异。

除上述四种中德共享的尊重行为外，权威原则中还有三种单方独有的尊重行为，即中方给予领导更高礼遇、中方不反驳领导和德方领导给予下属自由空间。在这一尊重原则中，尊重行为体现在交流四层面中的言语层面、非言语层面和超言语层面中，并涉及了口头交流和书面交流。

在本章节中的尊重互动体现出了如下特点：尊重行为引发积极情感，不尊重行为引发消极情感。面对权威原则中的尊重行为，部分德方领导会以尊重行为反馈下属，部分德国领导和中方领导不做回应。面对不尊重行为，德方领导需要勉力控制自己的情绪，竭力避免将问题升级，并明确指出了下属的不尊重行为，希望借此能够避免此类事件再次发生。

在本原则中，中德双方都根据自己的发现和经验对自己的尊重行为进行了调整，希望以此来适应对方，例如德方下属会在反驳中方领导的时候尤为小心，中方下属则为了适应德方领导，不再与德方领导握手时起立。

4.5 能力原则

本原则所涉及的尊重种类是达沃尔尊重分类中的评价尊重，即基于能力成就的尊重，也是水平和垂直尊重分类中基于个人能力和成就等特点的垂直尊重。本研究发现，此类尊重在人际交往中表现为给予对方成就与能力以积极评价，具体表达方式分为四种：赞美、祝贺、感谢和委以重任，此四种是中德双方共享的尊重行为。此外还发现三种单方独有的尊重行为，即中方颁奖表彰、德方指出好想法的来源和德方领导支持下属发展。

通过研究发现，在与能力相关的情况中，与赞美、祝贺、感谢和委以重任这四种给予他人能力成就积极评价的尊重行为相对应的不尊重行为不完全等同于这四种尊重行为的缺失，也体现在成就被无视、成就与能力被否定和能力被低估三个方面。换言之，赞美、祝贺、感谢和委以重任这四种尊重行为所对应的不尊重行为不仅仅是没有赞美、没有祝贺和没有感谢等，而更多地表现为成就被无视、成就与能力被否定和能力被低估。故此，为了更好地通过对不尊重行为的描述来突出尊重行为，本章节中将首先对能力原则中的不尊重行为进行单独讨论。

4.5.1 不尊重行为

在与能力相关的情况中，中、德方都报告了一些相似的不被尊重的经历，经过分类和编码，共总结出以下三种与没有给予能力成就积极评价相关的不尊重行为：成就被无视、成就与能力被否定和能力被低估。

4.5.1.1 成就被无视

受访者在访谈中都会被问及，有无能力或成就不被尊重的经历。Frank就此回答说："偶尔会有这种情况，就是我觉得我某件事情做得挺好的，但是没有得到什么回应，我就会比较失望。……比如说做了一个分析，然后自己感觉结果不错，但是没有受到重视，或者没有被吸收到之后的工作当中。"（D$_{12}$）Frank 自认为自己的某个工作完成得非常好，但没有被其他同事关注到，也没有得到任何回应，这使得 Frank 感到没有被给予足够尊重。

当 Friedrich 被问及有无能力和成就没有被尊重的例子时，他立刻回答："无视"，他认为中方领导没有给予他的成就足够的关注："就像之前说的碰撞试验的例子，最后结果都很好，技术研发部领导层的反馈也很好，说做得很正确。（中方领导无视了这件事）只要我的德方领导说我做得好就够了，我不需要我中方领导也认同我。如果他们不再找我说这件事，我也不会去找他们。这种不尊重的情况，我尽量不去理会。"（D$_2$）

Friedrich 认为自己的一个决定做得非常正确，实验结果也非常好，但只有德方领导对他表示了认同，中方领导没有就此事做出任何反应，他感觉自己的成就被无视了，引发了他的不被尊重感。

中方的沈丁香也提供了一个例子："我会做很多的细节上的准备，但是他可能会因为一个小的细节他不满意而去全盘否定我。"（C$_{10}$）沈丁香认为，他的德国同事只盯着她的个别错误，而对她的成绩选择无视。"不是说他没有看见（我的其他工作成绩），……但是他会觉得我没做好的细节就会把我做过的东西都给否定了。"（C$_{10}$）沈丁香认为她的德国同事看到了她的工作成绩，却不去关注它们，而只是去关注她工作中的细节性错误，这让她感到不受尊重。

李海棠在工作中也曾因为所做的工作被无视而倍感恼火："比如整个部门预算，然后我真的会做出 Excel，真的一张表接一张表，然后各种公式链接连在一块什么的，真的费了好大的劲，我说这个东西做了你看一下，他说来来来，我们打开这张表，他就会果断地用他自己的来做，就是他之前工作的一种模式，就是说他不选择先看看你的这种想法，他直接说我要这个，这样做，像中国人一般会说，我想看看你是怎么想的？你为什么这么做?……(我做的表)连看都没看。"(C$_4$)李海棠认为自己花了很多心血做出了部门预算,德方领导连看都不看,直接选择无视她的工作,而使用自己已有的表格。这让李海棠感到自己没有得到足够的尊重。

4.5.1.2 成就与能力被否定

通过访谈发现,当个人的能力或成就被否定时,会引发不被尊重的感觉,这种尊重指向的就是评价的尊重和基于能力成就的垂直尊重。

Stefan 在访谈中谈到:"我认为外国人有时候在面对中国人的时候有一种外国人的高傲,我觉得这也是不尊重的。比如他们认为他们比中国人做得更好,我觉得这也是一种对能力的否认。"(D$_{11}$)

杨玫瑰也报告了类似的对中方员工能力的否认:"那个设计部好像有一个女的。……反正她好像就有点觉得,你们中国人就是不行,……(中方员工)做了一个什么图,她就非要过去给他指出,你这个地方就是不行,但是中国员工如果给她指出她的错误,她就说你不懂,她就是这样的……她自己的设计图出来的东西她就会觉得特别好,就是你不懂,你不能去感受。"(C$_{12}$)

通过对比上述两位受访者的表述可以看出,否定对方的能力,总认为自己优于对方会被感知为不受尊重。Friedrich 在做德方经理的替补代表时,中方经理就曾经这样否定过他的能力:"他说我没有能力来决定这件事。'在这件事情上你不是专家。'"(D$_2$)中方经理当面否定 Friedrich 的能力,认为他不具备这方面的专业知识。这种否定让他感到没有被尊重。

不仅仅是否定他人的能力可以引发不尊重感,怀疑他人的能力也会引发。Johannes 报告过一个例子:"有一次我们在开会,有中国同事,也有从 N 市来的德国同事在场。他问那些 N 市的人,在耐力测试中有没有发现什么问题,言外之意就是,我们在 B 市的这些同事检查不出来什么问题,问题都是 N 市的同事检查出来的。他怀疑我们的能力。"(D$_7$)这一例子被 Johannes 作为不被尊重的例子在访谈中讲述出来,由此可见质疑他人的能力也会引发不被尊重的感觉。

除了能力被否定质疑之外，成就被否定也会引发不被尊重的感知。Julia 讲述了她自己亲身经历的一个例子：

"我们有一个团队，我们和一个商学院建立了一个大的项目……很多的组织工作，……但是整体上来说，尽管有很多困难，还是非常成功的。成功对我来说，是无论有多少困难那些客户，就是课程的参与者，是不会察觉。在客户面前肯定要（表现的）很轻松，在背后我们可能会有混乱，很多工作，来回跑，还有压力。但这些不能让客户察觉。这是我的理念。也确实是这样的，我们事后都很高兴一切都很顺利。但我的领导，一个德国人，最后说了一句：'这就是个项目组织工作'。他原话不是这样，但是就是这个意思，他们就这么轻蔑地一说：'这工作也不是很困难'。当然对他不是很难，因为他没有察觉到困难的部分。"（D_{10}）

Julia 在经历了庞杂的组织工作以后，成功地实施了一个项目，但她的领导只看到了项目成功时的光鲜的一面，而没有看到为了实施这一项目，Julia 和她的团队在背后付出的辛劳，他评价这个项目组织不是很困难，这一评价否定了 Julia 和她的团队在背后所付出的劳动和通过劳动所获得的成就。这一点让 Julia 觉得自己没有获得足够的尊重。

Maria 也认为轻易否定他人的工作是不尊重他人的表现，并且她自己也亲身发现，中方员工对这种否定的感受就是没有被尊重：

"如果我才来了三周，就说中国同事做的是错的，不对的，不完善的。那就不是很尊重人了。这种情况，你就完全否定了对方的工作，你不尊重对方。这就是我在这里发现的一个例子，如果我们这样做，中国同事会觉得自己没被尊重。"（D_5）

蒋斑竹也曾经有过这样的经历，他曾经就正在研发的产品想到了一个非常好的主意，他去和领导讨论，但领导说这个主意不行。"过了两三星期开会的时候他说自己那天想一个好主意。其实是我的主意，这种事我感觉（没有尊重我）。"（C_9）如果蒋斑竹的德方领导单纯否定了他提出的想法，尚不能断定这一事件不够尊重蒋斑竹，但三个星期后德方领导将这一想法当作自己的想法告诉大家，就让蒋斑竹明确地感受到不被尊重，因为领导当初否定他的想法显然是欠考虑的、不正确的。

4.5.1.3 能力被低估

与能力被怀疑相似，当能力被低估的时候，也会引起人们不被尊重的感觉。Julia 讲述了自己的亲身经历，她在帮助了其他同事后，获得了其他同事的赞扬，但有些夸张的赞扬让 Julia 觉得之前被低估了：

"我知道有哪些经验，超过 35 年的（工作经验），我知道，但我不会表露出来，我有时候听我同事说，都有点……不舒服也许不是正确的词，有点尴尬，如果他们这么明确地说出来，我认为这是自然的，我已经工作这么多年了，我肯定有这么多经验。对我来说，如果我没有这些经验那才是糟糕的呢。这很普通。我自己认为很普通的事情，被我的中国同事总是积极评价，一方面我很高兴，另一方面也会觉得不舒服。"（D$_{10}$）

被中国同事不恰当积极评价，使 Julia 感觉到自己的能力被低估了，这引起了她的没有受到足够尊重的感觉。相似的经历 Stefan 也有，他来中国工作已经六年了，"六年后还会有人问你，你会不会用筷子？"（D$_{11}$）可以想见，提问的人应该不是有任何不尊重的意思，但在来中国六年后，还被问会不会用筷子，让 Stefan 觉得自己的能力被低估了。

Christian 已经学了很久的中文了，所以当有人夸奖他中文好的时候，他内心都有些许的反感，有时候他会用"你中文也不错啊"（D$_6$）来回敬对方。Christian 经过多年的学习自认为中文已经很好了，这时如果有人再夸奖他的中文的话，可能会起到反效果，即让 Christian 觉得我学中文这么久了，能够说很好的中文是很普通的一件事，为什么你要夸我？难道认为我能力不足以学好中文？同 Julia 的例子相同，如果学了很久都学不会中文才应该是糟糕一件事，而学习了很久，学会了中文不值得夸赞。

当然，同赞扬 Julia 的人一样，赞扬 Christian 中文好的人肯定不知道他内心的活动，且本意也只是要夸奖他中文好而已。但基于 Christian 本身对自己的认识，他感到自己的能力被低估了，进而产生不被尊重的感觉。

4.5.2 尊重行为

从上述三种不尊重行为可以看出，不尊重感觉的产生都是由于能力或成就没有得到恰当的积极评价。本节将描述在研究中发现的恰当地给予他人能力或成就积极评价的尊重行为。其中包括四种中德共享的尊重行为：赞扬、祝贺、感谢和委以重任，以及三种单方独有的尊重行为：中方颁奖表彰、德方指出好想法的源头和德方领导支持下属发展。

4.5.2.1 赞扬

中德双方受访者都认为给予他人赞扬是一种尊重行为。当受访者被问及如何表达对他人成就和能力的尊重时，Julia 回答道：

"我认为给出一个积极的反馈非常重要，如果有一些好的成就的话，我会赞扬别人。……如果我对一件事满意的话，如果别人做出好的成绩，我永远会说：'谢谢！太棒了！我觉得你做这个太好了！''这是一个很棒的 PPT ！''在讨论中你表现得很好，对我们的推进很有帮助。'非常明确的。"（D$_{10}$）

Julia 认为德国人比较不爱赞扬别人，她引用一句德国谚语来说明这一点："没说话就是表扬了。（ [德]Nichts gesagt ist genug gelobt. ）"（D$_{10}$）但她认为如果他人做出好的成就时，不应该吝啬自己的赞扬，她总是要求自己这么做。

Lukas 就相同问题也给出了相似的答案："我会表达一些积极的东西，用积极的表达，说'你干得真棒！'或者'你真是个好同事！'或者'你很靠得住。'有很多好的词语，也就是说我会根据情况说一些好的话。"（D$_{13}$）Lukas 所谓的好的话和好的词就是指赞扬他人。

Johannes 同样引用了 Julia 引用过的德国谚语，同时认为："这取决于我和这位同事关系怎么样。我和有的同事已经共事 10 多年了，……我会拍拍他的肩膀，或者拍拍他的头盔，说'干得好'。在不太熟的同事面前我是比较内向的，我不知道对方会有什么反应，所以我可能就什么都不说。如果是关系好的同事，好朋友的话，我会说我怎么看他的成绩，也会表示赞扬。"（D_7）

Johannes 认为他会对熟悉的同事表示赞扬，而对不熟悉的同事可能不会当面赞扬。无论如何，他都认为赞扬是表达对他人能力和成就的尊重行为，只不过不熟的人，可能不会去说。Johannes 还举了一个他赞扬中方同事的例子：

"我也可以讲一个我做培训的时候的例子，当时需要把仪器和车子用电线连起来，有一个同事很快就弄好了，我当时也跟他说了'干得好！看起来真不错！'。我夸他了。"（D_7）

Johannes 口头赞扬了迅速完成线路连接的中方同事，他认为在赞扬这一尊重行为上中德之间没有什么差异。

Matthias 会用中文来赞扬中方员工，他会说："Fei Chang Hao（[中]非常好），或者 Tai Hao（[中]太好）。……如果我说这个（中文），那就是双倍的好。"（D_3）他认为使用对方语言来赞扬对方会收到更好的效果。

中方员工也认为赞扬是一种表达尊重的行为。沈丁香认为，在表达对能力和成就的尊重时，"就是赞美，赞扬，（说：）'你太厉害了，你好强。'"（C_{10}）赵杜鹃给出的回答也是："赞美……（说）'真棒'，把事情重复一遍，真棒。"（C_2）

李海棠也认为自己："可能不会特意地走到他面前跟他说做得不错，会在不经意的时候，比如说碰到他了，说你那个东西做得真不错。"（C_4）她认为自己如果碰到了做出突出成就的同事时，她会赞扬他的。

蒋斑竹的回答与李海棠相似："比如说：'你这个主意很不错'，或者说你会主动向他学习。"（C_9）蒋斑竹认为在赞扬的同时还可以向对方学习。

德方员工不仅倾向于使用赞扬来表达尊重，赞扬也会引发他们被尊重的感知。如 Frank 在访谈中讲道："比如在讨论当中我能做出一些其他同事不能作出的贡献,他们也觉得很好或者很正确、能够优化从整个成果……'啊！对！'有的时候也说：'是个好办法！'或者'我没想到这一点。'"（D12）从这些话语中，Frank 能感受到尊重。

Hans 报告了一个自己被赞扬的例子："每天晚上都有一个投产会议，会上会谈一些最重要的问题。他（中方厂长）在这个会上，说过三到四次：'你们得好好的检查，再去生产线一和二再检查一遍，你要像 Hans 检查的那样检查。看看 Hans 怎么做的，学着点。'"（D4）这一中方厂长虽然没有直接赞扬 Hans，但要求自己的下属向 Hans 学习，这一等于间接的赞扬了 Hans。而 Hans 则从这一行为中能明确地感受到尊重。

Matthias 也曾经因当众被赞扬而感到了被尊重："一个我两周前提的建议，在两周后的会议上，当着众多技术研发部门同事的面，又提及了这个话题，我的中国领导就明确的说，我的主意是一个好主意。"（D3）Matthias 在会议上被当众赞扬，这使得他感受到了尊重。

中方受访者也在访谈中讲述了各自不同的受赞扬的经历,如蒋斑竹语:

"还有一个例子就是说我们之前也给中国一个别的公司做咨询，那个项目内容是给他们把他们设计一些部件来进行校验。……那个工作是我一个人从头到尾独立完成的，也是完成比较出色，领导也满意，得到了赞扬。……他说蒋斑竹先生在五六个月当中把这个任务独立完成，给我们公司带来了多少多少效益，当时我们这个项目 120 万欧元，所以领导对我这个事上比较满意的。"（C9）

蒋斑竹很好地独立完成了一个项目，给公司带来可观的收益，他的德方领导对他进行了赞扬，蒋斑竹感到受到了尊重。

当郑玉兰在某德国航空公司工作时，派驻在首都机场，"有一次我们在机场的时候，有一个德国老太太她年岁挺大的，我们站长就说，因为知道我会德语，然后他就说你去陪这个老太太，她行动不太方便比较慢，你陪老太太去登机口。我就带着她走那种特殊通道，不用排大队，安检、边防什么的，最后老太太挺满意的，我们站长不就挺高兴的。……拍我肩膀夸我两句，不错。"（C_7）

通过被夸奖，郑玉兰感到自己被尊重。李海棠也讲述了自己的一次亲身经历，其中她得到了领导的赞扬：

"整个X集团，（在）中国大约有十几个子公司，我刚做了一个册子，就是这个册子里面就包含了所有公司的一些什么公司信息，联系人，公司介绍，产品的介绍，做了这么一个小册子，因为收集资料是非常困难的一件事情，昨天我们开会的时候，我们领导就说：'非常不错'，他知道这个工作困难在哪里，就在于收集，然后他们也会觉得你这么做真的很不错。"（C_4）

李海棠也独立完成了一项非常困难的工作，他的领导了解了其中的困难之处，然后当众赞扬了她，从中她感受到了领导对她工作成就的尊重。

赵杜鹃在访谈中提到"中国比较缺失平等尊重"（C_2）她认为在中国人的观念中尊重需要去赢得："我还是这种传统的观念，就是尊重与被尊重的关系，还是你要想让人尊重的话，一定要做出让人尊重的事情。"（C_2）所以她认为一个人的业绩好了，德方员工自然会尊重他："比如就像我说的，德国人到中国来做生意，中国市场这么好，你肯定是业绩好了，当你业绩好的时候，他们当然是很钦佩你，心里头要是称赞你，钦佩你，自然就会尊重你了。"（C_2）

基于上述论述，可以看出，无论中方还是德方都将赞扬看作一种尊重行为，用来表达自己对他人成就或能力的尊重。

💬 交流四层面分析

赞扬这一尊重行为主要体现在**言语层面**，但也伴随着出现在非言语和超言语层面。例如 Lukas 会使用诸如"你干得真棒！"或者"你真是个好同事！"或者"你很靠得住"（D_{13}）这类话语来赞扬对方。Frank 也会使用此类话语："比较简单的一些语言上的表达：'很棒！哇哦！'，'太好了你做成了这件事！'之类的，并且表现出这是真心的赞美，而不是客套。"（D_{12}）

在非言语层面赞扬可以表现为"拥抱""拍肩"或者"拍头盔"等肢体动作。如郑玉兰报告的"拍我肩膀夸我两句，不错。"（C_7），还有 Johannes 说的"我会拍拍他的肩膀，或者拍拍他的头盔，说'干得好'。"（D_7）

在超言语层面，受访者经常提到一个环境条件，即当着第三方的面。如 Matthias 报告的"在两周后的会议上，当着众多技术研发部门同事的面，又提及了这个话题，我的中国领导就明确的说，我的主意是一个好主意。"（D_3）Michael 认为"当着第三方表扬会有助于巩固双方的信任"（D_1）蒋斑竹也在访谈中提到："我们当时七八个人坐一起，领导提这个事（赞扬他）"（C_9），他认为当众赞扬能够更好地表达尊重。

赞扬同样可以通过邮件的形式传递，即书面交流，如 Florian 语："在邮件里面写'谢谢，干得好！'或者'干得真棒！对所有参与的同事表示感谢！'"（D_8）

4.5.2.2 祝贺

除了赞扬以外，中德双方都认为祝贺也能够表达对对方能力与成就的积极评价。

当 Stefan 被问及，如何向做出出色工作成绩的同事表达尊重时，他回答："祝贺，我真的会经常用话语来表达，或者如果真的是很棒的话，我会拥抱他。……或者拍拍肩膀，或者握手的同事拍对方肩膀。"（D_{11}）Stefan 不仅会口头上恭喜他，还会通过肢体的接触来表达自己的祝贺之意，如拥抱和拍肩。当他被问及是否会区别对待中方同事和德方同事时，他认为："我觉得拥抱是和对象有关的，我和对方的关系的远近，也许（和中方同时）少一些肢体接触。"（D_{11}）Stefan 认为自己和中方同事在祝贺时会减少一些肢体接触。

王文竹同样认为，当同事取得优异成绩时，应该祝贺对方："我觉得这个都是比较直接了，'祝贺你'"（C_1）钱紫荆在被问及相同问题时，也是回答"恭喜啊"（C_3），周紫薇则详细地描述了，如何来祝贺一个有突出成就的同事："一般是祝贺，祝贺先是把项目的难度反映出来，之后最终把这个项目做成了从中也是付出了很大的努力，多次加班、长期加班这些。"（C_5）她认为在祝贺他人成就的时候，应该突出对方取得这一成绩的不易和对方为此付出的辛劳。

吴石竹在访谈中谈到："如果确实是人做得非常好的话，你肯定向人家祝贺。"（C_6）除了祝贺之外，吴石竹还认为，应该表现出向对方学习的意图："如果说有需要学习的地方，可能向人家求教一下。"（C_6）

Friedrich 在中国派驻期间由同事评选获得一个公司内部的奖项，为此他获得了来自中方同事的祝贺，同时他也祝贺了其他获奖者："当然，我也向我获奖的中国同事祝贺了，'干得漂亮'，就像赢了什么东西一样祝贺他们。当我们下台的时候大家都鼓掌。我们先上台，然后来一个领导，或者领导的领导，取决于这个奖项的级别，当时（给我颁奖）的就是领导的领导，然后和我握手，说'非常感谢'，然后递给我获奖证书。"（D_2）这一获奖体验，被 Friedrich 认作是自己的能力与成就被给予尊重的经历，他在讲述时也是自豪之情溢于言表。

中方员工也有类似的经历，如孙百合："有一次做实习的时候，反正出现了一个状况，后来我解决掉之后，我们上级的上级亲自给我打电话道喜，我觉得其实德国人就让我感觉还挺认真的。就一般一个小事情解决了，我觉得可能正常的话，我的上级跟我说你很棒，但是我上级的上级根本不会表扬我，（这次他）亲自打电话，我感觉还是挺不一样的。"（C_{13}）孙百合在成功解决一次工作中的危机之后，获得了她的领导的领导的祝贺和赞扬，孙百合认为她的这位领导平时很少赞扬别人，这次能够祝贺并赞扬她，对她来说是个明确的被尊重的信号，并且引以为傲。

王文竹回忆了自己在德资企业工作的经历后说："比如说你真的是有一个项目 deliver（[英]实施）的特别好，比如你 close（[英]完成了）一个新的大项目，可能马上就投产了，跟你相关不相关所有的领导恨不得都发邮件恭喜你或者怎么样，都会有。基本上跟你相关的这些，都会给你发。我们也会给其他同事发，都是一样的，比如说跟你相关的，你是这条线上的领导，你可能北京、广州有一个大的项目，那肯定你也会恭喜他的，一样的。"（C_1）王文竹通过领导和同事对自己成功的祝贺感知到领导和同事对他的尊重，同样，当其他人获得工作上的成就时，他也会祝贺别人。在王文竹的企业里，大家倾向于用邮件来互相祝贺。

交流四层面分析

祝贺这一尊重行为经常出现在**言语层面**和**非言语层面**。如孙百合在上文中提到的"我们上级的上级亲自给我打电话道喜"（C_{13}），Lukas 也提及了自己的亲身经历"有一个同事也对我说了'congratulations'（[英]祝贺）！"。

在非言语层面则表现在"拥抱"和"拍肩"等肢体接触上。如 Stefan 在口头祝贺的同时还会拥抱对方："祝贺，我真的会经常用话语来表达，或者如果真的是很棒的话，我会拥抱他。"（D_{11}）此外，Stefan 认为中国人在"肢体接触"方面和德方有差异，中方肢体接触较少。

在书面交流方面，中德双方都有可能使用邮件来祝贺他人，如王文竹语："那我在办公室看到肯定会祝贺他。但是比如他在广州或者在其他地方，或者出差能碰着，否则的话基本上就是邮件。"（C_1）

4.5.2.3 感谢

感谢也经常被用来积极评价对方的成就和能力，尤其是当这一成就和能力与自己的工作有关的时候。

如德方 Lukas 认为最好的方式是口头表示感谢，其次是通过邮件："我会当面表示感谢，当面表达我的积极的想法，不管是当面跟他谈，还是打电话，如果前两种方式都不行的话，万不得已也会发邮件，我也会很直接地表达我的想法。"（D₁₃）

当 Michael 被问及如何表达对他人成就或能力的尊重时，他说："就像我说过的一样，这对我很重要，要表达感谢，对工作成效的承认。"（D₁）他认为给予他人积极的评价在企业的工作中很重要，有助于建立相互信任，而信任是合作的基础。

Michael 讲述了自己通过他人对他的感谢而感到尊重的经历：

"我的工作是和中国高校维护关系，维护和中国高校的合作等。当时的想法是邀请中国高校的老师来培训我们的员工，来传授他们的知识给我们的员工，将外部的知识引入公司内部。在这一背景下，我给这位员工（提供了）一些信息，哪些学校或者机构可能会有这种信息，她之后在一个公开的会议上说：'Michael 给了我很多有用的信息，给了我很大的支持。为此我要感谢他！'这是一个非常积极的例子。"（D₁）

Michael 对中国高校有着更深入的了解，所以可以提供其他人无法提供的一些信息，而这被他本人看作是一种个人的能力，当他将自己掌握的信息提供给同事后，他的同事对他表示了感谢，这使得他感到受到了尊重。

有些感谢是通过邮件来表达的，如 Maria 在提供了她自己的专业意见后，她的同事会对她表达感谢：

"我给我们的成员写邮件表达我的意见时，他们在回信里会说，'感谢你给出的宝贵意见'，他们是非常真诚地说这句话的。这让我觉得，我的意见和想法是被尊重和珍视的。"（D₅）因为 Maria 是她所在的部门中唯一的德方员工，所以她能够提供一些中方员工无法提供的信息和意见，这使得她感到自己有无法替代的价值："他们比较好奇，在我的文化里，也就是在德国文化里，会怎么看待、解决某些问题。这才是提问、询问意见背后的动机。"（D₅）

感谢往往是一方给予另一方帮助或者支持之后获得的。Matthias 就讲述了他被感谢的一个经历：

"如果我帮助本地的同事解决一些技术问题，或者给他们解释如何去解决一个问题，那我也会获得一个反馈，他们会先表示感谢，因为我帮了他们，他们也会在表述上将'解释'联系起来，'感谢你的解释！'他们从中学到了东西。"（D$_3$）

能够帮助别人解决问题，本身就是一种能力的体现，而被帮助者则通过感谢来表达对帮助者能力的尊重。Matthias 还将这一感谢与师生关系联系起来，认为"当我从技术上提供了支持后，同事们会对此非常尊重。他们不会称呼我'老师'，但他们会通过其他形式表现出来。"(D$_3$) 比如上文提到的"解释"，他认为通常是由老师向学生解释一些东西。而被解释的人，有时也会在感谢的同时说："（今天）学到了一些东西。"（D$_3$）

Julia 在企业内部有深广的人脉，她经常能够帮助同事建立起有效的联系，搭建起桥梁，为此她经常被同事感谢，这种深广的人脉也被当作 Julia 的能力或者资源看待，基于她的这些能力她从别人的感谢中感受到自己被尊重。

"因为我在集团中有一个很好的关系网，因为我干过很多职位，在很多地点工作过，有时候一个员工需要做一个项目，需要其他部门的参与，有时如果你没有这么个关系网的话，这会很困难。有时我就会被问到，我能不能提供什么帮助？我能不能帮他们找到正确的联系人？或者写一封邮件，建立一个联系，打开一扇门。为此我经常会收到反馈：'谢谢，这帮了我。'"（D$_{10}$）

中方员工也有同样的经历，楚墨竹任职于人事部门，当他为其他部门招到了合适的人才的时候，就会获得感谢。

"因为我可能做的一般不是招聘，还有些可能是其他的一些工作，招聘为主，一般给他招到人之后，他不会过分地表扬你说，你真好，你又招到一个人。他会象征性跟你说，'非常感谢给我招到这个人，感谢你的工

作！'"（C_{11}）

此外，李海棠也报告了基于自己的工作成绩被领导和同事感谢的经历：
"就是那种感谢的话，'非常感谢，因为你的努力，所以才有这样的一个
会议'，这样的。然后偶尔可能他们觉得做得非常成功，然后他们可能会
买一束鲜花给你惊喜，大家站在一块鼓鼓掌，对你表示感谢，这也是对你
工作的一个尊重吧。"（C_4）

由此可见，除了口头表示感谢之外，李海棠还获得了掌声和鲜花。

有的时候感谢、赞扬和祝贺很难彻底区分开来，冯蔷薇的例子就很好
地说明了这点："比如说在开会的时候，公开场合就说出来，直接的表扬。
当然他可能不是表扬，至少是感谢。你为我们做了很多，感谢你付出的努
力，你可以变相把它当成一种表扬，至少是说你的努力他有在尊重。还有
一些是……就是大家一起开会的时候，然后他就说感谢你，这段时间为我
们整个的，其实就是表扬，就当众表扬。"（C_8）从这个例子可以看出，
这三种积极评价有时候不仅同时出现，而且有时候难以区分开来。

💬 交流四层面分析

感谢这一种尊重行为既可以是口头的，也可以是书面的，即发生在言
语层面，也发生在非言语层面。如 Michael 报告的自己的亲身经历，"她
之后在一个公开的会议上说：'Michael 给了我很多有用的信息，给了我
很大的支持。为此我要感谢他！'"（D_1）以及，李海棠报告的被感谢的
经历："就是那种感谢的话，'非常感谢，因为你的努力，所以才有这样
的一个会议'，这样的。然后偶尔可能他们觉得做得非常成功，然后他们
可能会买一束鲜花给你惊喜，大家站在一块鼓鼓掌，对你表示感谢，这也
是对你工作的一个尊重吧。"（C_4）在李海棠的讲述中不仅显示出言语层
面上的感谢，还体现了非言语层面的感谢，如鼓掌和送花。

4.5.2.4 委以重任

对于在工作中表现出优异工作能力的员工，如果领导能够分配给他们适当的任务，员工则会感到自己得到了充分的尊重。如 Maria 在访谈中说道：

"有些会议会有很多德方的高层来参加，这个时候主导会议的职责就会落到我的身上，这也跟我是德国人有关，语言上我们就不会有问题，这种时候中国同事也会在一旁，负责一些倒茶之类的杂事，而把讲话的任务托付给我，这在我看来，就是一种责任的转交。这在我看来，就对我的能力和我作为员工的职位的认可和尊重了。"（D₅）

Maria 认为领导将主导与德国高级领导开会的任务交给她，是对她能力的认可和尊重。因为相比其他中国员工，他们只能去做一些简单事务，而她可以和领导谈话，她认为这也是一种责任的转移，领导赋予她更大的责任，这是对她能力的信任和尊重。

Matthias 也对此有亲身经历：

"我们需要在德国跟进一个服务供应商，然后他（中方领导）就请求我作为专业人士来跟进这件事。我当时就感觉到，我的中国领导在专业领域尊重我，也信任，我给了我了一个工作，还有特别重要一点是，他在其他同事面前来沟通的这件事，（当着同事的面）说出这件事。特别是当一个人刚到这个国度，一切都是新的开始的时候，如果能很快有一个成功的项目，（这是对于我是很重要的。）这也是我对尊重的理解，给予了我自由掌握的空间，还可以承担责任。整个这个项目都是我来领导的。"（D₃）

在 Matthias 刚到中国没多久的时候，中方领导就交给他一个重要的任务，并给予他高度的自由，让他独立领导这一项目。Matthias 认为这是领导赋予他了很大的责任，并当着其他同事的面来安排这一工作，让其他同事也因此能够更快地认识他并信任他，他认为这是领导给予他的尊重。

蒋斑竹在德国工作期间也有过相似的经历，他在访谈中说"咱们中国人感觉对计算数学、对数字一些处理能力要普遍比德国人高，所以说每遇到跟这些方面领域打交道的时候，领导把这部分工作交给我，这是体现一种很大尊重。"（C₉）他认为，基于领导对他出色的数学能力的了解，德方领导每每遇到数学方面的任务，都交给蒋斑竹来完成，这是对他能力的认可，也是对他的尊重。

💬 交流四层面分析

委以重任这一尊重行为多发生在言语层面和非言语层面。如 Matthias 提到，他被委以重任时的情形："他在其他同事面前来沟通的这件事，（当着同事的面）说出这件事。"（D₃）他认为当众说出这一委任，对他来说是明确的尊重的信号。而蒋斑竹在被分配给所有与数学相关的任务时，尊重则更多地表现在分配任务这一非言语行为中。

4.5.2.5 中、德方独有尊重行为

赞扬、祝贺、感谢和委以重任是中德双方共享的四种尊重行为，这四种尊重行为可以表达对他人能力与成就的尊重。除了上述四种双方共有的尊重行为外，还有三种单方独有的尊重行为，即中方颁奖表彰、德方指出好想法的源头和德方领导支持下属发展。

💬 中方颁奖表彰

当被问及是否有过曾经因自己的能力或成就而感到被尊重的经历时，有德方受访者表示曾经被同事推荐获奖。Christian 就曾经获奖：

"我确实被我的同事推荐成为，那个叫什么来着，就是一个称号，奖给和中国员工合作良好的德国员工的，去年的时候，2016 年，得了一个小的奖，一个证书，红色封皮的。我非常开心能得这个奖，这对德国人来说也是很新奇的事，因为我们在德国没有这种东西。中国经常评奖，我也不是唯一的获奖者，有很多人得奖，大家站成一排，拍照，有领导给我们颁奖。我后来也听说，得由同事推荐才能参与评奖，我非常开心。"（D₆）

Christian 曾经被同事推荐获得一个奖项，这一奖项用来表彰与中方合作良好的德方员工，Christian 承认这种奖项对他来说很新奇，在德国的时候没有此类奖励，但他对能过获得这一奖励表示开心，因为是由同事推荐才能获得，他感到，他的中方同事借此对他传达尊重。

Friedrich 也获得过部门的奖励，而且是两次。他认为这个奖励"在中国人中有很高的价值"（D$_2$），他第一年是所在科室唯一获得该奖项的德方员工，第二年是整个部门唯一获得该奖项的德方员工。他一方面认为"得这个奖挺好的"（D$_2$），另一方面也认为这是中方的文化，"德国人不会这么做，会觉得幼稚。"（D$_2$）

💬 德方指出好想法的源头

德方员工在访谈中还表现出另一个尊重行为，即指出好想法的源头。换言之，当展示某一好想法的人不是这一想法的提供者的时候，展示者会明确指出这一想法是由哪位同事贡献的。

Friedrich 就在访谈中讲道："在说一个建议的时候，要说这个建议是由谁提出的。要让出这个主意的人待在焦点中心。我在（德国）S 市的时候，如果我要介绍什么，我都会说这个想法最初是谁的。这很重要。在中国可能不太一样，中国领导介绍东西的时候，不会把员工加入其中。"（D$_2$）

Maria 也提到了相同的尊重表达方式："比如说，我觉得这点很好，然后我也会接受别人的意见，然后跟大家说，这是王女士的想法、创意，就是再突出表扬下这个人，强调是他的点子，而不是我的点子。重要的就是，要表明这是某位同事的点子。我虽然是讲话人，但创意不来自我。"（D$_5$）

由此可见，德方倾向于突出某一好的想法的提供者，使得该想法的真正提出者能够成为"焦点"，而不是该想法的展示者。德方受访者认为这是对提供好的想法和创意的人的尊重。

💬 **德方领导支持下属的发展**

在和具有领导职务的 Matthias 的访谈中，他特别提到，对于下属能力和成就的尊重的形式还包括支持他的职业发展："如果是我的员工，我还会支持他的进一步发展。"（C₃）但德方领导往往受限于三年的派驻期，不能持续的支持一位中方下属的发展，因为三年期满后，他们就要返回德国。而且，在派驻期间，根据合资企业的规定，企业的人事事务由中方经理负责，但这不影响德方领导在人事权以外给予下属职业发展的支持，如赋予他们更有挑战性的工作。

4.5.3 尊重与不尊重互动

基于上述对能力原则下四种尊重行为和三种不尊重行为的分析，本小节里将对中德双方的尊重和不尊重互动进行描述。

4.5.3.1 尊重互动

无论是被赞扬、被祝贺，还是被感谢，都会引发中德双方的积极情感。如 Markus 在访谈中讲述的，当德方同事被赞扬后，"那些德国同事，他们很高兴。"（D₉）问及中方同事的反应时，Markus 表示反应是一样的，也会高兴。

Julia 认为中德双方在被赞扬后都会产生积极情感，但之后的反应不太一样："原则上大家都会高兴，微笑，'谢谢'。这里中国人和德国人有一点区别，中国人总会有点难为情，'不，不'，不希望被突出强调，这个区别有，可以感觉到。德国人就直接接受了'ok，谢谢！''我很高兴'，或者'我就知道这个会成功的，但谢谢你的反馈'。"（D₁₀）Julia 认为德方员工多欣然接受别人的赞扬，而中方员工则更多地表示谦虚，不愿被突出强调。

Lukas 的陈述也印证了 Julia 的说法："有时候他们（中方员工）很

谦虚很害羞，但是大部分时候反应也是类似的，他们会感到高兴，可能也会说谢谢。有时候他们也很害羞。……他们会说这是应该做的，不会多说什么。但是一般的情况是他们也会很开心。"（D₁₃）Lukas 认为，中方在被赞扬后都会很开心，也会很害羞，但会表示感谢。换言之，中方员工在被给予积极评价如赞扬时，会产生积极情感，并用感谢这一尊重行为来回应对方。

Maria 认为在被赞扬之后，会感到高兴，但不一定会做出反应，而是继续努力工作："一般不会通过行动表现出来，就只是获得动力去继续做好事情就是了。"（D₅）Stefan 认为中德双方都有可能不就被赞扬这一尊重行为作出反应："有些中国同事根本不作反应，有些德国人也会，或者有些人会热情地拥抱。"（D₁₁）但他认为有些德国人可能会对赞扬作出热烈的回应，如拥抱对方。

Lukas 认为他会就对方的祝贺表示感谢，并感到高兴："如果是在会议上的时候，我当然会说谢谢，会很高兴。"（D₁₃）换言之，Lukas 认为在被祝贺之后，会引发他的积极情感，并用感谢这一尊重行为来予以回应。

同样 Michael 在被赞扬后也会感到高兴："我自己很高兴，也觉得这是我工作的动力和对我工作成绩的肯定。"（D₁）他认为自己是一个内向的人，不一定会去拥抱别人，但会用微笑来回应对方："我不是很外向的人。我不会拥抱对方等等。像我说的，我会很高兴，我会对对方微笑。"（D₁）而 Johannes 也报告了用笑来回应赞扬的经历，当他赞扬了一位中方员工后，对方的反应是："他没说什么，就笑了一下，表情就足够表达了。"（D₇）同样 Matthias 在被赞扬后，也不做过多的回应，而是以表情来传达"感谢"的信号，"因为我可能天性比较克制审慎，我就在那里享受这个情景了，微笑地看着那些给我积极反馈的人，通过一种身体语言说谢谢。"（D₃）

中方受访者描述自己被赞扬或者感谢时的反应时，多用到"谦虚"一词。

楚墨竹因工作成功被感谢的时候，他的反应是："我反应就是，这是我的工作，不必谢，这就是我的工作。……中国人还是比较谦虚。"（C₁₁）

冯蔷薇也认为中方员工在被赞扬后"一般就谦虚一下。"（C_8）

李海棠通过观察发现，德方员工对别人的赞扬多以接受为主，喜悦之情溢于言表，中方员工则会谦虚处之："德国人就是那种，那是我的孩子（心血）啊，中国人可能说，其实我觉得哪个地方可能很好，其实他们（中方）心里也很高兴，但是还是说，其实里面有一个小小的怎么怎么样（不足），觉得不是很好。"（C_4）

赵杜鹃认为，当被别人赞扬后，应该表示感谢。蒋斑竹因为突出的业绩被领导赞扬后，也表示了感谢："我就说谢谢。"（C_9）他认为这种成绩"只要领导或者同事看见了，记在心里了其实就可以了。"他就不用过分去再表现自己了。

综上所述，无论中方还是德方在被给予积极评价后，都会产生积极情感。中方员工在面对积极评价时倾向于表示谦虚，并通过如感谢等尊重行为予以反馈；德方员工则倾向于欣然接受别人的积极评价，也会使用感谢来回应对方。

4.5.3.2 不尊重互动

当 Julia 的能力被低估的时候，她感到不舒服和尴尬。"我自己认为很普通的事情，总是被我的中国同事积极评价，一方面我很高兴，另一方面也会觉得不舒服。……否认我也不会。我会说这不是什么大事。为你做这事很自然而然的。但我不会否认。"（D_{10}）她认为中国同事不当的积极评价，让她感到自己的能力被低估，这使她感到尴尬，但不会因此而拒绝对方的积极评价。

Florian 有一次否定了中方的一个工作成果，他说"你做的这些决定简直是垃圾（[德]Mist）"，他认为这种话"在德国是可以说的，甚至对方还会说我说得对，可能会说'我不知道怎样做更好，所以就这么做了'。但是在中国这么做就很不对，当时我的行为很不尊重他人。"（D_8）Florian 认为此类否定对方工作成果的话在德国同事之间可以说，但在中国不行，他当时没有控制好自己，这一行为带来了很严重的后果，对方"拉长了脸，嘴角向下，走掉了。""这件事对我的影响持续了很多年，一直到很长时间之后我们才能好好地平等地一起工作。"（D_8）

Lukas报告了一个自己的能力和成就被无视的例子，当他的好的想法没有得到其他同事的回应时，"让我感觉不太好，""我会问，通过不同的方式问，如果同事正好在办公室的话，我会直接跟他说，如果不在的话，我就写个邮件，或者打个电话。"（D_{13}）Lukas认为被无视能力会引起他的消极情感，他会选择追问来获得他想要的反馈。

中方员工面对能力原则中的不尊重行为时，会产生消极情绪，但会选择忍让。沈丁香之前提到自己的德国同事看不到自己工作中的成绩，只盯着自己细节上的失误，当被问及她对这一现象的反应时，她回答："就忍着呗"（C_{10}），这显然不是一个很好的解决办法，所以她在工作了三年半之后选择了辞职。

上文提及楚墨竹为公司引进了一个员工，他高效办理了该员工的入职手续，以尽快缓解该部门人员不足的压力，也使该员工能早日享受公司福利，节省开销，但德方部门经理没有将焦点放在楚墨竹的高效上，而是认为他通知自己这件事太晚了，所以"语气上可能不会这么和蔼，但是会有些反问的加一些语气在里头，可能让人不舒服。"（C_{11}）这造成了楚墨竹的消极情感，但他控制了自己的情绪，选择通过沟通来解释这一误会，但对方对其解释没做出回应。

当蒋斑竹的主意被领导否定后，领导将其据为己有，蒋斑竹还是选择忍让，没有就这一事继续和领导争论。同样，赵杜鹃在自己辛苦找来的项目被领导分配给其他同事时，也选择了"沉默"（C_2）。

由此可见，成就被无视、能力与成就被否认和能力被低估会引发消极情感。中方员工在应对此类不尊重行为时，多选择忍让或沉默，最终所导致的后果也非常消极，沈丁香因此而辞职；德方则选择积极面对，如在被无视后，继续追问对方的反馈。

4.5.4 尊重行为的跨文化调整

在与能力相关的情况中，体现出一些文化差异和基于文化差异认识的适应调整。

4.5.4.1 差异意识

德方员工意识到中方使用颁奖表彰的方式来表达对员工能力的尊重，如 Christian 在访谈中表示："我非常开心能得这个奖，这对德国人来说也是很新奇的事，因为我们在德国没有这种东西。中国经常评奖，我也不是唯一的获奖者，有很多人得奖，大家站成一排，拍照，有领导给我们颁奖。"（D_6）Christian 认为评奖颁奖这种形式在德国没有，这是中方的特色，当他得知这一奖项需要自己的同事推荐方能获得时，他感到非常高兴。Friedrich 对此也有相同的看法。

此外，中方员工认为德方员工在表达对员工能力和成就的尊重时比较直接，也有较多的肢体接触："德国人更直接，他可能你这个做得更那什么，老板可能出来恨不得给你鼓掌，给你击掌，类似拥抱这种（肢体接触）可能会有，这种感觉比较直接。"（C_1）王文竹认为，德方在表达对对方能力的积极评价时，很可能会进行肢体接触，如拥抱、击掌等，他认为这是德方在表达尊重时的特色。

4.5.4.2 适应调整

德方员工认为中方员工在表达尊重时的肢体接触比德方少，"对于关系比较亲密的同事或者伙伴，很可惜这里就会有些不同。我觉得在中国距离会稍微远一点，至少在我身上是这样。"（D_{13}）Lukas 认为自己在向中方同事表达基于对方能力和成就的尊重时，不会有太多的肢体接触，这一点和他在德国的时候不一样。"我自己也得想想我为什么不这么做，可能是因为我很少见到中国人拥抱。并不是因为我和他们关系不好。"（D_{13}）

他通过观察发现，中方不仅不和德方有太多的肢体接触，中方同事之间也不会有很多肢体接触，这证明不是因为人际关系的问题引起肢体接触较少的。基于这一差异意识，他也"不会在办公室和他们（中方员工）拥抱。"（D₁₃）

4.5.5 小结

在本章节中主要介绍了研究中发现的能力原则，及其所属的四个中德共享的尊重行为：赞扬、祝贺、感谢和委以重任，同时发现，与之相对应的不尊重行为不仅是这四种尊重行为的缺失，而是成就被无视、成就与能力被否定和能力被低估。此外，研究还发现了三种单方独有的尊重行为：中方颁奖表彰、德方指出好想法的源头和德方领导支持下属的发展。

在交流四个层面中，本原则的尊重行为涉及了其中的三个层面，分别是言语层面、非言语层面和超言语层面。其中超言语层面如第三方在场的环境，而非言语层面则包含了如肢体接触、鼓掌和送花等行为。

需要特别强调的是，赞扬、祝贺和感谢经常会同时出现在某一次就对方能力和成就的尊重表达当中，因为他们同属于对对方的积极评价，所以有时很难将其彻底区分开。

在尊重互动部分，研究发现本原则中的尊重行为会引发中德双方的积极情感，中德双方都会用另一种尊重行为来回应，如感谢。而不尊重行为则会引起中德双方的消极情绪，中方在面对能力原则中的不尊重行为时倾向于忍让，不作回应。而德方则会采取积极的行为来应对某一不尊重行为。

本原则所涉及的跨文化调整较少，仅限于德方对中方颁奖表彰的差异意识，以及中德双方对中方肢体接触较德方少的意识，以及德方对此所做的适应调整。例如：德方员工在意识到中方员工在表达尊重时肢体接触较少后，主动减少或者不通过肢体接触的方式向中方同事表达尊重。

4.6 研究结论

本章展示了本研究的主要研究结果，它们同时也是本研究的创新之处，由此总结出研究结论如下：第一，中德双方的 20 种共享尊重行为和 11 种单方独有尊重行为；第二，基于尊重行为的尊重五原则（礼貌原则、协商原则、合作原则、权威原则和能力原则）；第三，尊重行为在交流四层面中的充分体现；第四，尊重与不尊重情况下互动的模式；第五，中德基于差异意识的跨文化调整。除此之外，本研究还发现了尊重作为态度时的历时变化特点，在这里一并作为研究结论呈现。

4.6.1 中德双方的尊重行为

研究共发现中德共享尊重行为 20 种和单方独有的尊重行为 11 种，它们分别从属于尊重五原则，详见图 4-2 和图 4-3。

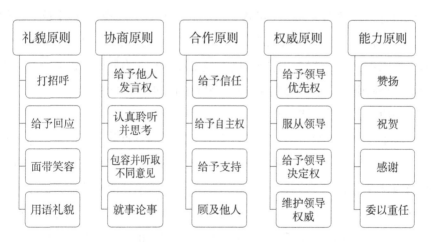

图 4-2　中德双方共享尊重行为及所属尊重原则

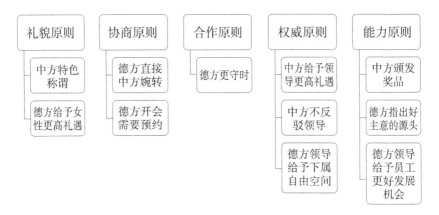

图 4-3　中、德单方独有的尊重行为及所属尊重原则

4.6.2 尊重五原则之间的关系

相比 Eckloff 和 Quaquebeke 进行的蕴含有尊重的领导行为的研究结果而言，本研究不仅将视角从上下级之间扩大到平级之间，而且所研究的尊重行为的数量和抽象程度上都优于前者。本研究共发现 20 种中德共享的尊重行为和 11 种单方独有的尊重行为，它们分别被归入五个尊重原则中，即礼貌原则、协商原则、合作原则、权威原则和能力原则。这五个原则中的前三个原则构成了人际交往中的基础性的尊重，即礼貌原则、协商原则和合作原则，也即水平尊重，在图 4-4 中以地基的形式体现。而后两个原则是基于被尊重者自身的属性或特点而被赋予的垂直尊重，如权威原则是基于企业中上级领导的职务，能力原则是基于被尊重者自身的能力以及因能力而达成的成就，以柱子的形式出现在图 4-4 中。但在其他语境中，被尊重对象可能有其他特点，例如家庭中孩子对父母的尊重、学校中学生对老师的尊重、军队中士兵对他人军功的尊重等，也就是说在其他语境中表示基于他人特点而产生的垂直尊重的支柱可能有所不同，数量也可能增多或者减少。

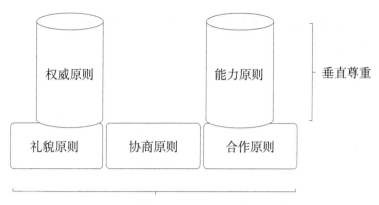

图 4-4 尊重五原则的关系

礼貌原则、协商原则和合作原则是企业人际交往中的基础，是任何员工和领导都应当遵守的原则。而权威原则和能力原则只针对某些特殊人群，如肩负领导责任的上司和具有突出能力的员工，而员工的突出能力经常以业绩或成就的形式表现出来，所以，不是每个员工都能够享有此类垂直尊重。

尽管这五个尊重原则对中、德员工都适用，但在具体的尊重行为上则体现出了文化差异，有些较小的文化差异体现在同一尊重行为不同的表现方式上，有些较大的文化差异则体现在拥有一些单方独有的尊重行为。前者如德方打招呼倾向于握手，而中方较少有肢体接触，再比如德方谈话时，倾向于直视对方眼睛以示尊重，而中方则不习惯目光接触；后者有如中方给予领导更高的礼遇，而德方则无此尊重行为，或者，中方平级员工之间通过婉转地给出消极意见显示尊重，德方员工则会直接提出批评性意见。

因此，中德员工在合作中如果不注意此类差异，则会造成对对方行为的误读，或者给对方传递不尊重对方的感觉。基于此，尊重行为的跨文化调整就显得尤为重要，且这一调整贯穿了中德尊重互动的始终，体现在所有五个尊重原则中，为该模型提供了一个跨文化的屋顶，以此表示跨文化调整贯穿体现在所有的尊重原则之中。尊重五原则和跨文化调整的关系如图 4-5 所示：

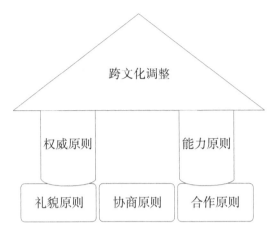

图 4-5 尊重五原则与跨文化调整的关系

跨文化调整体现在中德双方基于对双方之间文化差异的认识，而对自己的行为作出的主动调整。例如，中方员工之间见面不握手，而和德方打招呼时握手；德方平级同事之间可以直接指出对方错误，而在中方同事面前则避免直接批评对方；德方员工不会给德方领导开门让先，但会给中方领导开门等。

最后，需要特别强调的是，尊重五个原则及其相对应的尊重行为是可以同时出现在互动中的，如一位员工对领导的尊重行为会遵守礼貌原则、协商原则、合作原则和权威原则，同时，对有能力的领导也遵守能力原则，因此尊重原则的遵守是复合而非单一的。但五个原则中的任何一个原则在行为表现上出现缺失，都会影响一个人的整体尊重感知。例如，中方员工觉得德方员工在礼貌原则上做得很好，但在合作原则或者能力原则上没有尊重中方，这样给中方员工的感觉就是德方员工在表面上很尊重中方员工，但实际内心并不真的尊重中方员工（以 C_{13} 为例）。

4.6.3 交流四层面与尊重行为

相比 Bailey 对韩国移民零售商和非洲裔美国顾客之间的购物过程的研究，本研究对尊重行为的研究涵盖了交流的所有四个层面，而 Bailey 只关注了言语层面。本研究发现尊重行为体现在交流四层面的所有四个层面当中，有时不同交流层面中的尊重行为会同时出现在交流中。同样，不尊重行为也都可以在四个层面中找到原型。例如，德方使用的直接的批评性话语和中方婉转地表达批评性意见就是被感知为不尊重的行为和尊重行为在言语层面的体现。中方较少有肢体接触和德方会通过拍肩、拥抱等行为表达尊重就是尊重行为在非言语层面的体现。用不是对方母语的语言说话，如果语速过快则会被感知为不尊重自己的行为，怀疑对方想用语言优势"碾压"自己；此外，对方从语音语调也能够听出一个人是否乐于支持自己的工作。而超言语层面则主要体现在所选择的交流环境方面，如是否当众指出某人的不足，或者当众赞扬某人等，如果环境选择得当，会取得更好的交流效果，反之亦然。

除上述口头交流外，尊重行为也出现在书面交流中。如在邮件往来中，中方员工会使用一些诸如"烦请""盼您的决策"等有尊重特点的语言，这些都是在书面交流的言语层面的体现。通过对"笑脸"符号的使用，不仅传递了善意，也传递了尊重，而这种表情符号的使用则是在非言语层面的体现。在副言语层面上则表现为邮件行文格式的不规范和不成熟。超言语则体现在助理在春节期间用短信辞职，且没有给领导留招募新人的时间。

表 4-2 更直观地展现了尊重五原则在交流四层面中的具体体现：

由此可见，尊重行为不仅体现在交流的言语、非言语、副言语和超言语所有四个层面，还覆盖了口头交流和书面交流两种交流方式。所以，在四个层面的交流都会影响到中德之间的尊重互动。

表 4-2　尊重原则在交流四层面中具体体现

	礼貌原则	协商原则	合作原则	权威原则	能力原则
言语层面	用语礼貌	询问对方意见	使用共同的语言	询问领导的需求	赞扬对方
非言语层面	面带笑容	谈话中目光接触	主动帮助对方(订机票)	等领导先打完电话	赞扬对方的时候拍肩
副言语层面	没有礼貌的语气	和非母语的人交谈放慢语速	语音语调中露出不情愿的情绪	和领导说话语气轻柔	被质疑能力，语气不和蔼
超言语层面	一对一打招呼和对人群打招呼	抽出时间听取对方的意见	助理选择假期辞职	选择指出领导错误的环境（私下）	当众赞扬他人的能力

4.6.4 尊重与不尊重互动模式

虽然中德双方在尊重行为中表现出了一定程度的文化差异，但经过反复对比他们对尊重行为和不尊重行为的反应，笔者仍发现了一些基本的规律。

中德双方在访谈中都谈到，感知到尊重行为，会引发其积极情感。部分尊重行为会被报以尊重行为。如被赞扬后，感到开心，会对赞扬者表示感谢；在工作中被给予帮助，会使被帮助者感到高兴，并准备在适当的场合向帮助者也提供帮助。有些感知到尊重的受访者没有提及自己的情感变化，但表示会用同样的（尊重）行为反馈对方。由此可见，尊重行为会换来尊重行为，如图 4-6 所示：

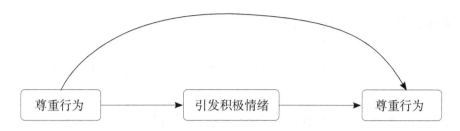

图 4-6 尊重互动模式

相反，不尊重行为则会引起消极情感，很多受访者都反映，在感知到不被尊重后，他们会产生"伤心""沮丧""失望""生气"等消极情感。在面对不尊重行为时，中德双方表现出了一些有规律的反应，如中方员工在面对不尊重行为时，多选择忍让，但单纯忍让无助于改善自己的不利处境，相反，一味的忍让只能让自己积愤难消，从而对自己的工作的满意度下降，受访者中也有人因此而选择辞职。德方则有很多受访者选择积极面对不尊重行为，尝试各种方式来改善这一不利处境，并且在很大一部分情况中，不尊重行为会有所改善。也有德方受访者选择消极对抗，这种方式不仅无助于不尊重行为的改善，还可能导致双方关系恶化，并且在这一过程中还有可能浪费宝贵的企业资源或导致工作效率低下。这三种不尊重行为互动模式详见图 4-7：

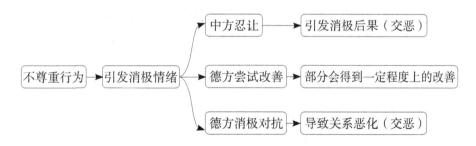

图 4-7 不尊重互动模式

4.6.5 跨文化调整的原因

本章总结了中德双方对尊重行为的跨文化调整的事例。通过梳理发现，中德双方都有放弃本文化的习惯而采取对方文化的尊重行为的情况发生，但也有一些德方员工在意识到文化差异后，坚持使用本文化中的尊重行为。本研究发现影响中德双方尊重行为跨文化调整与否的决定因素是主观判断该调整是否会惠及对方（请见图4-8）。

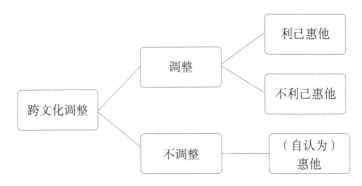

图 4-8　尊重行为跨文化调整的原因

如某一种尊重行为利己也惠及对方，即使这一尊重行为和己文化中的尊重行为不同，也会调整自己的尊重行为，来适应对方的文化，希望通过这一调整在施惠于对方的同时，也能够促进沟通，增进关系。在这一情形中，降低对方对异文化的差异感可以被视作是惠及对方。在本研究中此类例子有如：Maria为了让中方员工更好地理解自己，在说德语的时候优先使用短句式和简单的词汇。这样做不仅可以让中方员工更好的听懂，还可以更好地传递自己所要传递的信息。再比如，Christian发现中方员工之间打招呼时不握手，他也调整自己的打招呼方式，不再与对方握手。还有李海棠和领导握手的时候总是站起来，德方领导纠正她的这一行为，她也调整自己的行为，和德国领导握手时，不再起身。楚墨竹发现，德方员工和所有碰到的员工都打招呼，无论认不认识，他调整自己只与认识的员工打招呼的习惯，和所有遇到的德方员工都打招呼。诸如此类的调整还有很多。

还有一种调整是不利己但惠及对方。不利己不仅意味着，这一尊重行为不属于自己文化中固有的行为，而且并不会为自己带来利益，但为了能够惠及对方，给对方提供熟悉的文化环境，还是会做出此类调整。例如：Julia 发现在向中方员工提出批评性意见时，需要婉转地表达，以确保对方不会反感或感到受伤害，基于这一认识，她调整了自己的行为，在向中方员工表达消极意见时，都会婉转表达。还有 Hans 认为德式的报告要简约，直指要害，而中方的报告则很多页，因为中方领导认为报告应该篇幅较长，这才说明工作做得充分，为了照顾中方领导（他的搭档），他允许中方员工将报告多写几页，但在前三页还是要能够将问题说清楚。再比如，中方孙百合认为盯着对方眼睛说话很不舒服，但她为了适应对方，还是会看着德方眼睛说话，但和中国人说话时，则不会看。

除此之外，还有一些文化差异虽然被意识到了，但在不引起对方不快的前提下，不会对其做出调整。在分析了这些没有引发调整行为的差异意识后，笔者发现凡此类差异意识均被认为：不做调整会惠及对方或他人，尽管这一惠及不再指让对方有一个相对熟悉的己文化环境，但会被认为，不做这一调整会给对方带来更大的益处。

例如，Hans 在访谈中举过领导加入谈话的例子：

"如果是一个中国领导加入谈话，立刻大家都安静了，都看向中国领导，这是正常的中国式的，如果我进入一个德国人的谈话，大家都会感知你的加入，但通常还是会把当前的话说完，不会立刻停止。我是领导，我不会期望你立刻停下来问我"领导，我能为你做点什么？"你把你的话快速的说完，然后我再加入谈话"（D₄）

Hans 不希望给员工"大领导来了"（D₄）的感觉，他希望让员工觉得"我们还是平等相待的"。因此他会等员工把当下话说完，再加入到谈话中。在这一差异中，Hans 没有改变自己的行为来适应对方的文化，因为他认为自己不调整能够更多的施惠予对方，给予对方平等的感觉，想让中国下属知道"我其实和你们是同一个层面的，……但是又有一点不同，我有管理责任，我有时候需要决定往哪个方向走，做出决定。"（D₄）

Hans 在和同事吃饭的时候注意到："中国员工的杯子一直在中国领导的下方，这点我不希望。"（D₄）他拒绝接受这种中国式的尊重行为，即给予领导更高礼遇的尊重行为，希望借此给中方员工传递平等的信号。

Friedrich 讲述了另一个不会调整的例子："我在（德国）S 市的时候，如果我要介绍什么，我都会说这个想法最初是谁的。这很重要。在中国可能不太一样，中国领导介绍东西的时候，不会把员工加入其中。公开这个想法产生的过程，在中国不是很常见，在中国，领导都比较神秘，在德国完全不一样。"（D₂）但是他还是"要让出这个主意的人待在焦点中心"（D₂）他没有调整自己的行为来模仿中方领导的做法，而是保持了自己的德国式的方式。因为他认为这种不做调整能够对提供好主意的人更有利。

上述不做调整的例子都涉及了一个共同点，即价值判断，认为自己本文化的行为"更平等""更好""更有利"，因此在不引起对方不快的前提下，不做调整。

反观那些跨文化调整，它们多不涉及价值观的改变。如改变打招呼的方式，改变表述问题的语言组织，改直接为婉转地传递消极意见，增加将报告的页数，看着对方眼睛说话等。

这一现象也印证了文化理论中的洋葱模型，即位于洋葱表皮的符号、英雄和仪式较容易被改变，而位于核心位置的价值观，则不容易被改变。而且，即使做出涉及价值判断的调整，也不意味着在内心深处真的接受这种价值观，可能只是迫于压力不得不做出这一调整。所以，基于价值观的不做调整的决定，通常需要在不影响双方合作的前提下做出。

4.6.6 尊重态度的变化

在本研究的访谈中，受访者还谈到了对一个人的尊重态度在何种情况下会发生改变。通常对一个人的尊重态度是会随着时间推移和相互了解的加深，或者随着自身能力的提升而变化的，进而可以从尊重行为上表现出来。这一变化尤其表现在对一个人的评价的尊重上，即基于能力与成就的垂直尊重。

尊重的减少

如果下属认为领导的能力不足，或者工作业绩差，则会降低对其尊重，还有可能表现在行为当中。如 Stefan 所说的：

"如果我觉得他的工作做得不好，或者我感觉他做错了，或者我老有感觉他对我做的事情不了解，我作为领导就会对他的能力（的评价）有所降低，然后我的行为会发生一些变化，我对他工作就不会那么透明，我会试着尽可能少地与这个人（一起）工作，减少接触。"（D_{11}）

同时自己能力的提升也会导致对对方尊重的减少。蒋斑竹在访谈中说："时间久了以后你自己专业知识能力上去了，然后你对别人没有那么仰慕了，大家基本上同一个水平线上。你对他们自然而然不如开始那么尊重了。"（C_9）

尊重的增加

同样，一方能力的提升也会改变一方对另一方的尊重态度，如 Markus 语："12 年前，我们刚开始在这工作的时候，我们德国人在技术上，可以说我们是唯一懂技术的人，当时德国是世界领先的。现在当然发生了一些变化。……我自身的变化是，我的朋友比以前多多了，大家相互之间是平等的，也就是说，我们可以在同一个知识水平上进行讨论，这在以前是不可能的。也包括中国人。因为他们以前没有这些知识，那时候我向他

们传授技术，我教他们。"（D₉）

Markus 认为相比 12 年前，中方的技术水平有了很大的提升，他们现在可以在同一个知识水平上进行讨论了，这在 12 年前是不可能的，因此在能力方面，他对中方同事的尊重是有所增加的。

中方员工也有类似的例子，如杨玫瑰之前对一位同事的观感并不好："但是你觉得他怎么这么不像个德国人，怎么这样圆滑说话，后期觉得其实他是一个工作能力挺强的人。"当杨玫瑰对他的德国同事有了深入了解之后，发现他的"工作能力挺强的"，因此杨玫瑰对他的尊重有所增加。

尊重的历时变化

研究还发现，在评价的尊重（即基于能力和成就的垂直尊重）方面，德方对中方的尊重在增长（见图 4-9），而中方对德方的尊重在减少（见图 4-10）。

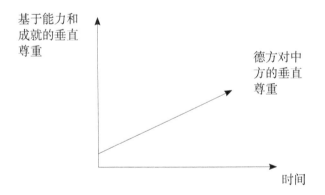

图 4-9 德方对中方评价尊重的增长

在上面两个小节中讨论了，自身能力的提高和对方能力的下降会引起对对方评价尊重的减少，相反，对方能力的提高会引起一方对另一方评价尊重的增加。受访者在谈及从德国企业在华投资到现在的尽 40 年时间里双方尊重态度的变化时表示，随着中方能力的提升，德方对中方的评价尊重在增加，中方对德方的评价尊重则在减少。

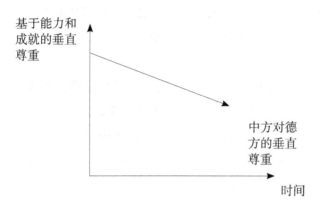

图 4-10　中方对德方评价尊重的减少

当改革开放初期的时候，德方在技术（能力）方面领先中国，中方因此给予德方很高的评价尊重，而德方对中方的评价尊重则较低。经过尽40 年的发展，中方在技术方面有了长足的进步，在某些领域已经追上甚至超过了德方。中德双方受访者就这一问题都有评述，如吴石竹语：

"因为首先过去改革开放之前普遍自己都认为中国是比较落后，这也是为什么要改革开放，要引进国外的技术、引进国外的管理什么的，因为那会儿我们意识到我们很多东西相比人家落后。那会儿能把所有的外国人甚至都捧为专家，（恨不得）来一个人就是专家，……但是改革开放这么多年以来，这是我自己的心情体会，确确实实，中国在管理方面、技术方面、人才方面都有很大的飞跃，我觉得和他们相比，在很多方面、在很多的领域跟他们不相上下。"（C₆）

德方的 Markus 也有这样的表述，在前文"尊重的增加"一段中已经引用过，他认为相比 12 年前初到中国时，现在的中国同事的能力有了很大的进步，原来来中国就是来传授中方技术的，而现在他可以平等地和中方同事讨论技术问题，这是他认为他对中方同事的尊重提升了。

Florian 对此有自己的体会，他认为他们"刚来（中国）的那几年，确实得到很高的重视。"（D$_8$）他回忆了当时他在机场出关的情况："以前德国航班到达的时候，会专门开一个窗口（给德国航班），很快就可以过关。"（D$_8$）对比现在所受到的对待，他认为："现在德国人觉得自己在中国不那么受欢迎了。"（D$_8$）

Hans 也有这种感觉："然后在另一个工作层面，工程师层面，在准备某一车型的时候，我有这种感觉，我不需要你们（德国人），我们自己就可以搞定。"（C$_4$）他感觉中方认为自己的能力足够独立完成工程方面的工作，不需要德方的技术支持，这也体现出中方的技术能力的提升，从而对德方的评价尊重有所下降。

基于自己能力的提升，中方对德方评价尊重（即基于能力与成就的垂直尊重）就逐渐降低。已经不再是像吴石竹说的当初的那种情况了："中方是跟着人家（德方）学习的，包括那个总裁人家走那儿跟着那儿，就跟屁虫似的在那儿学。"（C$_5$）而是变成了"中国人的视野宽了，……原来确实是崇拜，尊崇或者是尊重，慢慢以后通过自己在丰富自己、提高自己，以后觉得跟他（德方）的差距就小了，……而且因为我本身提升了。"（C$_5$）

由此可见，评价的尊重（即基于能力与成就的垂直尊重）会随着能力的此消彼长而发生变化。在过去改革开放的尽 40 年里，中方对德方的评价的尊重发生了从多到少的变化，而德方对中方此类尊重也发生了从少到多的变化。

本研究旨在对中德跨文化语境中的尊重互动做开拓性的初步研究，分析总结中德跨文化语境中中德双方的尊重行为，以及双方对尊重行为和不尊重行为的反应，在此基础上提炼出双方尊重互动的模式，并以此为后续的中德尊重行为和互动研究奠定基础。通过对在华德资企业中尊重行为、尊重互动和尊重跨文化调整的系统研究，本研究很好地实现了在导论部分所提出的研究目的。

本研究采用质性访谈法，通过对中德双方各 14 人（含预访谈）进行了半结构化的深度访谈，总结出中德双方尊重互动的 20 种共享的尊重行为和 11 种单方独有的尊重行为，并以此为基础提炼出尊重行为的五原则，即礼貌原则、协商原则、合作原则、权威原则和能力原则。这五原则涵盖了中德双方平级和上下级之间工作交往中的主要方面，对中德合作实践有一定的指导意义。

本文将尊重定义为"一个人使另一个人感到自己的价值或意义被承认的行为"，故此，本研究将焦点放在了德资企业内中德人际交往中表达尊重的行为，通过研究发现中德双方员工均使用 20 种行为来表达尊重，双方都能够理解对方的这 20 种共享的尊重行为，除此之外，中方和德方员工还有 11 种由一方独有的尊重行为，其中一部分在中德人际交往中引起了一定的误解，给双方的沟通造成了一定的困难。为了改善这一点，笔者认为增进双方的了解是必要的，双方均应遵守尊重五原则，如果条件允许，还应当引入相应的跨文化培训。

研究还通过对双方尊重行为和不尊重行为的深入探究，发现尊重互动既出现在口头交流中，也出现在书面交流中，同时在言语、非言语、副言语和超言语四个层面上的交流都能够影响双方的尊重互动。这一发现印证了 Watzlawick 交流五大公理中的"交流不仅限于语言",提醒跨文化交流参与人要重视言语以外的交流层面,如非言语、副言语和超言语层面。

同时,Watzlawick 所提出的不对称交流也体现在尊重行为当中,如上级与下级之间的尊重互动就呈现出不对称的特点,领导会享有基于职务权威的承认尊重,而有突出能力的员工也会享有更多的评价尊重。而顺序在尊重交流中的体现尤为明显,如中国员工倾向使用让先来向领导表达尊重,德国员工向女性让先等。尊重互动双方的关系也决定了双方交流的成败,如 Friedrich 和他的中国同事的错误的关系定位导致了双方尊重表达和尊重感知的误解。同样,在华德资企业这一语境也对尊重互动有着重要的意义,如在企业语境中交流双方本着合作共赢的理念,很少或者尽量避免将对方的不尊重行为解读为主观故意,这在一定程度上能够减小不尊重行为所带来的负面影响。而尊重行为的跨文化调整和尊重互动本身就反映了交流是一个互动过程的特征,它是双方互相施加影响的过程,在这一过程中双方都有根据和对方的接触经验来调整自己行为的可能。上述发现很好地印证了尊重互动符合人际交流的特征。

在尊重互动方面,本研究发现,**尊重行为会引起双方的积极情感,而不尊重行为会引起双方的消极情感**。尊重行为多被报以尊重行为,而面对不尊重行为,中德双方的反应不尽相同。中方在面对不尊重行为时,多采取忍让的方式,这不会改善不利情况,相反,会导致中方对工作的满意度下降,双方关系交恶,甚至有员工因此而辞职。德方多采取积极态度来面对不尊重行为,通过尝试来改善不利局面,多数情况下不尊重行为会得到遏制;部分德方员工会采取消极对抗的方式应对,这直接导致双方关系恶化,降低工作效率,浪费企业资源。

此外,本书还从跨文化的角度研究了,双方在发现就尊重行为方面中德之间存在差异后所做的跨文化调整,并发现位于"文化洋葱"表层的符号、英雄和仪式较容易被调整,而位于核心位置的价值观则不容易被调整。

本研究除完成研究目的之外，还发现了双方受访者对尊重态度描述的规律。笔者通过对受访者表述的研读发现，一方能力的消长会影响另一方对其评价尊重（即基于能力与成就的垂直尊重）的增加或者减少。从历时的角度来看，中方因为自身能力的提升，对德方的评价尊重态度有所减少，而德方因此对中方的评价尊重态度有所增加。

5.1 研究的局限性

本研究主要存在以下两点局限性，第一，中方受访者中没有人有德方下属；第二，在华德资企业有不同的股比分配模式。

很遗憾在 14 名中方受访者中，尽管有人处于管理岗位，但没有中方受访者有德方下属。这一方面造成了在中方领导与德方下属互动部分数据的缺失，另一方面，这一情况也体现出德资企业在华用人方面的特点，即来华德方员工在很大程度上都肩负管理中方下属的责任，而中方员工则鲜有管理德方员工的机会。

尽管本研究考虑了企业语境中的交流特点，但没能涉及不同类型的在华德资企业的股比分配差异，本文中的德资企业既包括德资全资企业，也包括中德合资企业。因此，本研究不讨论因投资比例而带来的环境差异，以及由此产生的企业文化差异。

5.2 未来研究展望

本研究确立之初即定位于中德跨文化语境中尊重互动的开拓性研究，

期冀能够为后来研究提供一定的思路和实践指引。在完成这一研究后，科研人员还可以进一步完善本研究的不足，如根据德资企业的类型进一步就环境对尊重行为和尊重互动的影响进行深入研究。

本研究立足本土，但随着中国企业"走出去"步伐的加快，中资企业能否适应外国的投资环境，以及能否掌握足够的跨文化知识来应对通过雇佣外国本地员工所带来的挑战，都是未来研究所要继续关注的焦点。如中德双方在等级意识上的差异是否会对中方外派人员在其领导风格乃至方式上有所影响，因为德方缺乏中方特有的给予领导更高礼遇的尊重行为。又例如中德双方在处理工作关系和私人关系上的差异，是否会造成德方当地雇员无法适应中方外派领导的工作风格和方式。这一系列的问题都留待后续研究继续深入探究。

参考文献（一） 中文文献

艾尔·巴比，2009：《社会研究方法》（邱泽奇译）。华夏出版社。

陈碧兰/蔡望，2015："在越中资企业跨文化交际调查研究"。载:《科教文汇旬刊》。
　　2015，第 19 期，第 189-190 页。

陈国明，2009：《跨文化交际学》。华东师范大学出版社。

陈向明，2000：《质的研究方法与社会科学研究》。教育科学出版社。

陈晓萍，2016：《跨文化管理（第三版）》。清华大学出版社。

崔培玲，2000："中德大学生普通异性间交往面面观"。载:《德国研究》。
　　2000，第 3 期，第 48-53 页。

戴晓东，2011：《跨文化交际理论》。上海外语教育出版社。

董莲池，2004：《说文解字考证》。北京作家出版社。

董树梅/和学新/张扬/王文娟，2015："学生尊重行为的现状调查与思考——基
　　于学生的问卷调查"。载:《教育科学研究》。2015，第 1 期，第 55-59 页。

高菲，2015："中德跨文化交际中对待冲突的差异及解决对策"。《湖北函授大
　　学学报》。2015，第 19 期，第 98-99 页。

郭湛，2001："论主体间性或交互主体性"。载:《中国人民大学学报》。
　　2001，第 15（3）期，第 32-38 页。

和学新/王文娟，2009："近十年我国'尊重与教育'问题研究评析"。载:《教
　　育理论与实践》。2009，第 22 期，第 12-15 页。

胡文仲，2004：《超越文化的屏障》。外语教学与研究出版社。

霍尔，2010：《无声的语言》（何道宽译）。北京大学出版社。

贾文键，2008："跨文化经济交流刍议——以中德交流中的误解与冲突为例"。载:
　　《商场现代化》。2008，第 32 期，第 138-140 页。

马勒茨克，2001：《跨文化交流：不同文化的人与人之间的交往》（潘亚玲译）。
　　北京大学出版社。

马利文/陈会昌，2005："尊重的心理学本质与内涵"。载:《教育理论与实践》。
　　2005，第 8 期，第 31-33 页。

马利文 / 陈会昌，2007："中小学教师对尊重的理解及不尊重行为的表现"。载：《教育研究与实验》。2007，第 6 期，第 53-56 页。

潘雪冬，2013："跨文化调整在跨国外派工作中的重要性分析"。载：《中国集体经济》。2013，第 7 期，第 161-162 页。

潘亚玲，2013："我国德语专业学生跨文化能力培养目标与路径——基于实证研究的分析与建议"。载：《德语人文研究》。2013，第 1 期，第 48-54 页。

潘亚玲，2016：《跨文化能力内涵与培养》。对外经济贸易大学出版社。

綦甲福，2011："称呼代词的跨文化性与语用距离研究"。载：《解放军外国语学院学报》。2011，第 34（6）期，第 21-25 页。

钱敏汝，1997："跨文化经济交际及其对外语教学的意义"。载：《外语教学与研究》。1997，第 4 期：第 45-51 页。

钱敏汝，2001：《篇章语用学概论》。外语教学与研究出版社。

邱均平 / 邹菲，2004："关于内容分析法的研究"。载：《国图书馆学报》。2004，第 30（2）期，第 12-17 页。

史笑艳，2015：《留学与跨文化能力》。外语教学与研究出版社。

斯蒂芬·达沃尔，2015：《第二人称观点》（章晟译）。译林出版社。

涂志成 / 谢莉，2008："尊重言语的不礼貌性探讨"。载：《成都师范学院学报》。2008，第 24（10）期，第 62-64 页。

魏光奇，2000：《天人之际：中西文化观念比较》。首都师范大学出版社。

许慎，1963：《说文解字》。中华书局。

亚伯拉罕·马斯洛，2007：《动机与人格（第三版）》（许金声译）。中国人民大学出版社。

姚燕，2014：《中德跨文化经济交往伦理问题初探》。知识产权出版社。

姚颖莹，2014："高校外事工作中的中德跨文化冲突与对策——以浙江科技学院中德学院为例"。载：《浙江科技学院学报》。2014，第 2 期，第 121-124 页。

曾刚 / 王飞，2007："中德商业文化差异对上海大众汽车供货商网络的影响"。载：《南京晓庄学院学报》，2007，第 23（1）期，第 37-42 页。

张春妹 / 周宗奎 / Yeh Hsueh，2005："小学儿童的尊重观念及其发展"。载：《心理科学》。2005，第 2 期，第 82-86 页。

张春妹 / 邹泓 / 侯珂，2006："小学儿童尊重行为与人格、班级环境的关系"。载：《心理发展与教育》。2006，第 3 期，第 18-24 页。

张晓玲，2014：《跨文化上下级信任互动研究》。北京外国语大学博士论文原稿。

中国社会科学院语言研究所词典室，2005：《现代汉语词典（第5版）》。商务印书馆。

周治华，2009：《伦理学视域中的尊重》。上海人民出版社。

周宗奎/游志麒，2013："尊重及其跨文化研究：心理学的视角"。载：《西北师范大学学报（社会科学版）》。2013，第5期，第83-88页。

朱晓姝，2007：《跨文化成功交际研究》。对外经济贸易大学出版社。

赵中建，2012："美国启动'尊重项目'助推教师职业发展"。载：《上海教育》，2012，第8期，第14-21页。

参考文献（二）　英、德文文献

Bailey, B., 1997: Communication of respect in interethnic service encounters. In: *Language in Society*, 1997, 26(3), S. 327-356.

Beregova, A., 2011: *Respekt an Bord: der Einfluss von Kultur auf die Wahrnehmung respektvoller Führung bei Seeleuten*. Diplomarbeit an Hamburg Universität.

Berry, J. W., 2005: Acculturation: Living successfully in two cultures. In: *International Journal of Intercultural Relations* 2005, 29(6): S. 697-712.

Bird, C., 2004: Status, identity, and respect. In: *Political Theory*, 2004, 32(32), S. 207-232.

Black, J. S. / Morrison, A., 2014: *The Global Leadership Challenge*. New York.

Black, J. S. / Gregersen, H. B., 1991: Antecedents to Cross-Cultural Adjustment for Expatriates in Pacific Rim Assignments. In: *Human Relations*, 1991, 44(5): S. 497-515.

Black, J. S. / Mendenhall, M. / Oddou, G., 1991: Toward a comprehensive model of international adjustment: An integration of multiple theoretical perspectives. In: *Academy of Management Review*, 1991, 16(2): S. 291-317.

Bolten J., 1997: Interkulturelle Wirtschaftskommunikation, In: Walter, R. (ed.): *Wirtschaftswissenschaften. Eine Einführung.* Paderborn, S. 469-497.

Bolten, J., 2002: Das kommunikations-paradigma im internationalen m&a-prozess. due diligences und post-merger-management im zeichen der „zweiten moderne". In: *Interculture online*. 2002, 2: S. 1-20.

Bolten, J., 2015: *Einführung in die Interkulturelle Wirtschaftskommunikation*. 2. überarbeitete Auflage. Göttingen

Broszinsky-Schwabe, E., 2011: *Interkulturelle Kommunikation: Missverständnisse - Verständigung* (1. Aufl.). Wiesbaden.

Brown, P. / Levinson, S. C., 1987: *Politeness: Some universals in language usage*. London.

Burgoon, J. K. / Hubbard, A. E., 2005: Cross-cultural and intercultural applications of expectancy violations theory and interaction adaptation theory. In: William B. Gudykunst (Hrsg.), 2005: *Theorizing about intercultural communication*. Thousand Oaks S. 149-171.

Butler, M. / Drake, D. H., 2007: Reconsidering Respect: Its Role in Her Majesty's Prison Service. In: *Social Science Electronic Publishing*, 2007, 46(2), S. 115–127.

Caligiuri, P. M., 2000: Selecting Expatriates for Personality Characteristics: A Moderating Effect of Personality on the Relationship Between Host National Contact and Cross-cultural Adjustment. In: *Mir Management International Review*, 2000, 40(1): S. 61-80.

Cohen, R. / Hsueh, Y. / Zhou, Z. / Hancock, M. H. / Floyd, R., 2006: Respect, liking, and peer social competence in china and the united states. In: *New Directions for Child Adolescent Development*, 2006(114), S. 53-65.

Corbin, J. / Strauss, A., 2008: *Basics of qualitative research: techniques and procedures for developing grounded theory.* (3. ed.) Los Angeles.

Darwall, S. L., 1977: Two kinds of respect. In: *Ethics*, 1977, 88(1): S. 36-49.

Decker, C. / Van Quaquebeke, N., 2015: Getting Respect from a Boss You Respect: How Different Types of Respect Interact to Explain Subordinates' Job Satisfaction as Mediated by Self-Determination. In: *Journal of Business Ethics*, 2015, 131(3): S. 543-556.

Decker, C. / Van Quaquebeke, N., 2016: Respektvolle Führung fördern und entwickeln. In: Felfe, J. / van Dick, R. (Eds.), 2016: *Handbuch Mitarbeiterführung: Wirtschafts- psychologisches Praxiswissen für Fach- und Führungskräfte*. Berlin, Heidelberg. S. 27-40.

Deissler, G., 2012: *Interkulturelle Bewusstseinsforschung: Eine ganzheitliche Interkulturalität des Geistes, der Seele und des Leibes*. Norderstedt.

Dillon, R. S., 2007: Respect: a philosophical perspective. Gruppe. Interaktion. Organisation. In: *Zeitschrift für Angewandte Organisationspsychologie (GIO)*, 2007, 38(2): S. 201-212.

Dillon, R. S., 2010: Respect for persons, identity, and information technology. In: *Ethics & Information Technology*, 2010, 12(1): S. 17-28.

Drosdowski, G. (Hrsg.), 1994: *Duden „Das große Wörterbuch der deutschen Sprache"*: in acht Bänden- 2., völlig neu bearb. und stark erw. Aufl. - Mannheim.

Eckloff, T. / Quaquebeke, N. V., 2008: Entwicklung und Validierung einer Skala zu respektvoller Führung. In: Witte, Erich H. (Hrsg.), 2008: *Sozialpsychologie und Werte*. Pabst, Lengerich, S. 243–275.

Eckloff, T. / Quaquebeke, N. / Witte, E., 2008: *Respektvolle Führung und ihre Bedeutung für die Gestaltung von Veränderungen in Organisationen*. Wiesbaden.

Gioia, D. A., / Corley, K. G. /Hamilton, A. L., 2013: Seeking Qualitative Rigor in Inductive Research. In: *Organizational Research Methods*, 2013, 16(1): S. 15-31.

Grover, S. L., 2013: Unraveling respect in organization studies. In: *Human Relations*, 2013, 67(1): S. 27-51.

Hansen, K. P., 2003: *Kultur und Kulturwissenschaft*. Tübingen.

Hansen, K. P., 2011: *Kultur und Kulturwissenschaft: Eine Einführung* (4., vollst. überarb. Aufl.). Tübingen

Heringer, H. J., 2010: *Interkulturelle Kommunikation : Grundlagen und Konzepte* (3. durchges. Aufl.) Tübingen.

Heringer, H. J., 2014: *Interkulturelle Kommunikation: Grundlagen und Konzepte* (4. überarbeitete und erweiterte Auflage.). Tübingen

Hudson, S. D., 1980: The Nature of Respect. In: *Social Theory and Practice*, 1980, 6(1), S. 69-90.

Ingersoll-Dayton, B. / Saengtienchai, C., 1999: Respect for the elderly in Asia: stability and change. In: *International Journal of Aging & Human Development*, 1999, 48(2), S. 113-30.

Kant, I., 1999: *Grundlegung zur Metaphysik der Sitten*. Hamburg.

Keller, R., 1994: *Sprachwandel: Von der unsichtbaren Hand in der Sprache* (2., überarb. und erw. Aufl.). Tübingen

Kim, Y. Y., 2001: *Becoming Intercultural*. Thousand Oaks.

Kim, Y. Y., 2005: Adapting to a New Culture. An Integrative Communication Theory. In: William B. Gudykunst (Hrsg.), 2005: *Theorizing about intercultural communication*. Thousand Oaks. S. 375–400.

Koch, E., 2012: *Interkulturelles Management: Für Führungspraxis, Projektarbeit und Kommunikation*. Konstanz.

Lalljee, M. / Laham, S. M. / Tam, T., 2007: Unconditional respect for persons: A social psycho- logical analysis. In: *Gruppendynamik und Organisationsberatung*, 2007: 38(4), S. 451-464.

Langdon, S. W., 2007: Conceptualizations of respect: qualitative and quantitative evidence of four (five) themes. In: *Journal of Psychology*, 2007, 141(5), S. 469-84.

Mann, L. / Mitsui, H. / Beswick, G. / Harmoni, R. V., 1994: A study of japanese and australian children's respect for others. In: *Journal of Cross-Cultural Psychology*, 1994, 25(1), S. 133-145.

Mayring, P., 2002: *Einfhrung in die Qualitative Sozialforschung: Eine Anleitung zu Qualitativem Denken*. Weinheim.

Mayring P., 2010: Qualitative inhaltsanalyse. In: *Handbuch qualitative Forschung in der Psychologie*, 2010: S. 601-613.

Mehta, K., 1997: Respect redefined: focus group insights from singapore. In: *International Journal of Aging & Human Development*, 1997, 44(44), S. 205-19.

Merten, K., 1977: *Kommunikation : Eine Begriffs- und Prozessanalyse*. Opladen.

Mey, G. / Mruck, K., 2010: *Handbuch Qualitative Forschung in der Psychologie*. Wiesbaden.

Müller, S. / Gelbrich, K., 2013: Interkulturelle Kommunikation. München.

Oberg, K., 1960: Cultural shock: Adjustment to new cultural environments. In: *Curare*, 1960, 7.2: S.177-182.

Oksaar, E., 1991: Problematik im interkulturellen Verstehen. In: Muller, Bernd-Dietrich, 1991: *Interkulturelle Wirtschaftskommunikation*. München. S. 13-26.

Pfleiderer G. / Stegemann E W., 2006: *Religion und Respekt : Beiträge zu einem spannungsreichen Verhältnis*. Zürich.

Quaquebeke, N. V., 2011: Defining respectful leadership. In: *Rsm Discovery Magazine Collection*, 2011, 5, S. 12-14.

Quaquebeke, N. V. / Eckloff, T., 2010: Defining respectful leadership: what it is, how it can be measured, and another glimpse at what it is related to. In: *Journal of Business Ethics*, 2010, 91(3), S. 343-358.

Quaquebeke, N. V. / Henrich, D. C. / Eckloff, T., 2007: "it's not tolerance i'm asking for, it's respect!" a conceptual framework to differentiate between tolerance, acceptance and (two types of) respect. In: *Gruppe. Interaktion. Organisation. Zeitschrift für Angewandte Organisationspsychologie (GIO)*, 2007, 38(2), S. 185-200.

Quaquebeke, N. V. / Zenker, S. / Eckloff, T., 2006: *Who cares? The importance of interpersonal respect in employees work values and organizational practices.* Hamburger Forschungsberichte zur Sozialpsychologie, 71.

Rathje, S., 2004: *Unternehmenskultur als Interkultur – Entwicklung und Gestaltung interkultureller Unternehmenskultur am Beispiel deutscher Unternehmen in Thailand.* Sternfels.

Rogers, K. M. / Ashforth, B. E., 2017: Respect in Organizations: Feeling Valued as "We" and "Me". In: *Journal of Management.*2017, 43(5), S. 1578-1608.

Rothe, F., 2006: *Zwischenmenschliche Kommunikation.* Wiesbaden.

Schirmer, W. / Weidenstedt, L. / Reich, W., 2013: Respect and agency: An empirical exploration. In: *Current Sociology*, 2013, 61(1), S. 57-75.

Schugk, M., 2014: *Interkulturelle Kommunikation:Grundlagen und interkulturelle Kompetenz für Marketing und Vertrieb.* München.

Schut, M. / Moelker, R., 2015: Respectful Agents: Between the Scylla and Charybdis of Cultural and Moral Incapacity. In: *Journal of Military Ethics*, 2015, 14(3-4), S. 232-246.

Sennett, R., 2003: *Respect in a World of Inequality.* New York.

Simon, B., 2007: Respect, equality, and power: a social psychological perspective. In: *Gruppe. Interaktion. Organisation. Zeitschrift für Angewandte Organisationspsychologie (GIO)*, 2007, 38(3), S. 309-326.

Simon, B. / Mommert, A. / Renger, D., 2015: Reaching across group boundaries: Respect from outgroup members facilitates recategorization as a common group. In: *British Journal of Social Psychology*, 2015, 54(4): S. 616–628.

Spears, R. / Ellemers, N. / Doosje, E. J. / Branscombe, N. R., 2006: The individual within the group: respect!. In: T. Postmes & J. Jetten (Eds.), *Individuality & the*

Group Advances in Social Identity. London, 2006, S. 175-195.

Sung, K., 2004: Elder respect among young adults: a cross-cultural study of americans and koreans. In: *Journal of Aging Studies*, 2004, 18(2), S. 215-230.

Ternes, D., 2008: *Kommunikation - eine Schlüsselqualifikation: Einführung zu wesentlichen Bereichen zwischenmenschlicher Kommunikation*. Paderborn.

Tyler, T. R. / Blader, S. L., 2003: The group engagement model: procedural justice, social identity, and cooperative behavior. In: *Personality & Social Psychology Review An Official Journal of the Society for Personality & Social Psychology Inc*, 2003, 7(4), S. 349-61.

Ward, C. / Kennedy, A., 1993: Psychological and Socio-Cultural Adjustment During Cross-Cultural Transitions: A Comparison of Secondary Students Overseas and at Home. In: *International Journal of Psychology*. 1993, 28(2): S. 129-147.

参考文献（三） 网络资源

Dillon, R.S: 2003, 'Respect', The Stanford Encyclopedia of Philosophy Fall 2003 Edition. 载: http://plato.stanford.edu/archives/fall2003/entries/respect/. 访问日期: 2017 年 7 月 26 日

德国旅游局，中国游客，载：德国旅游局网站：http://www.germany.travel/media/en/pdf/marktinformationen_in_kurzfassung/China_kurz.pdf 访问日期 2017 年 7 月 26 日

中国驻联邦德国大使馆：中德关系概况。载：中国驻联邦德国大使馆网站：http://www.china-botschaft.de/chn/zdgx/zdgxgk/. 访问日期：2017 年 7 月 26 日

中华人民共和国商务部：2016 年中德经贸合作简况。载：中华人民共和国商务部网站：http://www.mofcom.gov.cn/article/tongjiziliao/fuwzn/feihuiyuan/201702/20170202517082.shtml。访问日期：2017 年 7 月 26 日

附录一　个人信息调查问卷

中德跨文化交流中的尊重行为研究
质性访谈补充性调查问卷

负责人和项目执行人：韩　丁　北京外国语大学
电话：+86 13×××××××××；邮箱：handing@××××.edu.cn

⋯⋯⋯⋯⋯⋯⋯⋯⋯⋯⋯⋯⋯⋯⋯⋯⋯⋯⋯⋯⋯⋯

尊敬的受访者：

　　衷心感谢您的参与！这一调查问卷是为了对口头访谈进行必要的补充，其对象为中德合资企业中的员工。

　　请仔细阅读下列问题并作答。再次感谢！

北京，2016 年冬

1. 您的年龄：_____岁

2. 性别：□ 男　　　□ 女

3. 最高学历：

　　□ 初中　　　□ 职业高中（技校）　　　□ 高中　　　□ 专科

　　□ 学士　　　　　　所学专业：_____

　　□ 硕士　　　　　　所学专业：_____

　　□ 博士　　　　　　所学专业：_____

4. 是否有外国经历？

　　□ 外国学习经历

　　□ 外国工作经历

    ☐ 父母一方为外国人

    ☐ 曾经作为外籍保姆照顾过外国小孩

    ☐ 有或曾有过外籍保姆或阿姨

    ☐ 有或曾经有外国伴侣

    ☐ 有或曾经有一个或多个外国朋友

    ☐ 曾上过国际学校

    ☐ 无任何外国经历（除现有工作外）

5. 职业身份：

    ☐ 普通员工   ☐ 底层管理人员   ☐ 中级管理人员

    ☐ 高级管理人员   ☐ 其他

6. 如果您处在领导岗位，您直接管理多少员工？

    中国员工：＿＿＿＿＿＿＿＿   德国员工：＿＿＿＿＿＿＿＿

7. 您所在的行业：＿＿＿＿＿＿＿＿

8. 您所在的公司的规模（人数）：＿＿＿＿＿＿＿＿

9. 工作中所属部门：＿＿＿＿＿＿＿＿

10. 您所在的部门的规模（人数）：＿＿＿＿＿＿＿＿

11. 其中德国和中国同事人数：德国员工＿＿＿＿＿   中国员工＿＿＿＿＿

12. 工作语言：

    ☐ 英语   ☐ 德语   ☐ 中文   ☐ 中英文混合

    ☐ 中德文混合   ☐ 其他：

13. 是否曾获得外语证书？

    ☐有 哪个：＿＿＿＿＿＿＿＿   ☐无

14. 在此企业中工作年限：

    ＿＿＿＿＿＿＿＿年＿＿＿＿＿＿＿＿月

15. 总计工龄：

    ☐ 不满一年   ☐ 约一年或：＿＿＿＿＿＿＿＿年

16. 您在涉外企业工作多久了？＿＿＿＿＿＿＿＿年

Forschung über respektvolles Verhalten

in der chinesisch-deutschen interkulturellen Kommunikation

Befragung zur Ergänzung des qualitativen Interviews

Ansprechpartner und Projektdurchführung: Ding Han

Beijing Foreign Studies University

Tel.: +86 13×××××××××; E-Mail: handing@×××.edu.cn

....

Sehr geehrte Teilnehmerin/sehr geehrter Teilnehmer,

herzlichen Dank für Ihre Bereitschaft, an meiner Studie teilzunehmen.

Dieser Fragebogen dient als Ergänzung des mündlichen Interviews und

richtet sich an Beschäftigte in einem chinesisch-deutschen Joint Venture.

Bitte lesen Sie sich die Fragen vor der Beantwortung aufmerksam durch.

Herzlichen Dank!

Beijing, im Winter 2016

1. Ihr Alter: _____ Jahre

2. Ihr Geschlecht: ☐ männlich   ☐ weiblich

3. Ihr höchster Abschluss:

    ☐ Hauptschulabschluss/Abschluss der 8. Klasse POS

    ☐ Mittlerer Abschluss/Realschulabschluss/Abschluss der 10. Klasse POS

    ☐ Fachabitur/Fachhochschulreife

    ☐ Abitur/Abschluss der EOS

    ☐ Bachelor/Vordiplom   ggf. Studienfach: _____

    ☐ Master/Diplom   ggf. Studienfach: _____

    ☐ Promotion   ggf. Studienfach: _____

4. Welche Auslandserfahrung(en) haben Sie bisher gemacht? (mehrere

Antwortmöglichkeiten)

☐ Studium im Ausland

☐ Arbeit im Ausland

☐ Ein Elternteil hat einen ausländischen Hintergrund

☐ Au-pair oder freiwilliges soziales Jahr im Ausland

☐ u.a. von Babysitter/in großgezogen worden, der/die aus einem anderen Land kommt

☐ Eine ausländische Partnerin/ein ausländischer Partner

☐ Ein/e oder mehrere ausländische Freundinnen oder Freunde

☐ Besuch einer internationalen Schule

☐ Nein, keinerlei solche Erfahrungen

5. Berufliche Position:

    ☐ Mitarbeiter ohne Führungsverantwortung   ☐ Unteres Management

    ☐ Mittleres Management   ☐ Oberes Management

    ☐ Sonstiges: _____

6. Falls Sie Führungsverantwortung tragen, wie viele Personen sind Ihnen direkt untergestellt?

    Deutsche: _____   Chinesen: _____

7. Ihre Arbeitsbranche: _____

8. Größe Ihrer Firma (Anzahl der Mitarbeitenden Ihrer Firma) Weltweit:

    _____

    Lokal: _____

9. In welcher Abteilung arbeiten Sie? _____

10. Größe Ihrer Abteilung (Anzahl der Mitarbeitenden Ihrer Abteilung):

    _____

11. Wie viele Deutsche und Chinesen arbeiten in Ihrer Abteilung?:

    Deutsche: _____   Chinesen: _____

12. Arbeitssprache:

☐ Englisch   ☐ Deutsch   ☐ Chinesisch

☐ Englisch und Chinesisch   ☐ Deutsch und Chinesisch

☐ Sonstiges: _____

13. Besitzen Sie ein Sprachzertifikat? (z.B. TOFEL, IELTS oder HSK)

☐ Ja, und zwar: _____   ☐ Nein

14. Wie lange arbeiten Sie schon in Ihrer Firma?

_____ Jahre und _____ Monate

15. Wie lange sind Sie insgesamt schon berufstätig?

☐ Weniger als 1 Jahr

☐ Ungefähr 1 Jahr bzw. länger als 1 Jahr, und zwar: _____ Jahre

16. Wie lange sind Sie schon im Gastland? _____ Jahre

附录二　研究参与知情同意书

中德跨文化交流中的尊重行为研究

欢迎参加我们的尊重行为研究！此研究的目的在于搞清，中德两国人如何表达尊重，如何相互感知尊重，其间是否有共同点或差异？以及双方如何基于对方的尊重或不尊重行为进行互动？

请详细阅读本简介。德国联邦数据保护法要求您签署明确的知情同意书，同意我们对访谈储存和评估。

本研究在韩丁先生的博士学习框架下进行，他的博士学习由贾文键教授（北京外国语大学）指导。Niels van Quaquebeke 教授（汉堡物流与企业管理技术大学）是其在德国研究期间的辅导老师。

在访谈中，中德两国人会被问及他们在和对方国家人的日常交往中是如何表达和感知尊重的。其中，对于我们来说不仅对尊重的感知很重要，同时感知到尊重的缺失也很重要。本研究主要着眼于描述尊重行为及其伴随的反应。

研究流程

访谈开始前，我们会再向您解释一遍这个简介里已经涉及的研究总体结构和要求。其中包括数据保护和基于自愿参与的知情同意书。如果您同意上述关于访谈的条款，我们将与您共同签署一个知情同意书，并请您填写一个简短的调查问卷。此问卷用于准备和完善接下来的访谈，涵盖了以下几点：您的年龄、性别、学历、外国经历、外语、工作领域、组织内职位、组织特点（所属行业和规模）、工龄、下属员工人数。

访谈中，我们将先询问您对尊重的理解。然后我们将问您关于和尊重相关的和德国人（中国人）交往的经历。其间，我们感兴趣的是，您如何表达尊重，您如何感知来自对方的尊重，以及您的反应。

谈话将被录音，并转录成文字，最终会被分析。原则上访谈时长不超过 1.5 小时，在这中间您随时可以停下来休息。

如果您感兴趣，可以获得转录文字内容，以及最终的研究结果。

我们在此感谢您的参与！

如果您有疑问，请您直接和韩丁先生联系，他负责实施此次研究。

自愿和匿名

参加此次研究本着自愿原则。您也可以在访谈中随时要求终止访谈，而无需进行任何解释，以免对您产生任何的不利。同时，您还可以拒绝回答一些或全部问题。

本研究中收集的上述信息和个人意见，会得到保密。所有参与研究的人员都有保密责任，并对个人隐私保密。

收集到的信息仅供科学研究目的的使用。转录文字和录音不会被公开，但在发表的文章或著作中会严守匿名原则引用转录文字，并保证不会被任何人辨别出发言人。

如有疑问，请联系：

韩丁（访谈者）

北京外国语大学

北京海淀区西三环北路 2 号

邮编：100089

电话：13×××××××××

邮箱：handing@××××.edu.cn

中德跨文化交流中的尊重行为研究

我（受访者姓名，请勿连笔）

_____

已被通过口头和书面介绍过该研究及其过程。我已经完整地阅读并理解了所有相关信息。韩丁先生也对我存有的疑问进行了详尽的解答。

我有足够的时间来决定是否参与，并最终决定参与此次研究。我已知悉，此次研究是本着自愿参与的原则，并可以随时退出，而无需给出任何理由。

我已收到一份关于本研究的简介、一份研究参与知情同意书和一份访谈录音知情同意书。研究简介是这一知情同意书的组成部分。

时间、地点、受访者签字　　　　　　受访者姓名（请勿连笔）

_____　　　_____
时间、地点、采访者签字　　　　　　采访者姓名（请勿连笔）

_____　　　_____

研究结果

我对这一研究的结果感兴趣，想收到研究结果的相关信息。请寄给我相关信息：

☐是，我感兴趣　　　☐不，我无意收到相关信息

时间、地点、受访者签字

Forschung über respektvolles Verhalten in der chinesisch-deutschen interkulturellen Kommunikation

Herzlich Willkommen zu unserer Forschung über respektvolles Verhalten! Das Ziel der Forschung ist herauszufinden, wie Chinesen und Deutsche Respekt ausdrücken und wie sie gegenseitig bezüglich des Respekts wahrnehmen, und ob es dabei Gemeinsamkeit oder auch Unterschied gibt? Und wie reagieren die zwei Parteien gegenseitig auf ein respektvolles oder auch respektloses Verhalten vom Gegenüber?

Bitte lesen Sie sich die Informationen aufmerksam durch. Das Bundesdaten-schutzgesetz verlangt Ihre ausdrückliche und informierte Einwilligung, dass wir das Interview speichern und auswerten.

Die Untersuchung findet im Rahmen des Promotionsstudiums von Herrn Ding Han unter der Betreuung von Prof. Dr. Wenjian Jia (*Beijing Foreign Studies University, Beijing*). Prof. Dr. Niels van Quaquebeke (*Kühne Logistics University, Hamburg*) ist der lokale Betreuer in Deutschland.

In dem Interview sollen Chinesen und Deutsche zu dem Ausdruck und der Wahrnehmung des Respekts im Alltagsleben mit Deutschen und Chinesen befragt. Dabei ist uns sowohl die Wahrnehmung des Respekts, als auch die Wahrnehmung des fehlenden Respekts herauszufinden. Als das Hauptaugenmerk der Befragung gelten Schilderung des respektvollen Verhaltens in zwei Kulturen und die daraus folgenden Reaktion.

Ablauf der Studie

Vor dem Interview werden wir uns mit Ihnen zusammensetzen und die Rahmenbedingungen des Interviews erläutern, über die wir Sie auch bereits in diesen Dokumenten informieren. Hierzu zählt der erneute Hinweis auf die Datenschutzbestimmungen und auf die Freiwilligkeit Ihrer Teilnahme. Sofern Sie letztlich mit den Rahmenbedingungen des Interviews einverstanden sind, werden wir die Einwilligungserklärungen gemeinsam unterzeichnen, um das Ausfüllen eines kurzen Fragebogens bitten. Dieser dient der Ergänzung und Vorbereitung des Interviews und behandelt folgende Aspekte: Ihre aktuelle bzw. zuletzt ausgeübte berufliche Tätigkeit; Ihr Alter; Geschlecht; Schulausbildung; Auslandserfahrung; Fremdsprache; Berufsbereich; Position in der Organisation; Organisationsmerkmale (Branche und Größe); die Anzahl der Jahre, die die Arbeit zurückliegt; Anzahl der unmittelbar untergeordneten Mitarbeiter.

Im Interview werden wir Sie einleitend fragen, was Sie unter Respekt verstehen. Danach werden wir Sie zu Ihren auf Respekt bezogenen Erfahrungen mit Chinesen (Deutschen) befragen. Dabei ist von Interesse, wie Sie Ihren Respekt ausdrücken und wie Sie die Ausdrücke des Respekt anderseits wahrnehmen, und wie Sie darauf reagieren.

Das Gespräch wird mit einem Aufnahmegerät aufgezeichnet, verschriftlicht und schließlich ausgewertet. Es sollte eine Dauer von 1,5 Stunden nicht überschreiten. Währenddessen können Sie auch jederzeit eine Pause einlegen.

Sowohl die Aufnahme als auch die Abschrift und eine Zusammenfassung der Ergebnisse können Sie auf Wunsch erhalten.

Für Ihre Teilnahme möchten wir uns schon jetzt bei Ihnen sehr herzlich bedanken.

Sollten Sie noch Fragen haben, wenden Sie sich gern an Herr Han, der die Forschung durchführen wird.

Freiwilligkeit und Anonymität

Die Teilnahme an der Studie ist freiwillig. Sie können jederzeit und ohne Angabe von Gründen die Teilnahme an dieser Studie beenden, ohne dass Ihnen daraus Nachteile entstehen. Zudem können Sie Antworten auch bei einzelnen Fragen verweigern.

Die im Rahmen dieser Studie erhobenen, oben beschriebenen Daten und persönlichen Mitteilungen werden vertraulich behandelt. Alle beteiligten Personen unterliegen der Schweigepflicht und sind auf das Datengeheimnis verpflichtet.

Die Arbeit dient allein wissenschaftlichen Zwecken. Die Abschrift und die Aufnahme werden nicht veröffentlicht, in Veröffentlichungen gehen aber ggf. einzelne Zitate aus der Abschrift ein, selbstverständlich ohne dass erkennbar ist, von welcher Person sie stammen.

Ansprechpartner für eventuelle Rückfragen:
Ding Han (Interviewer)
Beijing Foreign Studies University
No.2 North Xisanhuan Road, Beijing

Postcode: 100089

Tel.: 13×××××××××

E-Mail: handing@××××.edu.cn

Forschung über respektvolles Verhalten in der chinesisch-deutschen interkulturellen Kommunikation

Ich (Name der Teilnehmerin/des Teilnehmers in Blockschrift)

_____

bin mündlich und schriftlich über die Studie und den Versuchsablauf aufgeklärt worden. Ich habe alle Informationen vollständig gelesen und verstanden. Sofern ich Fragen zu dieser vorgesehenen Studie hatte, wurden sie von Herrn Han vollständig und zu meiner Zufriedenheit beantwortet.

Ich hatte genügend Zeit für eine Entscheidung und bin bereit, an der o.g. Studie teilzunehmen. Ich weiß, dass die Teilnahme an der Studie freiwillig ist und ich die Teilnahme jederzeit ohne Angaben von Gründen beenden kann.

Eine Ausfertigung der allgemeinen Information zum Forschungsprojekt und zur Studie, eine Ausfertigung der Einwilligungserklärung zur Studienteilnahme und eine Ausfertigung der Einwilligungserklärung für Tonaufnahmen habe ich erhalten. Die allgemeinen Informationen zum Forschungsprojekt und zur Studie sind Teil dieser Einwilligungserklärung.

Ort, Datum & Unterschrift   Name der Teilnehmerin/
der Teilnehmerin/des Teilnehmers: des Teilnehmers in Druckschrift:

_____   _____

Ort, Datum & Unterschrift des Interviewers: Name des Interviewers in Druckschrift:

_____   _____

Rückmeldung von Ergebnissen

Ich bin daran interessiert, etwas über die grundsätzlichen Ergebnisse der Studie zu erfahren, und bitte hierzu um Übersendung entsprechender Informationen.

O JA   O NEIN.

Ort, Datum & Unterschrift der Teilnehmerin/
des Teilnehmers:

附录三　录音知情同意书

中德跨文化交流中的尊重行为研究

我（受访者姓名，请勿连笔）

_____

特此声明韩丁先生已经书面和口头告知本人在接受其以研究为目的的访谈时将被录音。

录音的目的在于将访谈内容详细记录下来，转录成文字以及供分析使用。访谈将使用一个录音设备被采集，并存在两个用二级密码保护的存储器上。一个存储器的作用在于保存副本，另一个存储器将用于转录成文字。保存副本用的存储器将由韩先生保存于一个独立的、并只有韩先生有钥匙的锁柜中。所有在录音中提到的人名、地名、街道名称和专有名词都将被隐去。同样此方法也适用于所有可以追溯到我个人或组织的信息。

我已被告知，录音的文字转录和分析将匿名进行。在分析过程中被认出的可能性极低。基于这一原因，所有分析的参与者都有绝对的沉默义务，被禁止将信息泄露给第三人。

我已知悉，我可以任何时间撤销我对录音及其存储的知情同意书，以免对我造成任何伤害。我已被告知，我可以在任何时间提出销毁我的录音。

我对上述对我录音的使用表示同意。

此录音知情同意书是自愿签署的。我可以随时撤销这一知情同意书。任何退出或撤销都对本人不会产生任何费用或损害；退出后则无法参加此项研究。

我有足够的时间来决定是否参加。我阅读了上述内容，并声明同意对访谈进行录音。

此知情同意书我也获得一份经过签署的副本。

对录音保存时间的附加约定：

我希望我的录音被保存到：

☐ 转录结束

☐ 韩丁先生博士学业结束

☐ 十年后

☐ 十年后也可以继续供科研使用（其他科研项目）

如果访谈后又决定不再想参与本次研究，录音等相关信息将立即被删除，且不需提供任何理由。

是否需要访谈的音频文件或转录的文字

我希望获得访谈的录音和转录的文字（请用笔划去不需要的内容），并同意采访者通过邮件或邮局寄给我相关文件。为此，我同意采访者将录音和我的个人通信信息记录在额外的纸条上，并保留到上述选择的时间。

☐ 是　　　　　☐ 否

时间、地点、受访者签字　　　　　受访者姓名（请勿连笔）

_____　　_____

时间、地点、采访者签字　　　　　采访者姓名（请勿连笔）

_____　　　　_____

Forschung über respektvolles Verhalten in der chinesisch-deutschen interkulturellen Kommunikation

Ich (Name der Teilnehmerin/des Teilnehmers in Blockschrift)

_____

bin hiermit schriftlich und mündlich von Herrn Han darüber informiert worden, dass im Rahmen der Studie eine Tonaufnahme gemacht wird.

Die Aufnahme dient dazu, das Gesagte im Detail festhalten, transkribieren und auswerten zu können. Das Interview wird mit einem Aufnahmegerät aufgenommen und auf zwei passwortgeschützte Datenträger übertragen. Einer der Datenträger dient als Sicherungskopie, der andere wird für die Transkription verwendet. Die Sicherungskopie wird in einem gesonderten, verschlossenen, nur Herr Han zugänglichen Schrank aufbewahrt. Alle in der Aufnahme erwähnten Personen-, Orts-, Straßen- und Eigennamen werden herausgeschnitten. Gleiches gilt für alle Informationen, die Rückschlüsse auf meine Person oder meine Organisation zulassen.

Ich bin darüber informiert, dass die Aufzeichnung und Auswertung der Tonaufnahme anonymisiert erfolgt. Es besteht die sehr geringe Wahrscheinlichkeit, dass eine an der Datenauswertung beteiligte Person mich erkennt. Aus diesem Grund unterliegen alle an der Auswertung beteiligten Personen einer absoluten Schweigepflicht und dürfen unter keinen Umständen vertrauliche Informationen an Dritte weitergeben.

Mir ist bekannt, dass ich mein Einverständnis zur Aufbewahrung bzw. Speicherung dieser Daten jederzeit widerrufen kann, ohne dass mir daraus Nachteile entstehen. Ich bin darüber informiert worden, dass ich jederzeit eine Löschung meiner Aufnahmen verlangen kann.

Mit der beschriebenen Handhabung der erhobenen Aufnahme bin ich einverstanden.

Die Einverständniserklärung für die Tonaufnahme ist freiwillig. Ich kann diese Erklärung jederzeit widerrufen. Im Falle einer Ablehnung oder eines Rücktritts entstehen für mich keinerlei Kosten oder anderweitige Nachteile; eine Teilnahme an der Studie ist dann allerdings nicht möglich.

Ich hatte genügend Zeit für eine Entscheidung. Ich habe alles gelesen und verstanden und erkläre mich hiermit bereit, dass eine Tonaufnahme von mir gemacht wird.
Eine Ausfertigung dieser Einwilligungserklärung habe ich erhalten.

Zusatzvereinbarung zur Dauer der Speicherung der Tonaufnahme

Ich wünsche, dass die Audioaufnahme…
O nach abgeschlossener Transkription gelöscht wird.
O nach Beendigung der Promotion von Herrn Han gelöscht wird.
O nach zehn Jahren gelöscht wird.
O auch nach zehn Jahren für wissenschaftliche Zwecke und Weiterentwicklung der Forschung genutzt werden kann (im Rahmen von weiteren Forschungsprojekten des Doktorvaters)

Für den Fall, dass Sie nachträglich Ihren Rücktritt von der Studie erklären möchten, werden Ihre Daten unverzüglich und ohne Notwendigkeit einer weiteren Begründung gelöscht.

Wunsch nach Kopie der Aufnahme und/oder der Abschrift

Ich möchte eine Kopie der Aufnahme und der Abschrift erhalten (ggf. nicht Zutreffendes bitte streichen) und bin damit einverstanden, dass der Interviewer mir diese per E-Mail oder postalisch zukommen lässt. Daher bin ich auch damit einverstanden, dass der Interviewer die Zuordnung meiner Kontaktdaten zur entsprechenden Aufnahme und Abschrift auf einem separaten Zettel notiert und diesen bis zur Zusendung der gewünschten Dateien aufbewahrt.

O JA   O NEIN

Ort, Datum & Unterschrift
der Teilnehmerin/des Teilnehmers

Name der Teilnehmerin/des
Teilnehmers in Druckschrift:

_____

_____

Ort, Datum & Unterschrift
des Interviewers:

Name des Interviewers in
Druckschrift:

_____

_____

后 记

本书脱胎于我 2018 年完成的博士论文。回首三年半的博士学习，感谢北京外国语大学和我的导师贾文键教授给了我这样一个弥足珍贵的机会。之所以可贵，一是因为能够在中国的外语最高学府学习，并接受才高行厚的贾文键老师指导，受益终身。二是因为博士学习给我了一个采用访谈法做质性研究的难得机会，其中又乐趣颇多。回首在对外经济贸易大学工作的这将近四年时间，恍然发现工作后便很难有机会去做此种体量的访谈或质性研究了，因为教学任务和科研压力不允许再不慌不忙地和企业界人士喝咖啡"聊天"了。因而更加珍视这一科研成果。

这一科研成果也不无遗憾。首先，扎根理论和提炼观点虽然是一种科学的方法，但也是一个非常主观的过程，每个人的角度选择可能不同，抽象出的理论和结果可能也不尽相同。但这一问题受到作为研究工具的研究者自身"先天"的限制，只能说如果换一个研究人员可能会得出不同的结果。

其次，随着中国经济的崛起，依托"一带一路"倡议，越来越多的中资企业开始走出国门，在海外落地开花。而本研究的对象仅限于在华德资企业，虽然德资企业和中德合资企业在改革开放的 40 多年间对中国经济起到了重要的作用，但未来的研究方向我猜想应该在海外的中资企业身上。

最后，本研究聚焦于尊重行为和尊重互动，影响尊重行为的因素不是本研究的研究目的。但随着研究的深入，我越发觉得研究尊重行为只是研究了"文化冰山"露出水面的部分，真正影响这些行为的价值观或许更加有意思。比如，哪些品德是中德两国人都认为值得尊重的？或者哪些成就仅被单方面尊重？这其中就涉及到了价值观的问题。对这一问题的深入发掘，也许会对中德，乃至中欧交往有启发性的意义，也能够进一步解释中德和中欧之间一些分歧的根源，并在理解的基础上，达成求同存异、美美与共的全球治理观，真正构建"人类命运共同体"。

韩 丁

2021 年 11 月于惠园